岩波現代全書

056

対米依存の起源

Gendaizensho
岩波現代全書
056

対米依存の起源

アメリカのソフト・パワー戦略

松田 武
Takeshi Matsuda

はじめに――「知」「権力」「カネ」と日米関係

本書のねらい

本書では、米国のソフト・パワーの果たした役割に注目しつつ、占領期から一九六〇年代までの米国の広報・文化政策と、米国のソフト・パワーが日本の知識人に及ぼした影響を、米ソ冷戦の脈絡において考察してみたい。米国のソフト・パワーの光と翳の両面を明らかにし、米国の文化外交を学ぶことは、「ソフト・パワー」を広報・文化外交の基調としている今日の日本にとって少なからぬ意義があると考える。

それは、私が現在を知識人の「禍と好機（禍機）」の時代と捉えており、とりわけ文化交流事業と政治の関係、すなわち「知」と「権力」と「カネ」の関係は、現在、私たちが直面している戦後日米関係の最重要課題の一つであると捉えているからである。

一九四〇年代後半から五〇年代にかけて当時日本は、米国の占領下にあり、また世界も冷戦の真っただ中であった。そのため、国民には、憲法の平和主義を国是としながらも、米国の核の傘の下に留まることが、安全保障上の現実的な選択肢のように思われた。そして日米安全保障条約が締結された。それ以来日本は、一方では憲法の平和主義の原則を謳いながら、他方では米国の核の抑止力に依存するという矛盾に満ちたあり方を続けてきた。つまり五〇年代に選んだ選択肢の適正さについて、これまで真剣にかつ根底から問い直すことなく現在に至っている。

近年の日本を取り巻く東アジアの情勢は、緊張をはらんでおり、安全保障の面で多くの国民が不安を抱いているように思われる。しかし、緊張をはらむ国際情勢であるがゆえに、逆に、今こそ外交交渉や地道な市民的奉仕活動などの非軍事的手段によって緊張を和らげ、国際問題を平和裏に解決する努力がこれまで以上に重要であると考える。

この問題に関連して、自由主義（リベラリズム）と中立主義の核である自由と独立について、少し考えてみたい。自由は素晴らしいが、壊れやすい上に、決して所与のものではない。したがって、自由を保ちかつ味わい楽しむには、相当の覚悟と不断の努力を必要とする。言い換えれば、自由には「壊れ、失ってしまうのではないか」といった不安が常に伴っている。ゆえに自由と不安は、同じコインの表裏の関係にあるともいえる。

リベラリズムは、正しい分析と判断をするために、常に人間に厳しい知的訓練と精神的鍛練を課す。基本的に人間は自分の人生の道を自分で探して歩かねばならないし、また、国の歩むべき道も、国民自らが考え、判断し、選択しなければならないと認識する。

国際社会における中立主義は、単に真ん中にいるという意味の「中庸」ではない。中立主義では、いかなる国にも、いかなる国家群にも与することなく、それらの国々から身を等距離のところに置き、自国の利益がなんであるかを正しく見極め、目まぐるしく変化する国際情勢に的確に対応することが求められる。それは、自由に良く似ている。中立主義において国民は「不安な」状態にあるのが通常である。その不安を払拭し、国の自由と独立を維持するために、国民には不断の努力と知的訓練が常に求められる。言い換えれば、中立主義とは、激しい意見の対立と議論がかもしだす緊張の産物であり、中立主義が国民に課す不断の努力は、自由と独立の維持のために支払わねばならない不可欠な代価であるといえよう。

中立主義にそのような代価が伴うことを認識したうえで、これからの日本のあり方を考えるために、私たち国民は、ここで「未発の選択肢」を意識しておきたい。それは、軍事力に依存しないで問題を解決する道、作家の小田実氏らの唱える「良心的軍事拒否国家」の選択肢の可能性、米国と友好関係を維持しながら、中立主義の道を歩む選択肢の可能性についてである。

日本の政治家や知識人の思想は、自分で苦しんで作り上げたものは少なく、外国から仕入れた「権威」という名の借り物である場合が多いと言われる。そうであるがゆえに、政治家や知識人の多くは、自分の前に立ちはだかる権威の壁に見合うだけの力をもたず、権威に従順にならざるをえない。五〇年代にリベラル派知識人の非武装中立論が葬り去られて以降、多くの指導者や知識人は、米国依存という名の「落とし穴」にはまり込んでしまった。その結果、他の選択肢を考え、判断し、主体的に行動することをやめてしまったように思われる。

どうして日本の知識人、中でも米国の専門家は、権威の前に「弱々しい人間」になってしまったのか。この問いに直接応えるために、米国のソフト・パワーの果たした役割に注目しながら、文化交流と政治の関係について検討を加えたのが本書である。したがって、本書のねらいは、「知」と「権力」と「カネ」の関係を明らかにすることにより、知識人の「他人事、他人任せ」の態度からの脱皮をはかることにある。

この問題を取り上げるもう一つの理由は、私たちの指導者が――政界、実業界、ジャーナリズム、学界などいかなる領域の指導者であれ――「高潔で勇気ある一廉の人物(men of integrity and courage)」であるか否かで、日本の民主主義の質、国民の性格、ひいてはわが国の将来が大きく左右されると考えるからである。

「あざなえる縄」としての軍事・経済・文化

本書は、第二次世界大戦後の米国の世界戦略および日本の位置、日米安保同盟関係の果たす役割、米国指導者の対日観、対日政策におけるソフト・パワーの果たす役割とその影響などを明らかにし、今後の日本の選択肢や日米関係のあり方を考える一助とすることを目的としている。

占領期研究は、これまで国内外の研究者によって数多くの成果がもたらされた。占領期研究者が取り上げた問題を整理すれば、大きく分けて三つあるように思われる。

一つは、戦前期と戦後期の間の「連続・非連続」の問題である。連続面を主張する研究では、戦時期の総力戦体制が一九六〇年の高度成長期の社会システムにつながっている点、それに、アメリカ化の過程、およびモダンライフのイメージの連続性も強調された。非連続面を主張する研究では、占領下の諸改革が日本社会にもたらした民主的な諸変化を強調する伝統的な解釈が提示された。占領期研究者の取り上げたもう一つの問題は、占領改革の評価をめぐる問題であった。研究の中には、制度面での諸改革を積極的に評価するものがある一方、精神面で占領改革の未完の面を強調する研究もあった。また、日本近・現代史の中での占領期の位置づけの問題について、中には、占領期を

「近代化」の完成期と捉える研究や、近代の病理を克服する「脱近代」の始まりと捉える研究もあった。

しかし、これまでの研究者は、日米関係をおおむね軍事・経済・文化の三領域に細分化し、その中でももっぱら軍事ならびに経済の問題に注意と関心を払ってきた。その研究によって、日米関係の個別的な情報や専門的な知識が増え、それに伴い様々な議論も精緻化された。しかし、日米関係の理解が深まったかといえば、そうだとは言い難い。むしろ知識は断片化し、日米関係の全体像はぼやけ、かえって見えにくくなるという皮肉な結果を生み出した。

本書は第四番目の研究領域を扱っている。それは、日米関係の軍事・経済・文化の三要素を視野に入れた日米関係の全体像の構築をめざす接近法である。筆者は、日米関係を、軍事・経済・文化の三つの要素からなる二国間関係と捉え、これら三つの要素は、三位一体の関係にあり、ちょうど「あざなえる縄」のように互いに補完し合う関係にあると考えている。

アメリカ研究の社会的責任

戦後日本は、さまざまな国際問題を、過去の教訓を活かしつつ、軍事力に依存しない方法で平和的に解決する努力を重ねてきた。これまで国民は、日本国憲法に明示されているように、非軍事的な手段で世界の平和に貢献する決意に加え、日常生活においても人間関係を重視し、自分のことよりも、「相手のために、人様のために」と周りの人のことを先に考えるきめ細かな配慮や親切心、それに「おもてなし」の精神、エコロジー運動の原点でもある「もったいない」の精神、組織力や集団的行動力などを長きにわたって培ってきた。

これらの国民の資質、そして日本の平和主義は、世界の他の国々にはあまり見られない誇るべき資産であり、日本のソフト・パワーでもある。これらの経験知とノー・ハウを十分に活かしながら、平和主義に徹して非軍事的な手段でもって国際社会に積極的に貢献することが、これからの日本および国民のあるべき姿であり、進むべき方向であると考えている（前著『地球人として誇れる日本をめざして』（大阪大学出版会、二〇一〇年）の中で、私はこの種の提言をしたことがある）。

一方、近年の米国は、赤字財政問題をはじめ、貧富の格差、雇用問題、テロ対策などの国内の安全や治安維持の問題など、統治の上で多くの難題を抱え悩み苦しんでいるように思われる。また対外政策や国際政治の舞台においてもさまざまな難題を抱え、かつての米国の代名詞でもあった、「光り輝く明るさ」は消え失せ、米国の言動には力の限界を感じることが多くなってきている。米国は、強大な軍事力を持ちながら、あるいはそれゆえに、世界の人々の心を十分に摑みきれていないという深刻なジレンマに直面している。

米国は、これまで幾度となく訪れた歴史上の転換期や危機を乗り越えてきた。その輝かしい米国の実績に注目して、これまで多くのアメリカ専門家は、米国が自由で多元的な社会である限り、無限の復元力を有しているとの楽観的な見方をしてきた。

はたして米国は、再び復元力を発揮して、現在直面している国内の諸問題や、環境汚染や地球温暖化のような人類共通の課題を解決し、建国以来、最大ともいわれる難局を乗り切ることができるだろうか。米国の今後のあり方は、日本はもとより、世界の行方に大きな影響を与えるがゆえに、私たちにとっても大きな関心事であらざるを得ない。

一九六〇年代の米国を代表するアメリカ外交史家ウィリアム・A・ウィリアムズ教授は、八六年四月、名著『アメリカ外交の悲劇』の日本語訳刊行にあたり、「私たち米国民が必要としているのは、私たちに過去あるいは現在の行為を改めることができると忠告してくれる外国の友人でありま す」と、日本の読者に訴えた。

「まさかの時の友こそ真の友」のことわざがあるように、今こそ私たちは、同盟国の市民として、米国が抱えている諸問題の平和的・合理的解決策を見つける手助けとして、日米共通の問題に当事者意識を抱きつつ米国民と一緒になって考え、腹を割って話し合い、日本人の発想と知見をフルに活かした代案を発信する時であると考えている。

そうすることにより、ヒューマニズムと信頼にもとづく民間ネットワークが、日米両国民の間に多重層にかつ網の目状に広がり、それが究極的には「日米関係の深化」はもちろんのこと、環太平洋地域の安定にもつながると信じている。特に米国から多くを学び育った私は、アメリカ研究の学徒としてその社会的責任を強く感じている。本書が、外国に友を求めるウィリアムズ教授の訴えへの一つの答えになれば望外の幸せである。

二〇一四年一一月

松田　武

目 次

第1章　占領期の対日文化政策――民間情報教育局

対日占領のはじまり

「人類史上最も恐ろしい新兵器」と呼ばれた原子爆弾が、一九四五年八月六日に広島に、九日には長崎に投下され、一瞬にして二〇万人近くもの尊い命を奪った。それが引き金となり、八月一五日に日本政府は、「全日本軍隊の無条件降伏」を連合国から要求されていたポツダム宣言（七月二六日に発表された米・英・中の三国による対日共同宣言）を不承不承受け入れた。それにより、四年近く続いた「日米・アジア太平洋」戦争に終止符が打たれ、国民は、立場を超えて戦争の終結を歓迎した。その日は、日本国民にとって新しい国づくりの出発点となった。

無条件降伏から半月後の八月三〇日に、一機の軍用機が東京近郊の厚木飛行場に飛来した。その軍用機から、背の高い、コーンパイプを口にした一人の軍人が姿を現わした。その軍人は、二〇世紀のナポレオン皇帝でもあるかのように、誇り高く、勝ち誇った装いと容姿をしていた。

その軍人とは、他でもない、連合国軍最高司令官ダグラス・マッカーサー元帥であった。マッカーサーの到着は、その日から五二年四月二八日まで、六年八カ月続くことになる、連合国軍による日本占領の始まりを意味していた。

米国政府は、ポツダム宣言を実施に移すために、降伏文書調印の二〇日後の九月二二日に、「降伏後における米国の初期の対日方針」(以後、「初期の対日方針」と略記)を発表した。その中で、日本が「二度と米国ならびに世界の平和と安全にとって脅威とならない」ことを保証する旨の決意を明らかにした。この目的を達成するために、一〇月二日に連合国軍最高司令官総司令部(General Headquarters of the Supreme Commander for the Allied Powers, GHQ/SCAP 以後、総司令部と略記)が東京に設置された。そして、ドイツの直接統治方式とは異なり、日本においては間接統治方式が採用された。

総司令部は、日本国民の自由意思に支えられた「平和的で責任のある政府の樹立」をめざすと宣明するとともに、三つのDからなる政策、すなわち日本の非軍事化(Demilitarization)、民主化(Democratization)、それに経済の民主化、すなわち財閥の解体(Dissolution of Zaibatsu)を「初期の対日方針」と定めた。

日本の非軍事化の構想は、東アジアの地政学的な現実と米国の安全保障観にもとづいていた。その目的は、日本から軍事力を奪い、二度と米国および世界の脅威とならないようにすることにあった。それに対して、民主化の構想は、民主主義が確立された国家同士では、戦争は起こりにくいという仮説——後に、「民主的平和(デモクラティック・ピース)論」と呼ばれる——にもとづいていた。そして、日本の民主化の目的は、日本に「新しい方向を与える」こと、すなわち日本国民を平和的で文化的な国民に再教育し、日本ができるかぎり早く国際社会に復帰できるように、責任ある平和国家に仕立てることにあった。

マッカーサーをはじめ、「民主的平和論」を抱く多くの米国指導者は、非軍事化と民主化の目的を表裏一体のものとして捉えていた。ある米国人の観察者は、対日占領政策の目的が、「経済力を回復させることにあるならば、将来、敵になるかもしれない日本を武装させることになるだけだろう」と指摘する一方、もし「占領の成果が、日本国民の徹底的な民主化につながれば、究極的には平和と安全にとって望ましい」と語り、日本の民主化を、米国と他の諸国が平和で安全に暮らせるための条件、かつ重要な手段と位置づけていた。このような、日本の非軍事化と民主化が不可分の関係にあるという理解の背景には、戦後世界に対する米国人の強い使命感とともに、根深い対日不信感があった。

四年近くの総力戦を余儀なくされた日本国民は、降伏と全面的な破壊によって意気消沈し、虚脱状態に陥った。さらに、思想や文化の面においても幻滅し、虚無的な状態になっていた。特に、天皇崇拝についてそう言えた。

日本国民がこのような虚脱状態にあったので、異国を軍事占領して、異民族を統治し、民主化することは、総司令部にとって気の遠くなるような大事業であった。日本を占領し統治するには、総司令部は、四六年当時、二〇万人の米軍兵士に加え、何千人もの政策策定者や中間管理職の米国人(総司令部に約二〇〇〇人、軍政要員として約二千数百人)を長期にわたって動員する必要があった。さらに、総司令部は、間接統治方式を採用したことから、日本を効率よく効果的に統治するには日本政府および日本国民の理解と協力を必要としたのである。

理想主義に燃えた米国人は、アメリカ型の民主主義を日本に移植するためにあらゆる努力を惜しまなかった。なぜならば米国の安全と将来の日米関係が、これから日本において着手する「民主主義の実験」の成否にかかっていると、総司令部の大多数の米国人が固く信じていたからである。そして、新しい民主主義の理念やさまざまな制度が米国から日本へ次から次へと導入された。

この「初期の対日方針」は、第二次世界大戦を経てヘゲモニー国となった米国が、自らに課した国家建設（ネイション・ビルディング）という名の「使命」を果たす上で、また、後の日米関係の展開において、極めて重要な政策発表の一つであったといえる。

文化攻勢としての対日占領——民間情報教育局

総司令部は、日本を民主化し、日本人の心を捉えることによって、日本を長きにわたって米国の友好国にする決意を抱いていた。そのために、占領政策の中でも文化面を重視した。そこで、民間情報教育局（Civil Information and Education Section 略してＣＩ＆Ｅ）が、米太平洋陸軍総司令部（General Headquarters of United States Army Forces in the Pacific, GHQ/USAFPAC）に設置された（一九四七年以降は国防総省）。

民間情報教育局は、教育全般（初・中・高等教育）、情報（新聞、雑誌、ラジオなど各種メディア）、芸術（映画、演劇）、宗教（神道、仏教、キリスト教、新興宗教）、世論調査、文化財保護など、教育・文化の多岐にわたる領域を所管した。同局の目的は、日本国民に「新しい方向を与えること（リオリエンテーション）」と「再教育すること」にあった。

民間情報教育局が最初に取り組んだ課題は、軍国主義と超国家主義を、思想と行動の両面で国民のあらゆる層から取り除くことであった。米国人は、軍国主義や超国家主義の思想にもとづく道徳的規範が、帝国日本を世界の脅威に導いた主な原因であると捉えていた。戦前の思想によれば、天皇は現人神で、その皇位は太陽神（天照大神）によって打ちたてられ、現在まで途切れることなく受け継がれているということであった。その天皇制にまつわる神話やタブーが、米国の軍事占領の下で、特に昭和天皇による一九四六年元日の「人間宣言」以降、取り除かれることになった。

さらに、教育基本法（教育憲章とも呼ばれる）が、初期の対日方針に沿って四七年三月三一日に制定された。教育基本法は、新日本国憲法（四六年一一月三日公布、四七年五月三日施行）の精神が教育の分野に適用され、成立したものである。教育基本法は、「教育は、人格の完成をめざし、平和的な国家及び社会の形成者として、真理と正義を愛し、個人の価値をたっとび、勤労と責任を重んじ、自主的精神に充ちた心身ともに健康な国民の育成を期して行われなければならない」と謳っていた。まさにこれらの価値は、総司令部が日本国民に受け入れて欲しいと願っていた価値であった。

ストッダード教育使節団

東京の総司令部は、占領政策を実施するのに必要不可欠な専門家の不足に悩まされていた。民間情報教育局は、専門的かつ技術的な知識と情報の期待できる著名な民間人指導者を日本に派遣するよう米国政府に要請した。そして、米国政府は、総司令部からの要請に応えるために、特命使節団を時おり日本に派遣した。

戦争が終わった一九四六年三月五日に米国国務省は、ジョージ・ストッダードを団長とする第一次アメリカ教育使節団（別名、ストッダード教育使節団）を日本へ派遣した。ニューヨーク州の教育長官であったストッダードは、熱心な日本の「再教育」改革論者で、イリノイ大学の次期総長に予定されていた人物でもあった。ストッダード教育使節団は、二七名の教育者からなり、その中には二名のカナダ人と、東京大学で人類学を教えていたゴードン・ボウルズも含まれていた。

ストッダード教育使節団の訪日に呼応する形で、「日本人教育者委員会」が、前田多門文部大臣によって設置された。同委員会は、二九名の自由主義的な学者や教師によって構成され、その中には、同委員会委員長の南原繁東京大学総長、宗教学者の岸本英夫教授、それに教育学者の海後宗臣教授らも含まれた。同委員会設置の目的は、ストッダード教育使節団と協働することにあった。

ストッダード教育使節団は、訪日期間中、精力的に全国の教育機関などを視察し、三月三〇日にマッカーサーに調査報告書を提出した。

ストッダード報告書は、民主化における教育の果たす役割について論じていた。そのなかで、たとえば、チャールズ・ジョンソン教授は、教育の機会均等を力説し、教育上のいかなる差別も禁じる規定を挿入するよう主張した。ジョンソン教授は、フィスク大学の社会科学部部長で、教育使節団で唯ひとりのアフリカ系米国人であった。同報告書にはその他にも、教育勅語の廃止、教科内容の改定と民主的原則を力説する教科書――その概要は総司令部から通達ずみ――の作成、高等教育の改革、行政面での地方分権化など、重要な提言が見受けられた。六三制の教育制度については、合計九年間の初等・中等教育の無料化と、男女共学による義務教育の提言がなされた。これらの提言は、当時の米国の最も進んだ教育哲学を反映していた。

また、ストッダード教育使節団は、民主化の一環として日本国民から軍国主義思想を取り除くために日本において考古学の研究を奨励し、振興することを提言した。というのは、日本の古代史を書き直す際に、考古学の研究成果が何よりも役に立つこと、言い換えれば、考古学の研究成果が、古代神話の復活を阻止する最善の保証になると考えていたからである。

民主化のための措置

その他の重要な課題として、教育における指導者の養成があった。民間情報教育局は、当時、米国陸軍省の管轄下にあったので、国務省とは別に、日本国民に「民主主義に関する窓を開くために」さまざまな企画を立案し、実施した。

一方、文部省も、一九四八年八月一三日に、「教育の民主化のために新しい教育制度を発足させるには、新教育プログラムの理念と新教育方法を十分に理解し、その任務の遂行に必要な技術を身に付けた人材と指導者を訓練することは、焦眉の問題」との声明を発表し、教育指導研究所を設置した。

第一に、総司令部と文部省は、共同して教育指導研究所のプログラムを企画した。そのプログラムは、日本人有資格者に、二週間の集中講座への参加の機会を与えるというものであった。参加者の反応と民間情報教育局の報告から判断すれば、教育指導研究所のプログラムは、教育の地方分権化と民主化の重要性を強く認識させる上でかなりの効果があったといえよう。その認識とは、学校での出来事が何であれ、その責任はすべて、地元の学校教育を管理・運営する人たちの双肩にかかっていること、言い換えれば、自由主義の支柱である自由と責任、すなわち今日でいうところの、説明責任《アカウンタビリティ》を指していた。

第二に、民間情報教育局が取り組んだ課題は、日本人司書の養成であった。当時の日本では、日本人司書が不足しており、教育の民主化を促進する上で切実な問題となっていた。なぜならば訓練を受けた日本人司書は、学生や利用者が図書をすぐに手にし、読めるようにするための不可欠の条件であったからであった。そのような理由から、司書養成学校が、総司令部の援助の下に慶應義塾大学に設置され、そこへ米国人専門家がスタッフとして迎えられた。日本の各地から司書養成プログラムに参加した日本人は、米国の最も進んだ図書館学の技術と方法を学ぶことができた。

それを受けて講和条約の締結後、慶應義塾大学は、民間のロックフェラー財団からの資金援助の下に日本図書館学校を設置した。米国図書館協会のロバート・ギトラー博士をはじめとした米国人教授によって、利用者のサービスに重きを置く新しい哲学が導入された。

第三に、民間情報教育局は、日本における英語教育を重視し、それへの援助も惜しまなかった。というのは、英語教育は、英語を通して日本人が米国の理解を深めるためだけでなく、日米両国の友好関係を維持・発展させる上からも、重要でかつ不可欠と考えられたからである。なお米国の指導者は、日本人英語教師は英語を読むことができるが話せないために、文法解釈や、言語学の密教的な用語をこね回すだけで、伝達手段としての役に立つ英語を教えていないと考えていた。

また、米国が英語教育を重視したのは、米国の民主主義および対外政策の「純粋な」目的を日本国民に理解してもらうためでもあった。それは、世界各地から米国へ移住してくる人々に、米国の建国思想や合衆国憲法を理解させるために英語を教えるのと同じ発想から出たものであった。その考えは、日本国民が米国を正しく知り、理解さえすれば、日本は必ずや損得勘定から米国を友として選ぶであろうし、また、それによって日本が共産主義に傾斜するのを防ぐことができると踏まえていたからである。

民間情報教育局は、米国人教師を日本に派遣する一方、若手の日本人教師の米国留学も行った。まず、三四名の米国人教師が、米国人教師の日本への招聘プログラムの下に来日し、二年契約の下に日本の主要な大学で教鞭をとった。この企画は、民間情報教育局と日本の教育機関との協力によって実現したものである。

米国への日本青年の派遣プログラムも実施された。それは、日本の将来の指導者を育成するために民間情報教育局が「初期の対日方針」に沿って企画した米国派遣プログラムであった。その結果、非常に高い競争率の選抜試験に合格した約八〇〇名の学生が、米国へ派遣された。

その他に、「日本のための人物交流計画」があった。このプログラムは、「民主主義は実際に自分の目で見て初めてその実態やその価値が最もよく理解できる」という考えの下に、企画された。米国へ派遣される日本人エリートは、「民主主義の信奉者」として、対日占領の教育政策目的を達成する上で大切な人的資産になるであろうし、また同プログラムの参加者には、帰国後、日本の民主主義国としての発展に積極的に寄与することが期待された。そして、青年指導者の育成に携わる約五〇〇名の著名な日本人が、米国へ派遣された。

このように長期的な視野と戦略の下に企画された米国の人物交流計画は、実際に、「民主主義を教える実践的な手段として」価値のあることが、後になって証明されることになる。

アメリカ文化センター

民間情報教育局は、終戦後間もない一九四五年一一月に、東京のある小さい一階建ての建物に日本で最初の民間情報教育局インフォメーション・センター（CI&E情報センター、または図書館。以後、センターと略記）を開設した。その開設に際しては、日本国民に米国ならびに民主主義に関する情報を広めるという明確な目標が掲げられていた。同センターには、四一年以降出版された米国の書籍約三〇〇〇冊が収集・整理され、日本人の利用に備えられた。

日本国民の反響は非常に大きかった。開館日の四六年三月一七日から翌年の三月までの一年間に、一二万五〇〇〇人がセンターを利用した。一日平均の利用者は五七五人である（もっとも、センターの座席は一七五人分しかなかったのであるが）。そして、四五年から五一年までの六年間に、約六〇〇万人が利用した。

東京だけではなかった。たとえば、四八年六月に民間情報教育局のセンターが札幌に開設されたが、オープンした日から一週間の一日平均の利用者は一八〇〇人で、第二週目は九〇〇人であった。民間情報教育局は、四八年一〇月末までに日本の主要都市に一七のセンターを設置した。五〇年から五一年にかけて、さらに五つのセンターが設置され、最終的にはその数は、東京・日比谷、京都、名古屋、大阪、福岡、新潟、札幌、仙台、金沢、神戸、長崎、静岡、高松、横浜、函館、熊本、広島、東京・新宿、長野、松山、岡山、秋田、北九州の計二三カ所となった。センターは、米国の戦略的な観点から、地域の住民との緊張が最も高まる可能性のある場所、つまり米軍基地が最も集中している都市周辺に主に配置された。

全国の各センターには、少なくとも六〇〇〇冊の図書と四〇〇種類の定期刊行物、それに、あらゆる分野を網羅した数千の文書やパンフレットが整理・保管されていた。占領期末期の五一年と五二年には、全国のセンターに約二五万冊の図書、一〇万部のパンフレット、それに七万種類の定期刊行物が配布された。

これら民間情報教育局のセンターは、書籍や雑誌だけでなく、レコード、映画、絵画の展示物を一般市民に公開することにより、多くの国民にとって身近で、親しみやすい「公共圏」になっていった。地域の住民や大学生には、数少ない会合の場所として、またジャーナリストには調査機関として利用された。さらには、大学教授をはじめ知識人にとっては、日米文化交流のための便利な講演会場として大いに活用された。日本人のセンター利用の実態を観察していたロックフェラー財団のチャールズ・ファーズ人文学科学部門長によれば、センターを利用した日本人は、「手引書のような「……する方法」の類のハウ・ツーもの」に、特に技術関連書籍に、最大の関心があったという。

在日アメリカ大使館は、教育や文化（ソフト・パワー）を中心とするセンターの活動が、日本人の間に米国の友人を増やす上で大きな効果があることに次第に気づいた。また、教育・文化プログラムによって、日本人が特に影響を受けやすいということも後に分かった。

なお米国政府は、民間情報教育局の図書館の名称を「インフォメーション・センター」にしたくはなかった。というのは、「インフォメーション」の言葉には、言外に諜報やプロパガンダの意味が含まれており、第二次世界大戦中のナチス・ドイツや戦後のソ連の行動を連想させる否定的なイメージを与える言葉であった。米国の対外政策の動機の純粋さを信じて疑わない米国人にとって、後ろめたいだけでなく、心理的にも抵抗感があった。

そのようなわけで、米国政府は、五二年四月の講和条約発効後、センターが国務省に移管されたのを機に、「インフォメーション・センター」を「アメリカ文化センター」(七二年以降、現存するアメリカンセンターの前身)に改称した。冷戦の激化を反映して、アメリカ文化センターは、異国民の「態度を変えたり、作り上げたりする」、換言すれば、日本人を親米的にする「機関」へと様変わりしていく。

翻訳プログラムと文化冷戦

占領軍の米国人の中には、将校とその家族、総司令部に雇われた民間人とその家族、それに一般の米兵が含まれていた。日本に進駐した米兵の数は、一九四五年暮れの時点で約四三万人、四六年には二〇万人であった。そして、占領期間を通して日本に住んでいた米兵の数は、年平均で二五万人に及んだ。

米国人にとって、日本は異国の遠い存在であり、彼らは日本の情報や正確な知識をほとんど持ち合わせていなかった。米国民と同じく、日本国民も米国についての知識をほとんど持っていなかった。そのような状況において、コミュニケーション不足から誤解や摩擦が生じるのは必至であった。

というのは、日本の中等教育において英語は必修科目であったが、大学では選択科目であったので、日本人の中に英語が堪能なものは少なかったからである。

ソ連政府は、占領期間中に全世界に向けて、ヴラディーミル・レーニン全集およびヨシフ・スターリン全集の著作権を放棄すると発表した。それによって、外国の出版社は、『レーニン全集』や『スターリン全集』を無料で翻訳し、出版できるようになった。その間に中国政府もまた、ソ連政府にならって著作権を放棄する方針を採用した。

米国は、これらの共産主義諸国の措置を、米国を標的とする「文化攻勢」と捉えていた。五三年六月八日付の『朝日新聞』朝刊は、「民主主義陣営と共産主義陣営の翻訳界ならびに出版界での冷戦」という見出しで、「出版界においても冷戦が進行中である。日本では、民主主義陣営と共産主義陣営が翻訳の分野で激しい戦いを繰り広げている。日本でさらに多くの書物を翻訳し、出版するために、両陣営とも、翻訳権を無料にするか、あるいは印税を大幅に低くするといった手段を用いている。これこそが、文化戦争である」との記事を掲載した。

一般に、儒教文化圏である東アジア諸国では、書物は人々に強い影響を及ぼす不思議な力をもっていると信じられていた。特に識字率の最も高い日本では、書物が、イデオロギー戦争において永続性のある最も強力な武器と考えられていた。日本におけるソ連の宣伝活動に対抗するために、米国政府は、総力をあげて反共主義の濃い「真実のキャンペーン」を展開し、五三会計年度には翻訳プログラムのために三万ドルを計上した。在日アメリカ大使館のある文化広報担当官は、「米国は、この種の戦争において戦わずして勝利を相手に譲るようなことは断じてない」と、文化冷戦を戦う固い決意を表示した。このようにして、翻訳プログラムは、在日アメリカ大使館文化広報局の「最優先課題」の一つに位置付けられていく。

翻訳プログラムを実施する際、次の二つのアプローチが考えられた。一つは、日本国民に共産主義の制度的欠陥とその弊害を叩き込む、いわゆる共産主義に対するネガティブ・キャンペーンであり、もう一つのアプローチは、自由主義的資本主義の健全さを力説し、共産主義に対する資本主義の優位性を強調するポジティブなキャンペーンであった。

邦訳された米国の書物

日本の出版業界は、終戦後まもなく息を吹き返し、下記の統計が示すように、出版社数ならびに出版物の数は着実に増えていった。

年	出版社数	出版部数
一九四五	二〇三	八七八
一九五〇	一八六九	一三〇〇九
一九五一	二四八七	一五五三六

戦前と同じく日本の国民は、戦後も米国とその文化に強い好奇心と大きな関心を抱いていた。次の書籍ならびに雑誌は、米国で出版され、文化冷戦が本格化した四九年から五一年の二年間に日本語に翻訳された書物である。そのリストは、日本の読者がどのようなジャンルの書物に関心を抱いていたかを示している。

それらをテーマ別に分ければ、第一のカテゴリーの書物は、日本人ならびに日本の問題に対する米国人の意見をまとめたものである。その代表作として、ルース・ベネディクト著の『菊と刀』(一九四六年、訳書一九四八年)や、ジェローム・コーヘン著の『戦時戦後の日本経済』(一九四八年、訳書一九五〇—五一年)などが挙げられる。それらの翻訳書は、米国人の意見に敏感に反応する日本人読者の関心の高さを示していた。

第二のカテゴリーの書物は、米国人から見た太平洋戦争についての物語である。その代表作として、ジョン・ハーシー著の『ヒロシマ』(一九四六年、訳書一九四九年)、ノーマン・メイラー著の『裸者と死者』(一九四八年、訳書一九四九年)、アーニー・パイル著の『終章』(一九四六年、訳書一九五〇年)などが挙げられる。これらの書物から、日本国民は、米国人の視野からの多面的な太平洋戦争観を得ることができた。

第三のカテゴリーの書物は、対日占領政策の批判書である。その翻訳書の代表に、五一年に邦訳されたマーク・ゲイン著の『ニッポン日記』を挙げることができる。同書は、日本占領政策の痛烈な批判書で、その内容は、「対日占領の所期の目的であったはずの民主改革がほんの見せかけに過ぎず、進駐軍は日本を共産主義に対する軍事的および経済的な防護物にしようとしている」ということであった。国民は、競い合うようにして『ニッポン日記』を読んだ。同書は、五一年には日本の書店のベストセラー・リストにおいてトップの座を占め、第一巻は一五万三〇〇〇部、第二巻は一三万七〇〇〇部売れた。それは、『ニッポン日記』のテーマが日本人の琴線にふれたからである、といわれている。もちろんゲインによる対日占領の批判点は、軍事占領期間中であるために、日本の国民には口にできない事柄であった。

次に、米国に関する書物が、米国の書物の翻訳書の中でも目立っていた。例を数冊挙げれば、チャールズ・ビアード著の『共和国』(一九四三年、訳書一九四九—五〇年)、フレデリック・ルイス・アレン著の『オンリー・イエスタデイ』(一九三一年、訳書一九四〇年)と『シンス・イエスタデイ』(一九三九年、訳書一九五〇年)、ハロルド・ラスキ著の『アメリカ・デモクラシー』(一九四八年、訳書一九五五年)などが代表的である。

文学作品では、セオドア・ドライサー著の『アメリカの悲劇』(一九二五年、訳書一九五〇年)、ジョン・ドス＝パソス著の『勤務期間』(一九四六年、訳書一九五二年)、ウィリアム・フォークナー著の『兵士の報酬』(一九二六年、訳書一九五二年)、ジョン・スタインベック著の『二十日鼠と人間』(一九三七年、訳書一九五二年)、アーネスト・ヘミングウェイ著の『キリマンジャロの雪』(一九三六年、訳書一九五三年)などの世界的に著名な作家の作品が邦訳され、出版された。マーガレット・ミッチェル著の人気小説『風と共に去りぬ』(一九三六年、訳書一九五二年)も読者の間で大いに注目された。その邦訳書の出版時期が、同じタイトルの映画『風と共に去りぬ』の日本での上映時期と重なり、ミッチェル著の同小説はその売上部数の最高記録を塗り替えた。

海外雑誌に目を向けると、総司令部は、四五年一二月頃に、まず週刊誌『タイム』や『ニューズウィーク』の英語版を刊行する許可を与えた。東京での初版の売上げ(四六年)は両誌で一万七〇〇〇部であった。しかし、後にその売上げは、二万九九〇〇部に至る。

四六年六月には、『リーダーズ・ダイジェスト』誌が日本市場に参入してきた。五〇年には、同誌の日本語版は一三〇万部売れ、最も人気の高い雑誌となった（その頃には、『タイム』誌や『ニューズウィーク』誌の日本語版も刊行されていた）。成功の背景には、日本の読者の、「米国についてもっと知りたい」という、強い知識欲があった。日本の読者は、『リーダーズ・ダイジェスト』誌を、「記事の中に道徳が盛り込まれている」雑誌、あるいは「アメリカ的価値の守護者」の雑誌と捉えていた。同誌の人気の高さは、終戦直後の日米文化関係、ならびに日米間の地政学的関係を反映していたのである。

同時に、日本の出版社にもさまざまな支援がなされたが、その一つとして、翻訳奨励金制度が米国情報教育局において採用された。翻訳奨励金制度とは、初版に対し定められた部数を事前に買い取ることを出版社に約束するとともに、大抵の場合は、出版社が書籍を小売業者に売る値段、つまり、卸値よりも幾分高い値段で、米国情報教育局が書籍を出版社から買い取る制度のことを指している。

そして、翻訳奨励金制度が、米国情報教育局プログラムの目的のために極めて頻繁に活用された。その制度では、無条件で補助金を支給することを避けることができ、また出版社は、少なくとも赤字の心配をすることなく決済できた。同時に、翻訳奨励金制度によって、「インフォメーション・センター」の備え付け用に、または個人への寄贈目的に利用するのに必要な部数をアメリカ文化広報局に備えることができるようになった。実際に、一定の部数を買い取ることを保証することで日本の出版社を説得し、米国政府にとって望ましいと思われる書物の出版が可能となった。

以上が、書物を通しての外交の内実であった。米国の書物に対する日本の市場は、戦後の日米文化関係の緊密度を測る際の一つのバロメーターの役割を果たしたといえるだろう。

第2章　冷戦、「逆コース」、そして戦後日本のナショナリズムの台頭

マッカーサーは、占領の開始から一年半が経過した一九四七年三月一七日に、ポツダム宣言の目的が達成されたとして、対日占領の第一段階の終了を宣言、米国政府に対日講和条約の草案を準備するよう進言した。マッカーサーの進言の背景には、日本が弱小国であることが、米国ならびにアジア太平洋地域の安全保障にとって有益であり、現時点での日本は、他の国々の脅威にならないという彼の読みと判断があった。

一方、ワシントンでは、深刻化する米ソ対立を背景に、四七年五月五日に国務省の最高戦略部門である政策企画室が新設された。その初代室長にジョージ・ケナンが就任した。彼は、日本との早期講和に反対であった。ケナンの反対理由は、対日占領の主な目標である日本の武装解除と非軍事化が、日本から共産主義の脅威に対抗するのに必要な力とエネルギーを奪うことになる、という点にあった。

ケナンは、翌年の二月二六日に日本を訪れ、長時間にわたってマッカーサーと会談した。会談の中でケナンは、日本が講和条約の締結後に、「極東地域の安定と繁栄」のために建設的な貢献をするその道筋をつけること、そのためには、「日本経済の再建」が焦眉の問題であることをマッカー

サーに力説した。

ワシントンに戻るや、ケナンは、「日本との講和条約の締結を急ぐべきでない」という主旨の報告書を、ジョージ・マーシャル国務長官に提出した。ケナンからの報告を受け、国家安全保障会議(National Security Council 以後、NSCと略記)は、早期講和の検討を棚上げにする決議を採択した。その決議が採択された背景には、独立を達成した後に、日本が必要な負担を担うための準備ができるよう、日本に十分な時間を与えるという、米国の配慮と意向が働いていた。

冷戦が激しくなるにつれ、世界の人々は、地球全域が米ソの二つの陣営に分割されていくのを目の当たりにした。独立したばかりの発展途上国は、国家建設、すなわち政治制度や経済制度、それに教育制度などを確立するために、海外からの支援を必要としていた。米ソ両国は、新興諸国への影響力を強めるために、「第三世界」においても互いに競い合った。

米国政府が、対日占領政策の強調点を、米ソ対決の強硬路線にシフトさせたのは、このような世界情勢が引き金となったからであろう。対日政策の変更が具体的な形で明らかになったのは、四八年一〇月七日付の「米国の対日政策に関する勧告」においてであった。同文書は、「NSC文書第一三号の二」の名で知られ、その内容はケナンの提言に大幅に依拠したものであった。

加えて、四八年から五〇年にかけて発生した二つの出来事——中国共産党政府の樹立と、朝鮮戦争の勃発——が、冷戦を東アジア地域にまで拡大させる要因となった。結果、米国政府は、それまでの東アジア政策の優先課題を再定義せざるを得なくなった。

東アジア情勢が急展開する中で、米国の指導者は、東アジア地域が共産主義勢力の支配下に入るような事態を、あらゆる手段を使って未然に防ぐことを最優先課題とした。米国の指導者によれば、東アジア地域が共産主義勢力の支配下に入れば、世界の勢力均衡は崩れ、究極的には世界戦争につながるということであった。

米国政府は、五〇年四月一四日のNSCにおいて、同報告書の政策提言を採択した。その報告書は、「NSC文書第六八号」の名で広く知られている。善悪の二大勢力が戦うマニ教的世界観にも似た世界観を抱く米国の指導者の多くは、民主主義と市場資本主義に代表される「自由世界」の生き残りを賭けて、世界共産主義との厳しい戦いに身を投じたのである。それは、米国民にとって一歩も後に引けない、しかも選択の余地のない決断であった。そのような文脈において、米国の指導者は、日本が自由主義陣営に留まるべきであり、そうすることが日本にとっても有益であるとの全員一致の結論に達した。

米国版「逆コース」

米国政府は、対日占領政策の優先順位を見直し、新しい目標を設定した。新しい目標とは、日本を「アジアの工場」にし、「共産主義に対する防波堤」にすることであった。同時にそれは、占領日本において諸改革を実施する速度を緩めるか、あるいは日本国民に無理やり押し付ける形の占領改革を全面的にやめてしまうか、どちらか一方を選択することを意味していた。結論として、米国政府は、対日占領政策の優先順位を見直し、日本を平和的で民主的な国に再建するそれまでの方針にブレーキをかけたのである。

この方針転換は、一般に「逆コース」と呼ばれている。その起源は、一九四六年の米国議会議員選挙にまでさかのぼる。同選挙では、財政問題でより保守的な立場をとる共和党が勝利した。共和党の勝利は、当時、米国内で強まりつつあった共産主義の脅威に対する米国民の不安と恐怖を映し出していた。そして、その後にワシントンにおいて大きな右旋回の政治変動が生じた。米国民の共産主義への不安と恐怖は、マッカーシズムの名で知られ、五〇年代初頭に猛威を奮った反共ヒステリアにつながることになる。

初期の対日占領政策の目的が、日本の非軍事化と民主化であったことはすでに述べた。米国の政治情勢が保守化する中で、米国の指導者の間には、初期の対日占領目的を犠牲にし、対日占領の方向を変えることは致し方のないことであり、むしろそうせざるを得ないと主張するものがいた。もっとも、その人たちは少数派であった。たとえば、その一人がケネス・ロイヤル陸軍長官であった。四八年一月六日の演説の中で、ロイヤル長官は、対日交渉において、「最も重視されたのは、まず我々自身を日本から守ることであり、次に戦勝国への賠償が問題にされた。そして日本国民の真の幸せへの配慮はそのあとであった」と語り、対日占領計画の修正を求めた。また、弁護士のエリフ・ルート二世は、「日本が民主国家か否かについてそれほど気にする必要はない。というのは、所詮、民主主義とは、目的を達成するための手段に過ぎないからである。我々の関心は、米国の安全と繁栄にある」と語り、米国政府の方針転換を支持した。続けてルートは、「もし日本の権威主義体制によって、米国の目的(安全と繁栄)が満たされるのであれば、あるいは、少なくともその目的を危険に晒すことにならないのであれば、我々はその体制の非民主的な性格に煩わされるべきではない。我々は、机上の空論家のように、理想を追い求めるべきではない」と語った。さらに彼は、米国は「日本国民が一夜にして全く申し分のない民主主義者になることを期待すべきではない」とも述べた。

米国政府による政策優先順位の変更は、日本政府および多くの国民にとって唐突の感は否めなかった。そして、その変更は、具体的に日本の再軍備の要求となって現れた。

さらに、米国版「逆コース」を示すもう一つの具体的な事例として、大規模な反共キャンペーンがある。その目的は、日本の左翼の信用を失墜させ、その勢力を抑えることにあった。

徹底的な「レッド・パージ」の結果、四九年暮れから五〇年六月の朝鮮戦争の勃発までの間に、約一万一〇〇〇人の公共部門の労働組合活動家が解雇された。朝鮮戦争が始まった後、「レッド・パージ」は民間部門にまで及んだ。そのために五〇年の暮れまでに、さらに一万人から一万一〇〇〇人の左翼系の従業員が解雇された。

「レッド・パージ」とは対照的に、「追放解除」が、五〇年一〇月一三日の政府の布告により全面的に始まった。軍国主義と超国家主義を教唆したという理由で公職から追われた人々のうち三分の二が、講和条約が発効した五二年四月二八日までに、追放解除された。このようにして、「永久に」追放されていたはずの多くの人たちが、公的な生活に復帰することができた。彼らは、職場への復帰を、右旋回した結果授かった総司令部からの賜物と受け止めた。

ソヴィエト版「逆コース」

日本の左翼陣営においても、米国版「逆コース」とほぼ同じ時期に、同様の旋回がみられた。その社会現象を、ここでは便宜上、ソヴィエト版「逆コース」と呼ぶことにしよう。

日本では、一九二〇年代以来、マルクス主義が主たる指導的イデオロギーとして、大きな影響力と権威を保持していた。そして終戦後も、マルクス主義者は、国民から大きな尊敬と信用を集めた。しかし、日本共産党にとって事が思うように運ぶ期間は、そう長くはなかった。

四五年一〇月一〇日に徳田球一や志賀義雄ら約一五〇名の共産党員を含む、三〇〇〇人の政治犯が釈放された。長かった監獄生活から解放されるや、共産党員らは、日本を民主化するために、平和的手段による革命を行うとの立場を表明した。多くの知識人にとって共産主義者は、まばゆい存在であった。しかし、共産主義思想に違和感を抱く知識人は、心の底では共産主義者に対して後ろめたい思いと劣等感を抱いていた。というのは、彼らは、責任ある知識人として、日本の侵略を阻止し、四一年の日米開戦を止めることができなかったこと――そのことに対して無力さを思い知らされたからである。同時に、彼らは、その事実を不承不承ながら認めざるを得なかった。このようにして、共産主義に批判的な知識人の心の奥底に、日本の共産主義者に対する屈折した心理が、植え付けられたのであった。

ソ連政府は、総司令部主導の「レッド・パージ」や反共キャンペーンに対し、すぐさま反応した。その一つの事例として、五〇年一月六日に共産党・労働者党情報局（一般にコミンフォルムの名前で知られる）が、日本共産党を強い調子で公然と非難したことが挙げられる。

日本共産党は，四九年一月の総選挙で，当選者を三五人に増やし，国政参加へと大いに躍進した。その輝かしい選挙結果を受けて，共産党中央委員会議長の野坂参三は，日本における平和革命の可能性について楽観的になり，彼は，「占領下でも，議会選挙を通して平和的方式で，人民政府を作ることは可能だ」と述べるに至った。

しかし，コミンフォルムは，日本に強力な共産党を樹立するための措置として，日本共産党の路線を「楽観的で，安易な戦略」だと厳しく批判した。

コミンフォルムの日本共産党批判への対応をめぐって，日本共産党指導部は二つの党派に分裂した。一つは，コミンフォルムの批判を受け入れるのを拒んだ徳田球一，野坂参三，伊藤律らを含む主流派（所感派）であり，もう一つは，批判を受け入れるべきだとする志賀義雄や宮本顕治らを含む国際派であった。

党内での権力闘争を経た後，日本共産党は，コミンフォルムからの批判を受け入れて，謝罪した。日本共産党の「主流派」は，自らの過ちを認めてコミンフォルムの命令に従い，それまでの「愛される政党」路線を放棄した。そして，主流派の大部分が地下に潜伏した。日本共産党のそれまでの自主独立の主張は，コミンフォルムの統制の下，ソ連共産党主導の国際主義的な方針によって取って代わられることになった。

コミンフォルム批判の受け入れ，それに続く謝罪は，戦時中に苦難を経験した共産党員といえども，あるいは共産党員であるがゆえに，権威に弱く，従順であること，すなわち彼らの主体性の欠如を示すものであった。

政策方針の突然の変更によって、日本共産党は高い代価を払うことになった。共産党は、主体性だけでなく、信用と面目も失うことになった。それだけでなく、総司令部から嫌がらせや徹底的な弾圧を受け、同時に民衆からは幅広い支持も失うことになった。また、コミンフォルム批判は、それまで日本共産党指導部を信頼し、その指導に忠実に従ってきた平党員の間に深刻な不和をもたらすことになった。学生を含む左翼系の人々、ならびに共産主義のシンパの多くが、心理的な混乱に陥ると同時に、強い疎外感を抱くに至った。コミンフォルムによる非難の後、日本経済の復興も手伝い、日本共産党とマルクス主義の影響力は、徐々に弱まっていった。

要するに、米ソ二国の「逆コース」によって、多くの日本人が混乱状態に陥った。政府の政策変更を目の当たりにした多くの人たちは、日本人、米国人を問わず、米国の対日占領の性格が、占領初期の「甘ったるいハネムーン(蜜月)」から、その最終段階の「抜け目の無い」ものへと変化したことを感じ取った。対日占領政策を鋭く観察していたロシア人ジャーナリストは、「それがどんなに逆説的に聞こえようとも、ただ一つ言えることは、日本に在住する米国人が、フランクリン・ローズヴェルトの民主的方針から、軍国主義的反動勢力を強める右方向へと大転換したということである」と報じた。続けて同ジャーナリストは、「米国民の中には、新しい「米国の幕府」——二〇世紀における封建的な幕府——を日本に樹立しようと考えている連中がいる。もしそれが現実になれば、米国の主人に仕える奴隷となる運命——征服されるよりもいっそう悲劇的な運命——が、日本国民に待ち受けている」と付け加えた。

戦後日本のナショナリズムと保守主義者の台頭

一九五〇年頃になると、総司令部の改革プログラムの矛盾が、統治者、被治者を問わず、誰の目にもますます明らかになってきた。対日占領政策に対する何らかの形の反動は避けられないように思われた。日本が徐々に戦争の惨禍から回復するにつれて、軍事占領への国民の不満を示す兆候は現れ始めた。

まず、国民は、困惑と鬱積した感情を、特に進駐軍に対してあからさまな形で示した。なぜなら彼らは、占領軍の駐留が自分たちの生活様式や日本文化への干渉に他ならないと捉えていただけでなく、米軍のプレゼンスが、心の底で感じている日本国民の米国への劣等感を常に思い起こさせ、その存在自体が、日本の民族・国家の独立と真っ向から対立するものであったからである。

対日占領が終わりに近づくにつれて、国民のナショナリズムの感情はますます高まっていった。国民の対応は様々であった。中には、占領改革を公然と酷評する者もいたし、占領初期にアメリカ的なものをすべて無批判に、かつ包括的に受け入れた自分たちの態度を反省し、見直し始める者もいた。彼らは、それまで西洋文化を直輸入してきたことを反省し、日本の伝統文化の中に見られる日本固有の文化遺産を徐々に探し求め、再びそれを評価し始めた。

保守主義者はまず、農地改革を厳しく批判した。彼らは、日本の伝統的な社会規範が、対日占領とアメリカ的民主主義によって緩められ、そのために旧秩序の下で守られてきた自分たちの既得権が侵害されたと主張した。彼らの不満は、社会構成のうえで最も重要と考えられていた知的職業階級の人々(大半は不在地主)の財産が、農地改革によって没収されてしまったという点にあった。

他にもたとえば、社会道徳の衰退を示す紛れもない証拠として、日本人の商取引上の行為が、個人の信頼関係に依拠していたものから契約書に依拠するものへと変化したことを指摘し、占領改革を批判した。さらに彼らは、家族の規律の著しい欠如や、若者の間に見られる性行動に関する規律の低下を取り上げ、それらは、日本の家父長主義的家族制度が米国の個人主義的な社会秩序によって強制的に取って代わられたことに原因があると主張した。

保守主義者は、戦後日本の各界において復権を果たすや、占領当局の手から権力と影響力を取り戻そうとした。保守主義者が取り組んだ課題に、日本の再軍備、憲法改正、小選挙区制の導入、それに教育の中央集権化があった。彼らは、日本の伝統文化を取捨選択的に最大限に活用し、「行き過ぎた」民主主義にブレーキをかけたり、日本社会に適合するようにある程度外国からの輸入文化に手を加えたりした。要するに、保守主義者は、「日本的生活様式」を再び社会に根づかせ、自分たちが最適と考える方法で日本社会を安定させようとした。

日本のナショナリズムに気をもむ米国指導者

日本のナショナリズムの高まりと保守主義者の政治的動向が、総司令部の改革論者の懸念材料となった。日本国民の間で強まりつつあった共産主義の影響に気をもむ一方、保守主義者の台頭にも頭を悩ませていたのだ。

たとえば、民政局のトマス・ビッソンは、一九四六年三月から四七年五月まで総司令部に勤務し、日本の新しい政治展開のもつ意味を十分に理解していた。そして、彼は、米国に対する日本人の感情が、ゆっくりと変化しつつあることをはっきりと看取していた。ビッソンによれば、保守主義者は、ある時には単独で、またある時には義理堅い西洋人の仲間と暗黙の了解の下に協力しながら、政治目的を追求していたという。さらに、ビッソンは、一旦総司令部の指揮権が日本の文民エリートの手に渡れば、保守主義者は、自分たちの権力を制限する施策を廃止するか、あるいは、少なくとも自分たちの行動を規制する諸規則を緩めるような行動に出ることは間違いない、と語った。

ロックフェラー財団のジョン・D・ロックフェラー三世のように洞察力のある米国人は、当時の日本の政治情勢の背後にはナショナリズムの諸力が働いていることを看破していた。ロックフェラーは、日本人が「日米関係に不満を抱いている」ことを認めたうえで、「日本が米国の同盟国である限り、……米国の影響が日本の社会的安定を揺るがす、あるいは反米主義の旗印の下に、国民のエネルギーが結集される危険がある」と語った。ロックフェラーによれば、日本国民は、「私たち(米国人からの支援)を必要としている」ものの、「自分自身の足で立ち、自立したい」ということであった。

米国の議会委員会のある報告書は、日本人は、米国が日本にとって「教師ではなく、パートナーであることを望んでいる」と伝えた。同時に、報告書は、そのパートナーとは、「完全な互恵主義を要求しない、ある程度、寛大なパートナー」であるとも伝えた。確かに、日本国民は米国と対等な関係を望んでいた。しかし、「対等な関係」についての日本国民の理解は自国中心的でナイーブなものであり、必ずしも正しいものとはいえなかった。というのは、日本国民が米国に求めた対等な関係は、日米間の非対称的な力関係、すなわち第二次世界大戦後の冷厳なる現実を反映してはいなかったからである。

米国でも有数の民間シンクタンクである外交問題評議会(Council on Foreign Relations, CFR)の研究員であり、製造業者信託会社の代表でもあったトリスタン・ベプラットは、日本国民の願望に関して、ロックフェラーと同じ意見を抱いていた。ベプラットによれば、日本人の関心事は、「日本の行動自由の範囲を広げ、それによって日本の米国への依存度を低くすることにある」ということであった。続けて彼は、日本人は「援助が必要なために、米国から援助を受け入れてはいるが、しかし、意識的に米国と距離を置こうとしているのである」と述べた。さらにベプラットは、日本人は、「自らの運命を決定できる主人公ではないと思っている」ので、「『夷をもって夷を制する』がごとく、私たち米国人を他国民と張り合わせて、漁夫の利を得ようとするかも知れない」と付け加えた。このように疑いの目で日本を眺めていたベプラットは、日中関係は必ずや強まっていくが、しかし日米関係の方は弱まっていくのではないかと推察していた。その発言に反応して、米国陸軍士官学校のアモス・ジョーダン二世中佐は、「日本は米国から離れつつある」と語った。それに対して、ヒュー・ボートンは、即座に「すなわち、独立に向かって」と発言し、ジョーダンの発言を補充した。

そのようなわけで米国政府は、独立後の対日政策について真剣に考察する必要を痛感した。それには次の二つの施策が考えられた。一つは、あらゆる手段を用いて、復活しつつある日本のナショナリズムを建設的な性格をもったものに方向づけをすることであった。その手段の中には心理戦争プログラムも含まれていた。もう一つの施策は、日本が戦前の軍国主義に回帰しないように、常に日本に目を配って観察し、管理することであった。

重要となる文化関係と日本のリベラル派

このような事態を、米国人が手をこまねいて静観していたわけではなかった。日本のナショナリズムの高まりを目の当たりにしていた日本専門家ロバート・シュワンテスは、日米関係を強化するには日本との文化関係が特に重要であると考えていた。彼は、日本のリベラル派が日米関係を強固なものにする際に重要な役割を果たすと信じていた。なぜならばリベラル派の日本人は、米国を自分たちの精神的なサポート源と見なし、米国に敬意を払ってきたからである。シュワンテスは、米国政府が対日占領政策の優先事項を急に変更したことに当惑したばかりか、今回の米国版「逆コース」が、日本のリベラル派を失望させることになるのを大変心配していた。

しかし、シュワンテスは、自分が愛国的な冷戦リベラル派の一市民であることを忘れてはいなかった。彼は、日本の「改革と再教育という長期的な課題に加えて、体制の転覆を図ろうとする共産主義者の宣伝と影響力に対して、今や戦いを緊急に挑む必要がある」と述べ、共産主義に対抗するために具体的な行動を取るよう政府に具申した。

そのような中で米国政府は、日米関係の基盤の強化をはかるために文化政策を重視し、日本において全面的な文化攻勢を始めた。その背景には、米国人の共産主義に対する恐れと根強い反共思想があった。しかし、皮肉にも米国人と日本人の間には共産主義の脅威に対する認識のずれがあった。米国人が、世界共産主義の拡大を日本にとっての重大な脅威と見なしていたのに対して、日本のリベラル派は、旧保守勢力の急速な復活と占領改革の修正を日本にとってより大きな危険と見なしていた。

一九四八年から五〇年にかけて東アジア地域において生じた地政学的配置図の急激な変更によって、いよいよ米国政府は、日本との講和条約を締結する決意を固めることになった。米国人は、長期の軍事占領が必ずしも米国の国益にプラスにはならないと認識するに至った。そこで四九年九月に、ディーン・アチソン国務長官とアーネスト・ベヴィン英国外相は、ワシントンで会談し、日本との講和条約の締結に向けて、もう一度努力することに合意した。講和条約締結の目的が、ソ連圏の方向に日本が漂流していくのを阻止することにあったことは言うまでもない。

第3章　独立の代価――「ソフト・ピース」と日米安保条約

朝鮮戦争が勃発した一九五〇年のことであった。ハリー・トルーマン米国大統領は、日本の軍事占領と日米の戦争状態に終止符を打つために、対日講和条約の条文づくりに取り組む時がきたことを認識するに至った。時を同じくして、日本政府内においても米国との講和条約を交渉する準備が整っていた。外務省は、五〇年六月一日に、「日本国に独立と平等を付与する意思の有る諸国と平和条約を締結する」作業に着手する方針を発表した。

トルーマン大統領は、同年の九月一四日に日本政府と予備折衝を始めたい旨の意思を公表した。同大統領は、関係国のすべてが講和条約に調印することを望んでいた。米国は、たとえソ連が講和条約の締結に反対しても、あるいは共産中国が条約交渉に加わり妨害しても、講和条約締結までの過程を単独で進める心積もりでいた。日米両政府のこのような動きの背景には、四八年から五〇年にかけての地政学的地殻変動、なかでも朝鮮戦争の勃発があった。それら一連の出来事が、日米両国政府に講和条約の交渉過程を速める決断をさせる働きをしたのである。

時の人ジョン・フォスター・ダレスと日本の役割

米国政府の特使として対日講和条約の交渉に尽力し、時の人となったのが、ジョン・フォスター・ダレスであった。ダレスは、一九一八年と一九年の二年間、第一次世界大戦後のパリ講和条約の米国交渉団の委員を経験した著名な国際弁護士であった。ディーン・アチソン国務長官は、共和党員ではあったが、首都ワシントンの「古だぬきのような」存在のダレスを、日本政府との交渉担当官に任命した。というのは、アチソンは、講和条約の締結には超党派の協力が必要だと考えており、「ダレスなら立派に仕事をこなし、必要な超党派的支持を得て……上院の承認を取り付けることができるだろう」と確信していたからである。

ダレスは、ソ連と冷戦を戦う上で、米国にとってドイツと日本が最も重要な国であると捉えていた。彼は、「世界の将来は、ソ連が戦争に訴えることなく、西ドイツと日本をその支配下に置くことができるか否かに大きくかかっている」と考えており、ドイツと日本が、世界各地における共産主義との聖戦に確実に勝利する鍵を握っていると述べた。彼は、米国の世界戦略の主たる目的が、日本を西側諸国の一員に留めておくことにあることを片時も忘れなかった。なぜならば彼は、米国の国益と安全保障にとって日本を、自由に利用することのできる東アジアの最も重要な国と見なしていたからであった。

また、ダレスは、マニ教的な善悪二元論の世界観を抱く、敬虔なキリスト教徒であった。そして、宗教上の信念からも、ソ連や世界共産主義と徹底的に戦う気構えであった。

ダレスをはじめ米国の指導者は、二極化された世界において、日本の工業力と技術力が東西のどちらの陣営にとっても貴重な資産であると見なしていた。そして彼らは、日本および巨大な資源を持つ共産中国などのアジア諸国がソ連の力と結合したとき、米国への脅威は最大となると考えた。

彼らのシナリオによれば、もしソ連が日本の熟練労働力と自国の資源と合わせ持てば、(西側にある第一番目の中心に加え)東側にも最大級の軍事力を備えた第二番目の中心を構築できるようになるだろう。そのような最悪の事態になれば、東アジア地域の共産軍をもはや第二義的な脅威と見なすことができないばかりか、米国は両面戦争を余儀なくされるだろうという。その場合、米国は、ヨーロッパ戦線に投入するのと同様の戦力を、東アジア地域の戦線にも投入せざるを得なくなるというのであった。言い換えれば、ソ連の支配下に日本が入るのを阻止している限り、共産陣営の戦力は、西部ロシアと中央ロシアに釘付けされ、それによってたとえソ連の東アジア軍と共産中国軍が連合しても、少なくとも近い将来、太平洋地域の米国の安全を脅かすことはできないというのであった。逆に、日本が米国の友好国である限り、そして、日本の軍備が十分に整っている限り、米国は、東アジア地域への共産軍の猛襲を深刻に考える必要がないというのであった。

ダレスにとって、日本がソ連の支配下に入ることは、ソ連が、太平洋地域における米国の支配権に「挑戦」できること、そして究極的には、米国の西海岸も同じ運命をたどることを意味していた。そうなれば、「世界戦争の勃発と米国が敗北する確率はいっそう高くなる」というのであった。また、冷戦の闘士ダレスは、「侵略国がいかなる国であれ、その国による世界支配を阻止するために、日本から米国と国際連合の政策への積極的な支援」を取り付けるつもりでいた。ダレスによれば、日本を西側に留めておくことによってはじめて、それが可能となった。

日本の敗戦によって東アジア地域に力の真空が生じたが、ダレスや他の指導者は、その真空は未だに埋められておらず、早急に埋める必要があると考えた。そのような理由から、日本の軍隊を編成することが単に望ましいだけでなく、必要であると考えた。そして、対日講和条約の締結は、「東アジア地域の力の真空」を埋めるだけの力を備えた国家として日本を再建する必要を米国が、認識したことを意味していた。彼らは、対日講和条約と日米安全保障条約を同時に締結すれば、日本がその力の真空を埋め、それによって侵略が繰り返されるのを未然に防ぐことができると期待した。

しかし、日本軍編成に対するダレスの考えは複雑であった。彼は、軍の規模について、編成された日本軍が、日本本土と沖縄を防衛しうるほど強力である必要性を認めていた。しかし、新しい日本の軍隊が、戦前の日本軍のように単独で行動できるほど強力であってはならないし、外部からの支援に全く頼らなくてもよいほど自立した軍隊であってはならないと考えていた。つまり、ダレスは、日本の軍隊が、一〇〇パーセントの行動自由を行使できない状態がずっと続くこと、つまり米国に常に依存していることを望んでいた。米国の日本「再軍備」論には、再軍備が日本の経済復興の支障にならない範囲でという条件が付いていたが、ダレスや他の指導者にとって、朝鮮戦争の勃発後は、日本「再軍備」の必要性は、いっそう切実で説得力を持つように思われた。

一方、プリンストン大学の国際関係論が専門のフレデリック・ダン教授は、国際政治における日本の地理的な位置を重視していた。季刊誌『ワールド・ポリティックス』の創始者でもあったダン教授は、米国が世界戦略を実施する際に日本の協力の重要性を強調した。彼は、「もし日本国民の善意を維持できないならば、私たちは、東アジアの全域を失ってしまうことになろう」と述べた。ロックフェラー三世も、ダン教授の意見に賛成であった。ロックフェラーは、「今日、自由世界は、日本の工業力と熟練労働力を手放すことはできない」とコメントした後、「支配されているとか、無理強いされているといった印象を与えることなく、日本国民を望ましい目標へと向かわせるには、どのような手助けが考えられるだろうか」と自問した。

加えて米国の指導者は、日本の社会的安定性を、アジアにおいて米国の目的を達成するための貴重な資産とも見なしていた。日本が、東南アジア地域の新興独立諸国の模範国としての役割を果たすことを大いに期待していたのである。

ダレスおよび米国国連代表のジョン・アリソンらは日米関係の長期的な構想を練った。その構想によれば、米国の第一段階の目的は、日本を親米的で反共産主義的な国にすることであり、次の第二段階の目的は、日本を、軍事・経済・政治・社会の領域において東アジア地域の安定に貢献する国にすることであった。

「ソフト・ピース（報復を伴わない和睦の条約）」の基本原則

連合国による対日占領が終わりに近づくにつれ、米国政府ならびに民間組織、いわゆる官民の指導者は、対日講和条約の締結により米国の達成すべき目標について真剣に検討した。特にロックフェラー財団、フォード財団、それに外交問題評議会のような民間組織の指導者は、占領後も日米関係がうまく機能し続けるには講和条約はどのような条件を満たすべきかについて熟考し、それに米国の対外政策の長期目標ならびに日米関係の将来や東アジア地域における対日講和条約の影響についても重ね併せて吟味した。

対日講和条約の基本的枠組みを決めるのに、歴史上の先例として、「ハード・ピース」と「ソフト・ピース」の二つのアプローチがあった。「ハード・ピース」の目的は、旧敵国を厳罰に処し、同国が二度と米国や世界の脅威とならないようにする点にあるのに対し、「ソフト・ピース」の目的は、旧敵国を丁寧に扱い、講和条約締結後、同国と友好関係を築くという点にあった。敗戦国に対する基本姿勢として米国の指導者は、二つのアプローチのうちのどちらかを選ぶ必要があった。というのは、そのどちらでもない妥協的な道を選べば、将来それが米国の命取りになることを認識していたからである。

前述のようにダレスには、第一次世界大戦後、米国政府の代表団の一員としてヴェルサイユ条約の交渉の手助けをした経験があったので、対日講和条約の基本的枠組みの問題には特に慎重であった。彼は、「ヴェルサイユ条約の教訓を思い出す必要がある。……対日講和条約において、私たちは同じ過ちを繰り返してはならない」と述べた。そこで彼らは、「和睦」の選択肢をその最も重要な原則として選び、それを対日講和条約の指導理念とした。その主たる目的が日本国民を西側に組み込むことにあったことは言うまでもない。

米国政府の指導者は、日本国民の心を捉えない限り、米国は日米関係の将来の方向を含め日本を管理するのに十分な権力と権威を維持することができないことを認識していた。ダレスは、日本がソ連の陣営に入らないのは、国民がソ連陣営に加わりたくないからに違いないと固く信じていた。彼は、日本の国民が自発的に(傍点は筆者)講和条約に同意することが最も重要で、それが日本を自由世界に組み込み、自由世界に留めておく第一ステップであると考えていた。日本が米国から数千マイルも離れた場所に位置し、かつソ連と非常に近接している日本の地理的位置を顧みれば、まさに米国は、「ソフト・ピース」を選択すべきであり、対日講和条約は「和睦」でなければならないと、ダレスは判断したのである。この決定は、米国がヘゲモニー国としての米国の責任感を示す証左でもあった。

次に、米国の指導者が採用した第二の原則は、日本に「完全でかつ制約のない」主権を回復するというものであった。それは、米国政府が、日本を自発的に協力的で信頼される自由世界の一員にするには、対日講和条約を制約条件のない寛大なものにする以外になく、また、日本を自由世界の太平洋地域安全保障の諸協定に取り込み、将来、日本の軍事力を管理するためにも、対日講和条約を制約のない寛大なものにする以外にないと考えていたからである。そのような考え方をダレスは、「主要な目的は、冷戦下で日本を失うことを防止することである。私たちは、中国―日本―ロシアの共産主義国の連合の可能性を阻止せねばならない。制限を付けない対日講和条約は、これを阻止することになろう。この条約は、共産主義陣営に転落するのを阻止するという点で、日本にとって魅力的なものである」と表現した。

「ソフト・ピース」のこれら二つの基本原則を決定した後、米国の指導者は、講和条約の締結後、日本が自由世界の陣営に留まり続けるのを容易にするための対日講和の必要条件を明らかにした。その条件とは、一つは、日本の安全を保障することであり、二つは、日本経済に過度の負担となる賠償請求から日本を守り、国民が経済的に存立できることを保証することであり、三つは、日本との文化関係を拡大発展させることであった。

対日講和の必要条件(1)——日本の安全保障

日本の安全保障が、対日講和の第一の条件として取り上げられた理由は三つあった。一つは、日本が、第二次世界大戦で敗北し、加えて、米国の対日占領政策である日本の非軍事化により、日本に軍事的な真空状態が生じたこと。二つ目の理由は、国民の大部分は、安全保障について知識不足であったばかりか、戦争の後遺症もあって、国の安全を確保する措置についてしっかりとした意見も持ち合わせていなかったこと。三つ目の理由は、国民が米国を心から信頼していなかったことである。米国は、これら三つの問題に対処しつつ、世界戦略上、日本を西側陣営に留めておくためにも、日本の安全保障を対日講和の最大の課題としたのである。ここでは、その三つ目の理由である、日本人の対米不信について論じてみたい。

日本国民が大きな衝撃を受けた出来事が二件あった。一つは、一九四九年二月六日に起きた。ケネス・ロイヤル元陸軍長官が公にした声明である。それは、有事の際には米軍は、日本から撤退すること、そして米国独自の判断で、いつでも一方的に日本を見放すこともありうるというものであった。つまり、米国が窮地に追い込まれた際には、日本は米国に「見捨てられる」のだということ、たとえばもしソ連が断固たる覚悟で日本を侵略した場合、米国は、戦略的な判断から、日本から撤退するかもしれないということを、国民は非常に恐れた。なぜなら日本国民は、第二次世界大戦中に、米国がヨーロッパ戦線を最優先した、いわゆる「ヨーロッパ第一主義」を採用したことを知っていたからである。

日本国民が衝撃を受けた第二の出来事は、五一年四月一一日に起きた。それは、マッカーサーが連合国軍最高司令官の職から突然解任されるという事件である。

マッカーサー解任劇の背景には、マッカーサーがトルーマン政権の東アジア情勢の認識と、朝鮮戦争における戦術を厳しく批判していたという事実があった。五一年三月二〇日にマッカーサーは、米国議会下院の野党指導者のジョセフ・マーティンに電報を打ち、その中で、対外政策を指揮する憲法上の大統領権限について公然と挑戦状を突きつけた。それに対して、トルーマン大統領は、マッカーサーの行動の背景に、五二年の大統領選挙に出馬しようという並々ならぬ野望が働いているのではないかと勘ぐった。そこで大統領は、文民優位の基本原則に則り、マッカーサーから東アジア地域における全ての指揮権を剝奪し、彼を解任した。

「もしもこのようなことが、マッカーサーのような偉大な人物に対しても一夜のうちに起こりうるとすれば、将来、日本に一体どのようなことが起こるのであろうか」というのが、日本国民一般の正直な感情であり、米国に対する信頼はさらに揺らぐことになった。

日本のリベラル派の知識人も、米ソの対立の激化からヨーロッパ情勢が悪化した場合、果たして米国が日本の味方になってくれるのだろうかと、疑いの念を抱いていた。もし米国が日本を見捨てた場合、日本は第三次世界大戦の戦場になるかもしれないことも彼らは恐れていたからである。たとえば、関西学院大学の武内辰次教授(政治学)は、「もし戦争が起こり、日本が数年間、共産主義者の支配下に入れば、たとえ最終的に米国が日本を解放してくれたとしても、その解放の日まで日本国民は生き残れないだろう」と述べ、日本国民の根深い対米不信感と戦争への恐怖感を表した。

武内教授は、当時の国民の感情を「わが身をどうすることもできない無力感」と特徴づけた。また、東京大学の岸本英夫教授（宗教学）も、歯に衣を着せることなく同様の懸念を示した。岸本教授は、「熱戦が勃発した際には、米国は日本を防衛しには来ないかもしれないし、たとえ米国がそのように意を固めたとしても、そうできないかもしれない」と、極めて悲観的な米国観を抱いていた。

米国政府の指導者は、日本国民一般の対米不信、ならびに知識人のアメリカ観を知ったとき、外部からの攻撃に対する日本人の恐怖感を是非とも和らげる必要があると直感した。特に朝鮮戦争の勃発以降そうであった。たとえば、ダレスは、共産主義諸国の挑戦に対抗するためには、日本に何らかの安全保障システムが必要であると考えていた。彼は、もし日米両国が望めば、有効期限が短く、更新ができ、かつ日米の一方が望めば、いつでも破棄できるような基地協定の締結を望んでいた。というのは、ダレスは、日本国民が、米軍基地をいつでも自由に撤去できると感じるならば、米軍の日本駐留の継続に異議を唱えないだろうと期待していたからである。ダレスは、米軍の日本駐留の目的に関して日本国民の理解が得られれば、安全保障上の理由から日本人は自発的に米軍基地を日本に維持するよう米国に要請してくるであろうと期待していた。

外交問題評議会の対日講和条約問題会議の責任者であったジョージ・フランクリン二世は、対日講和条約の問題が討議された第一回会議の翌日の五〇年一〇月二四日に、「日本国民はこの種の（基地をいつでも破棄できる――筆者注）自由を持つべきである」との提言を盛り込んだ書簡をダレスに送った。フランクリン二世は、「もし日本国民にこの種の自由が認められないならば、特に日本国民に、米軍基地が押し付けられたという印象を与えるならば、米軍基地の存在は、「毒を含んだ」苛立ちの原因となり、日米友好という対日政策全体の枠組みを脅かすことになるだろう」と警告した。このフランクリンの提言にダレスは全く異論がなかった。

現実主義的なダレスは、在日米軍基地案を提言する際に、巧妙な手法を用いた。その当時の日本各地には、必ずしも反米感情とはいえないにしても、反戦・平和の国民感情が高まっていた。ダレスは、この動かしがたい現実を考慮に入れて、米軍基地の条文を対日講和条約には盛り込まず、それとは別に、日米安全保障条約の中に盛り込むことにした。彼は、米軍基地の条文が講和条約の中に盛り込まれた場合、講和条約の締結に乗じて日本に米軍基地が押し付けられたとの印象を日本人に与えかねないし、そのことが後に、日本の主権侵害であると批判されることを恐れたのであった。

対日講和の必要条件(2)——日本の経済的存立

対日講和の第二の必要条件は、米国が日本経済の存立とその健全な発展を保証するという、これまた重要な条件であった。ダレスは、自由主義的民主主義が育ち発展するには、強い権利意識や義務感を持つ裕福な中間層に支えられなければならないと考えていた。しかし、終戦直後の日本社会は、生き残るのに必要な最低条件さえも満たせないような飢餓寸前の状況にあった。

日本は、戦争により「国富総額の三分の一を、潜在的総所得額の三分の一から二分の一を喪失」した。推定では、地方の生活水準は戦前のレベルの六五パーセントにまで下がった。それに対して、都市部は爆撃により地方よりも大きな損害を被ったため、生活水準は戦前のレベルのおよそ三五パーセントにまで落ち込んだ。

日本経済が上向き始めた一九五〇年五月になっても、政府官僚の平均的月収は、手当てを含めても一万八〇〇円に過ぎなかった。民間企業の役員の平均的月収は、二万五二〇〇円であり、五一年における製造業界の平均的月収は一万一五二〇円であった。また、五〇年における東京の日雇い労働者の日給が二四三円（月給に換算すると五八三〇円）であったのに対し、地方の日雇い労働者の日給は一四〇円から一六〇円であった。

確かに、五一年の月給は、額として四七年の月給よりも多かったが、正確な実質賃金を知るためにはその当時のインフレ率を考慮する必要がある。日本経済は、四九年までインフレで苦しんでいた。物価は四六年までに、三四年から三六年のレベルの一六・三倍にまで跳ね上がっていた。たとえば、その当時、新品の背広一着の値段は一万五〇〇〇円から二万円であり、また靴一足の値段は三〇〇〇円から五〇〇〇円であった。それに対して、戦後の実質賃金は、戦前の実質賃金の一三・六パーセントに下がっていた。

要するに、国民の賃金は、生き延びるのに十分な額とはとてもいえなかった。戦後日本の経済生活の特徴として、低水準の工業生産力、食糧不足、原料不足、にぎわう闇市場、激しいインフレ、それに投機などが指摘できよう。

日本は、地形的条件により全国民を養うだけの食糧を生産する能力を持ち合わせていなかった。そのために食糧需要の二〇パーセント、すなわち毎年三〇〇万トン近くの食糧用穀物を輸入せざるを得なかった。また、近代工業に不可欠な原材料の不足にも悩んでいた。恒常的に増加する人口圧力の下で、日本は、収支を合わせるのに海外貿易に大きく依存せざるを得なかった。

戦後、日本経済の第一の特徴は、外貨収入額がけた外れに大きかったこと、それにその外貨収入の源にあった。終戦時から五一年七月一日まで、日本は米国から総額二〇億ドルの援助を受け取った。さらに、朝鮮戦争の勃発と「特需」によって、その援助額は六億三四〇〇万ドルに増えた。五一年の一年間に貿易赤字額が、四億二八〇〇万ドルであったにもかかわらず、日本には三億三五〇〇万ドルもの余剰外貨があった。

戦後日本の貿易パターンの第二の特徴は、米国からの輸入と、アジア諸国への輸出に大きく依存していた点にあった（表1を参照）。日本が経済復興の道を歩むには、戦争で失った市場の代わりを東南アジア地域に見出す必要があった。

冷戦を戦う米国に協力する点からも、日本はアジア大陸市場に代わる別の市場を見つける必要があった。というのは、戦後、米国政府は、共産主義諸国向けの輸出を規制するために、共産圏輸出統制政策（以後、ココムと略記）および対共産中国輸出統制政策（以後、チンコムと略記）を採用したからである。ココムおよびチンコムは、世界各地、特にアジア地域の非共産主義諸国を再建する政策として位置づけられ、特に、チンコムの目的は、米国の理想とする秩序を東アジア地域で維持することにあった。米国政府は、四九年二月の「NSC文書第四一号」の提言を正式の政策に格上げし、対共産中国との貿易に関する最初のガイドラインを定めた。それは、軍部からの要請の大半を反映したものであった。

トルーマン政権は、四九年一〇月の中国共産党の勝利、それに朝鮮戦争の勃発の後、特に国防総省の圧力の下に、日中貿易に対する統制を厳しくした。五一年五月には、北朝鮮および共産中国に

表 1　地域別の日本の対外貿易パターン　1935-51 年

輸入(a)　　　　　　　　　　　　　　　　　　　(総額の百分率)

	1935-1937	1947	1948	1949	1950	1951
朝鮮・台湾・満州・中国	32.7	1.5	4.3	5.4	9.6	4.0
アジア他地域	17.5	4.3	10.1	12.7	22.3	27.5
アメリカ合衆国	25.1	91.9	64.7	64.2	44.1	35.1
ヨーロッパ	10.2	2.2	3.3	7.6	4.2	8.1
メキシコ・中南米	3.1	—	12.5	1.5	6.9	14.4
世界の他地域	11.4	0.1	5.1	8.6	12.9	10.9
合　計	100	100	100	100	100	100

輸出(b)

	1935-1937	1947	1948	1949	1950	1951
朝鮮・台湾・満州・中国	42.5	16.8	8.5	5.4	9.2	5.2
アジア他地域	20.8	40.2	43.2	45.3	36.9	46.3
アメリカ合衆国	16.1	11.6	25.4	16.4	22.4	13.6
ヨーロッパ	8.4	23.2	12.2	15.6	11.8	10.7
メキシコ・中南米	3.5	0.2	0.4	1.3	5.7	6.9
アフリカ	5.7	5.0	7.7	11.5	9.0	8.2
世界の他地域	3.0	3.0	2.6	4.5	5.0	9.1
合　計	100	100	100	100	100	100

出典）Jerome B. Cohen, "Foreign Trade in the Japanese Economy and Japan's Trade with China," Council on Foreign Relations Study Group on Japanese Trade and Investment, No. 1, October 20, 1952.

注）(a)米国からの援助も含む.

(b)1950 年および 1951 年の朝鮮に駐留する国連軍からの特需物資やサービスに対する政府の買い付けを除く.

対する国連の禁輸決議を通過させた。相互防衛援助統制法、別名バトル法は、米国から援助を受ける条件として、対共産圏輸出統制の実施を援助受け入れ国に義務づけた。

米国にとっての問題の核心は、経済的に共産中国に依存するという大きなリスクを払ってまで、日本が中国貿易の魅力の前に屈するか否かにあった。日米両国がこのジレンマから逃れるには、中国市場に代わる市場をどこか他の地域で開発する必要があった。米国国連使節団の代表で、後（一九五三年）に駐日アメリカ大使となるジョン・アリソンは、日本が中国に依存し過ぎる状態を避けたいという気持ちがあるならば、米国政府は、「日本が新しい貿易パターンを開発する際に、日本を援助」する責任があることを認識すべきだと主張した。

日本の対外貿易の将来は、日本が世界市場でどれほどの競争力を持つかにかかっていた。ダレスは、日本経済の現状からして、日本の社会主義者が唱えているような福祉政策は無理であると考えていた。なぜなら福祉政策は、日本の国際競争力を弱めるだけでなく、それによって外貨は流出し、その結果、社会混乱が生じて、共産主義勢力が進出する可能性があると考えられたからである。

対日講和の必要条件（3）――文化関係

対日講和の第三の条件は、「ソフト・パワー」であった。それは、文化関係（cultural relations）の言葉で表現されるものであった。米国政府は、国際関係において文化の果たす役割の重要性を十分に認識していた。この第三の条件は、日本が独立した後も日米文化関係をさらに発展させようとする米国政府の決意を表したものであった。

第二次世界大戦後まもなく、米国政府および国際主義的な民間団体の指導者は、米国が孤立主義の伝統を克服し、国際主義を採用する必要性を感じていた。というのは、彼らは、第二次世界大戦の経験を通して、諸外国との文化関係が米国の安全保障と経済的国益に匹敵するほど重要であることを認識するとともに、文化外交が米国の対外政策の目的を達成するうえで不可欠なものであることを理解したからであった。実際、米国は、第二次世界大戦後の国際情勢、ならびに米国の覇権国としての地位が、米国民に孤立主義への回帰をもはや許さず、国際主義を採用する以外に、戦後の世界平和と秩序を維持することはできないと認識させるに至った。そのことは、国際主義を米国民の生活指針とすることを意味していた。そのためには、米国民は他の国々について知識を広め、理解を深める必要があった。このような認識の下に、米国政府は米国史上初めて文化外交を体系的に米国の世界戦略の枠組みの中に組み込んだのである。その文化外交の一例が、フルブライト交流計画であった。また、フルブライト交流計画と性格の似た民間組織の文化交流プログラムが、ロックフェラー財団やフォード財団などによって提供された。

ダレスは、日米関係の将来について様々な思いを巡らしていた。第一に、彼は、講和条約だけでは日米関係のすべての問題を解決するのに十分でないこと、つまり、対日講和条約は日米関係の万能薬にはなりえないことをはっきりと認識していた。

第二に、ダレスは、条約を締結すること(政治)、米軍を日本に駐留させること(軍事・安全保障)、それに貿易に関する協定を締結すること(経済)は、それぞれ重要だが、これら三つの要素だけでは米国の目的を達成することはできず、米国の目的を達成するには、もう一つの要素が必要だと考えた。すなわち「二国関係の通常のプログラムに求められる以上の「たゆまぬ努力」が必要であること」を強く認識していた。ダレスの意味する「たゆまぬ努力」とは、文化交流以外の何ものでもなかった。彼によれば、重要なことは、米国が日本に対して大きな関心と興味を持ち続けること、それに、米国ならびに他の自由主義諸国が、いくつかの基本的な価値を日本と共有していること——これらの点を日本の国民が認識することであった。この特別な目的を達成するのに、ダレスは文化交流計画が最も役に立つと確信していた。

ジョン・D・ロックフェラー三世も、文化交流の利点についてダレスと同じ考えを抱いていた。ロックフェラーは、日米関係は「政治、経済、文化の三つの領域」からなり、日米関係が長期にわたって持続するかどうかの決め手は、「三つの領域を合わせた全体的な(トータルな)関係」がバランスよく機能するかどうかにかかっていると考えた。ロックフェラーは、「文化」の言葉を、幅広く国民の生活を意味するもの、すなわち、政治と経済の領域を除き、国民の関心事や諸々の活動すべてを含めたものという意味において理解していた。ロックフェラーの考える諸々の活動の中には、芸術、科学、哲学、宗教、娯楽、健康、スポーツ、文学、それに教育などが含まれていた。

他方、彼は、文化面だけでは友好的な日米関係を長く維持するのは難しいことを十分に認識していた。ロックフェラーは、一九五一年四月にダレスに提出する報告書の中で、「文化交流だけでは、日本と米国との間に、あるいはその他の国々との間に安定した平和的な関係を築くことはできない。政治と経済の分野における政策と行動が、文化交流と同様に重要である」と述べた。日本専門家のロバート・シュワンテスは、共産主義との戦いが続いている折に、日本との文化関係は特に重要であり、「私たちは、日本との文化関係……と全般的な対外政策の目的とを切り離すことはできない」と語った。それは、政治と文化の関係について、ロックフェラーの意見よりもいっそう明確で、しかも率直な見解であった。

在日アメリカ大使館のサクストン・ブラッドフォードも、文化外交の利点についてダレスと同じ意見を抱いていた。ブラッドフォードは、国務省の米国情報教育局に属する文化関係担当上級外交官であった。ブラッドフォードは、日本において「アメリカ型の民主主義あるいは西洋型の民主主義を提唱すること」ではなく、むしろ「日本において実施可能な民主主義」を提唱することが自分に課せられた任務であると捉えていた。そこで彼は、自分の任務を、一つは、日本の「国民に受け入れられる政府、それに専制主義的でない国民の政府」が樹立できるようにすること、もう一つは、「国民の幸福に直結した生活パターン、それに自由世界の一員として平和国家日本に相応しい生活パターン」を定着させることとした。

ブラッドフォードは、日本国民が米国の理解を深めるために、多岐にわたる文化活動プログラムを立案することになる。しかし、彼は、ダレスと同様に、政府の目的を達成するには、米国情報教育局のプログラムだけでは十分ではないと捉えていた。ブラッドフォードは、「ちょうどスタートしたばかりのフルブライト交流計画、ロックフェラーの調査、グルー財団、国際基督教大学、それに日米理解と協力を促進するためのその他多くの民間人の努力――これらすべてに果たすべき重要な役割がある」と考えていた。恐らくブラッドフォードの念頭にあったのは、ダレスに提出される予定のロックフェラーの「日米文化関係に関する報告書」であったであろう。第五章で述べるように、ロックフェラーは、その報告書において、民間資金による今後数年間の文化交流計画を提言することになっていた。

「ソフト・ピース」の人種的要素

第一次世界大戦直後の一九一九年に日本政府代表団はパリ講和会議に参加し、国際連盟規約の人種平等条項の採択に向けて大奮闘した。その時、ダレスも米国の講和使節団の一員として講和会議に参加しており、西洋人と平等の地位を求める日本人の並々ならぬ強い思いを目の当たりにした。この経験からダレスは、日本人が強い上昇志向と民族的誇りを抱いていること、すなわち西洋諸国とほぼ同等の地位が認められるならば、日本は西洋世界の仲間入りをしたいという、黒船の来航以来、日本人が抱いている強い願望を知るようになった。

ダレスは、対日講和条約の交渉の過程で、イギリス総司令部の連絡使節政治部門代表のサー・アルヴァリ・ガスコインと会談し、その会話の中で、日本国民には「アングロ＝サクソン民族のエリート・クラブ」の正会員として扱って欲しいという強い願望があると語った。米国の指導者は、「後進国」とか「低開発国」と言われることに日本国民は過敏なほど激しく反応することをよく知っていた。機敏なダレスは、「日本が、共産諸国より優れている自由世界の国々と同等の地位にあること」を日本人に説き、納得させるつもりでいた。そのために彼は、「中国人や朝鮮人、それにロシア人よりも、人種的にも社会的にも優れていると自負する日本人の国民感情を利用する」つもりでいた。ダレスは、日本人の人種に対する特別な感情と二重基準をフルに利用することにより、日本を米国の「ジュニア・パートナー」として西洋世界に抱き込むことができると考えた。

ダレスと吉田茂は、「人種の序列」論を共有していた。人種差別感情や帝国主義観に関して、ダレスと、吉田のような保守的な日本のエリートの間にあまり大きな違いはなかった。「人種の序列」論とは、世界が人種的に階層化された多種多様な民族によって構成されているという前提の上に立ち、アングロ＝サクソン「民族」の優越性を論じたものである。ダレスの言動からして、アングロ＝サクソン人が人種的ヒエラルヒーの頂点に位置していることを当然視していたことは容易に想像できよう。

ダレスは、日本国民が西洋人と同等であると感じさえすれば、日本は西側の一員に留まるであろうと確信していた。彼は、「もし私たちが、彼ら(日本国民)を劣等な民族として扱い続け……彼らが強く望んでいる平等な扱いを拒むならば、(対日講和)条約は何の役にも立たなくなるであろう」と述べ、同僚たちに注意を喚起した。ダレスは、その意思を表わす証拠として、一日も早く米国の人種差別的な移民法の撤廃を求めた。

対日講和の一年前の五〇年にダレスは、「このこと(日本国民を平等に扱うこと)にしくじれば、私たちは日本をソ連陣営に追いやることになるだろう。というのは、ソ連が日本国民を平等に扱うと申し出ることが予想されるからである」と述べた。ダレスは、「もし正当に扱われれば、日本国民はソ連に従属するよりも西側との連携の方を選ぶであろうし、またそのような方向に日本国民を導くことができる」だろう、と自信ありげに締めくくった。「希望的観測かもしれないが」と前置きした上で、ダレスは「私たちはある程度の危険を冒さなければならないことは確かである」と述べた。対日「ソフト・ピース」は、彼には「少なくとも賭けてみるに値する賭け事」のように思われた。彼は、対日講和条約の交渉において日本人の人種的偏見を不問に付し、むしろ日本人の人種差別観を巧みに利用して、米国の世界戦略に役立てたのである。ダレスの賭けは、後に日米関係のジレンマ、すなわち「自立しない日本への不満と自立する日本への危惧」となって、米国の指導者を悩ますことになる。

独立の代価としての「同意による契約」

一般にヘゲモニー国の築く世界秩序（「ヘゲモニー秩序」と呼ぶ）は、それが力による「強制」よりも、むしろ説得による「合意」に基づいている点に主たる特徴がある。ヘゲモニー秩序は、公海の自由、自由貿易、自由な通貨の兌換など各国に共通する普遍的な価値や諸原則に関して、ヘゲモニー国とヘゲモニー国以外の国々（別名、同盟国）の間で合意――普通、それは様々な条約の形をとる――がなされ、その合意に基づいてヘゲモニー秩序は築かれ、維持され、機能する。ヘゲモニー秩序においては、その秩序を維持するのに必要な同意と協力を同盟国から引き出すために、「支配的な国は……一定の譲歩あるいは妥協をする」という。

米国は、ソ連や共産主義と戦うために、さらに日本を西側陣営内に留まらせるために、具体的な取り決めを日本と交わした。それが条約の形となったのが、一九五一年九月にサンフランシスコで調印された対日講和条約と日米安全保障条約である。

対日講和条約に盛り込まれた「ソフト・ピース」の具体的な例として、日本の賠償義務を免除した対日講和条約第一四条を挙げることができよう。この条項は、「存立可能な経済を維持すべきものとすれば、現在の日本の資源は、日本国が生じさせたすべての損害および苦痛に対する完全な賠償を行いかつ同時に他の債務を履行するためには十分でないことを承認する」(傍点は筆者)と規定した。日本は、この第一四条により経済復興と国家の再建が可能になったといっても過言ではない。ダレスは、「もしあなたがたが賠償を期待して日本の経済的自立を制限し……日本の船舶を海上から駆逐し、織物工場を封鎖させるならば、あなた方はただ宿怨を招くに過ぎない平和を創り出していることになり、そして結局は日本をロシアの勢力圏内に追いやることになるであろう」と述べ、日本への賠償請求に強く反対した。もちろん、強力な日本の建設が、東アジア地域における米国の戦略的利益に合致したことはいうまでもない。このようにして、対日講和条約第一四条は、ヘゲモニー国が維持したいと思う「秩序に対して同盟国からの同意を得るために、支配的な国が一定の譲歩あるいは妥協をすること」を明確に表わしていた。

「ソフト・ピース」のもう一つの具体例は、対日講和条約第五条に見ることができよう。第五条は、「日本国が個別的または集団的自衛の固有の権利を有する主権国であることを承認する」と規定した。この第五条により、日本は米国と安全保障条約を締結することができたのである。言い換えれば、この条項により米国は、日本政府の「願望」と同意を得て、日本国および日本周辺に米軍を維持したり、整理したりすることができるようになった。

条約交渉の過程において米国政府は、日本が一定の枠内から選ばなければならない選択肢を日本政府に提示した。もっとも当時の厳しい国際情勢の現実に鑑みれば、日本国民が「自由に」選択できる余地はほとんどなかったのであるが。しかし、ここで強調すべきことは、日米間の著しい国力の差にもかかわらず、米国政府が、時間とエネルギーを費やして日本国民を説得しようとしたこと、そして日本の進路に関して日本政府にその選択を委ねたという事実である。つまり、対日講和条約は、米国が日本に圧力をかけて、必ずしも一方的に強制したものではなく、むしろ日米両国の「合意に基づく契約」の形をとったという点である。「できるならばソフト・パワーで、必要ならばハード・パワーで」というように、時と場所、それに問題の性格によって「ハード・パワー」と「ソフト・パワー」をうまく使い分ける米国政府の臨機応変さが、まさにヘゲモニー国たる米国の外交の特徴をよく表わしているといえよう。

米国政府が「寛大な」対日講和条約の締結を米国の重要な目標と見なしていたこと、さらに日米安全保障条約を講和条約以上に将来の日米関係の基礎と考えていたことは明らかである。米国政府は、対日講和条約と日米安全保障条約を締結することにより、占領期に日本から獲得した重要な諸権利と特権の大部分を継続的に保持したのであった。

ダレスは、五一年一月に日本政府と対日講和の条件を協議するために東京を訪問した時、公衆の面前では日本を「戦勝国によって指図される国」ではなく、「相談される当事国」と表現した。しかしながら私的な場所では、ダレスは、解決すべき主たる重要な問題は「私たちの好きな場所に好きなだけの期間、好きなだけの軍隊を駐留させる権利を手に入れることではないのかね」と側近に語ったという。ダレスの本音と建前の両発言に示されるように、米国政府は、実際に日本の領土内に米国の基地システムを保持することに成功した。それとは対照的に、日本国民は、サンフランシスコにおいて「苦渋」の選択をした。この事実こそが、米国の「寛大さ」とソフト・パワーの裏面の現実であった。

米国は、この二国間条約を日本の国民に受け入れさせるために、いわゆる「寛大な」譲歩や妥協を行う必要があった。そして、米国政府は、日本国民のニーズを今後も長年にわたって満たし続ける必要性を強く認識したのである。当時、ソ連や中国などの共産主義諸国は、日本政府との折衝において、領土に関する譲歩、漁業権の制限の緩和、シベリアおよび中国本土開発へのアクセス権など、日本にとって魅力的な申し出を行っていた。日本を西側諸国に抱き込むためには、米国の譲歩は、ソ連や中国の譲歩よりも質と量の両面で上回る必要があった。言い換えれば、もし日本が米国を信頼し、その同盟国であることを望むならば、米国は日本に軍事的な盾を提供する（安全保障）だけでなく、日本の貿易業者に米国市場への参入を認め、公正で理にかなったシェア（経済的存立）をもたらす必要があった。さらに米国は、差別的待遇なく日本に市場を開放するよう、ヨーロッパ諸国に対して影響力を行使する必要があった。

日本を自由主義陣営に「抱き込み」、その一員として長く留まらせるのに、米国が最終的にどれだけのコストを払うことになるか、当時誰にも予想できなかった。しかし、その支払いの方法がどのような形であるにせよ、そのコストがヘゲモニー国（米国）にとって徐々にしかも確実に上昇し続けることは疑いのない事実であった。

しかし、鋭敏な米国の指導者は、当面の「抱き込み」のコストのみに注意を奪われていたわけではなかった。彼らは、広い世界システム全体から日米関係を眺め、「抱き込み」策のプラス面や米国の長期的利益を考えていた。つまり、日本が安全保障と経済の領域において米国に依存し続けるということ、そのような半永久的な日本の依存性は、米国が長期にわたって日本に相当大きな影響力を持ち続けることを意味していた。世界四大工業地域の一つとしての日本の戦略的な位置が特に重要であっただけではない。それ以上に、日本を「抱き込む」ことにより、米国は、日本国内に軍事基地システムを保つことができ、それによって米国に脅威をもたらしている場所へ米軍をいつでも展開して、ヘゲモニー秩序を維持することが可能になったのである。ある米国人の観察者は、「今や日本と私たちの関係は、第二次世界大戦前よりももっと広い枠組みの中に位置づけることができる。重要な点……それは、米国との結びつきだけでなく、日本と自由世界の関係である」と論評した。まさにこれが、米国の指導者が考えていた長期的な国益の中身であった。

米国の「寛大さ」について

私たちは、当時の国際情勢の厳しさを理解する一方、米国人の「寛大さ」と米国政府の動機とを混同したり、これら二つの性格をあいまいにしたりすることなく、正しく捉える必要があろう。すでに述べたように、米国の「寛大さ」は、対日講和条約と日米安全保障条約の中に体系的に表われている。米国は、日本が自立や中立主義の方向に傾斜することに対して、紛れもなく否定的か、あるいは少なくとも懸念を抱いた。その文脈において、米国の「寛大さ」の本質を理解する必要があろう。米国が提示した講和条件は、敗戦国日本にとって魅力があり、誘惑的であったかもしれない。しかしながら日本国民にとって、日米安全保障条約の受諾が「苦渋」の選択であったことは想像に難くない。というのは、講和条約と安全保障条約が、ともに日米間の不均等な力関係と不平等な二国関係を象徴していたからである。

事実、米国の「寛大さ」とは、日本国民が大きな代価を払った上で、米国から日本に施された「寛大さ」であった。その代価とは、たとえば、日本の各地に展開する米国の軍事基地システムや沖縄の直接統治――米軍基地やさまざまな形の沖縄住民の犠牲――に象徴される。サンフランシスコ講和条約が締結されてから一〇年後の一九六一年に、池田隼人首相はディーン・ラスク国務長官から強い口調で釘を刺された。米国は、日本との同盟関係を「極めて根本的なものと見なしている。それは、博愛主義とか好感度に基づいてそう見なしているのではなく、米国の防衛、それに自由世界の防衛に関連してそれが不可欠であると考えているからである」と。このラスクの発言を別の言葉で表現すれば、沖縄の米軍基地の存在は、日本が米国の「寛大さ」に対して支払った代価であったということである。

第4章　東京でのジョン・D・ロックフェラー三世
——文化交流か「文化帝国主義」か

ハリー・トルーマン大統領は、ジョン・フォスター・ダレス大統領特使を「講和使節団」の団長に任命し、一九五一年一月二二日に「講和使節団」を日本に派遣した。その目的は、日本と交戦した国々と締結される予定の対日講和条約の下地を、マッカーサー元帥や日本政府と共に整えることにあった。講和条約の締結は、それによって日本の占領統治に終止符が打たれ、それ以降は米兵が日本に駐留したり、米国の軍事基地を日本に配備したりできないことを意味していた。しかし、米国国務省は、日本との講和条約と同時に、占領期よりもなるべくよい条件で米国の軍事的プレゼンスが継続できる相互安全保障条約を締結することを提案した。この国務省の提案は、国防総省の要求をも満たす妥協策でもあった。

ダレスとロックフェラーの抜擢

講和使節の歴史の中でも、今回日本へ派遣される使節団を、ダレスはユニークなものと考えていた。というのは、いくつかの重要な任務の中で、この使節団には具体的かつ特別な任務が課されていたからである。その任務とは、文化と教育の分野で日米間の協力を推進する方法を探究することであった。

そこで、ダレスは、五〇年一二月初旬にジョン・D・ロックフェラー三世に「ダレス講和使節団」の一員として日本へ行くことに関心はあるかと尋ねた。ダレスは、三五年からロックフェラー財団の理事を務めていた。そして彼は、五〇年に同財団の理事長に任命され、五三年にアイゼンハウアー政権の国務長官に就任するまで理事長の職にあった。ダレスは、ジョンよりも一八歳年上で、彼とは互いに信頼し合う緊密な関係にあった。

ロックフェラー三世は、日米関係の文化、教育、情報問題を担当する任務に最適な人物であるように思われた。なぜならば彼は、東アジア地域の教育と文化プログラムに強い関心を抱く慈善家で、米国では広く知られていたからである。父親のジョン・D・ロックフェラー二世には五人の息子がおり、ジョンはその長子であった。彼は子供のころからひ弱で、病的とも言えるほど恥ずかしがり屋で、自意識も強く、まじめで、責任感の重圧に押しつぶされそうであった。ジョンは、こうしたマイナス面を乗り越えて、強い父親の影響から自由になるため、自分自身の考えや、熱意とエネルギーを傾注できる対象を探し求めていた。そこで、ダレスの依頼を受けたとき、彼は、今回の講和使節団に加わることで、自分の探し求めていたものを見つけられるかも知れないとの期待を抱き、ダレスの要請を喜んで受け入れた。

ダレスは、ロックフェラー三世を、文化担当の顧問として講和使節団の一員に迎えることにした。というのは、ダレスは、軍事や経済問題だけでなく、日米間の長期的な文化関係を強化させたいと米国が望んでいることを、日本国民に知ってもらいたかったからである。しかし、ダレスの真の意図は別のところにあった。それは、ロックフェラーの任命により講和使節団の目的の裾野が広がり、米国講和使節団の軍事的な意味合いを薄めることができるという点にあった。

訪日前の最終打ち合わせ

ロックフェラーは、東京へ出発する前に幾人かの日本専門家に日本訪問の相談と最終打ち合わせを行った。その中には、ロックフェラー財団の人文科学部門長に就任したばかりのチャールズ・ファーズやハーヴァード大学のエドウィン・ライシャワー教授らがいた。ロックフェラーは、ファーズに強く印象づけられた。というのは、ファーズは、「日本についての驚くほどの知識」と、ロックフェラーの任務に関する「非常に創造的なアプローチ」をロックフェラーに提供したからであった。またロックフェラーは、ライシャワーから日本で接触すべき人物のリストを手にした。

ワシントンにおいてもロックフェラーは、四日間にわたって、ディーン・アチソン国務長官、ダレス、ディーン・ラスク極東担当国務次官補、ジョセフ・グルー元駐日大使、ジョン・エマソン極東局計画顧問らの国務省極東専門家らと日本での任務について意見を交わし、協議した。

米国国務省は、これまで諸外国、特にラテン・アメリカ諸国と二国間ベースで文化センター事業を手掛けてきた。そしてロックフェラーは、国務省が米国文化センターの文化交流計画にどのような支援を行ってきたかについての情報提供を受けた。その情報は、ロックフェラーが日本での行動計画を練る際に必要不可欠だった。

加えて、ダレスは、東京での任務について、ロックフェラーには二つの重要な任務があると説明した。その一つは、日本における米国の文化活動の所管を「総司令部から国務省に移すこと」であり、もう一つは、「長期的な日米文化関係プロジェクト」を構想かつ企画することであった。ロックフェラーは、その難しい任務を遂行するには、ダレスの「全面的な支援」が是非とも必要だと感じたので、東京へ出発する前にダレスから「自分(ロックフェラー)の思うようにしてもよい」との白紙委任を手に入れた。

占領が始まって以来、日本における教育と文化についての施策は、総司令部の民間情報教育局の下で行われてきたことはすでに述べた。訪日前の打ち合わせの中で、ロックフェラーが残念に思ったことは、その施策の全てが米国の主導で行われてきたことであった。というのは、彼は、文化関係には双方向性が大変重要であると信じて疑わなかったからである。また彼は、日米文化関係の分野における努力が成功するか否かの鍵は、日本国民から持続的な支援が得られるか否かにかかっているとも考えていた。さらに彼が残念に思ったことは、民間情報教育局の文化・教育事業の対象があまりにも一般的で、かつ漠然としていたこと、それに、それらの事業が知識人や若手の指導者層の心と関心を十分に捉えきれていないことであった。そこで、ロックフェラーは、日本に滞在している間は情報収集に徹すること、すなわち「主に日本人と話し、両国の文化関係について彼らがどのように考えているかを知る」ことを第一の目標とした。

東京への旅立ち

ダレス講和使節団は、ジョン・フォスター・ダレス夫妻、ダレスの次官であるジョン・アリソン、陸軍次官補のアール・ジョンソン夫妻、陸軍長官官房占領地域担当特別補佐官のカーター・マグルーダー少将、マグルーダーの部下で民政部門長のC・スタントン・バブコック大佐、国務省北東アジア局のロバート・フィアリィ、使節団顧問のジョン・D・ロックフェラー三世夫妻、ダレスの秘書のドリス・ドイルによって構成されていた。彼らは、一九五一年一月二二日に政府から特別に用意された軍の輸送機、コンスタレーション号に乗り込み、ワシントンを離れた。日本への飛行は、向かい風が強く、長旅となった（飛行時間は六三時間一五分）。ロックフェラーは、その飛行を「二日半にわたってホーム・パーティが続いたみたいだ」と表現した。一月二五日に羽田空港に到着した時、講和使節団の一行は、マッカーサー元帥と夫人、それに多数の報道陣の出迎えを受けた。ロックフェラーにとって今回の日本への旅は、二九年と四九年の訪日に続いて三度目であった。彼は、二月二二日まで約一カ月間、東京に滞在する予定であった。

ダレス使節団は、到着した日の翌朝からすぐに任務に取りかかった。使節団全員が第一ビル内にあるマッカーサーの執務室へ出向き、表敬訪問をした。そこで日本側との講和条約をめぐる議論をどのように進めるかについて元帥と話し合った。

ロックフェラーは、日本滞在中、報道陣からかなりの注目を浴びた。その理由は、今回、彼がダレス使節団の一員として来日したというだけではなく、それまでロックフェラー財団が日本や東アジア地域で行ってきた幅広い活動によって、彼の名前が広く知れ渡っていたことにあった。日本国民は、ダレス使節団の任務の中でも、対日講和条約の政治、経済、および安全保障の問題に強い関心を示した。また国民は、これらの問題以上とは言えないにせよ、日米両国の文化交流関係の構築をめざすロックフェラーの任務に対しても大きな関心を抱いていた。

ロックフェラーは、東京での活動を始めるや、日本国民がロックフェラー財団からの支援に大きな期待を寄せていることを知った。たとえば、最も著名な小説家の一人で、参議院議員でもある山本有三は、奨学金プログラムを立ち上げて、日本の学生が早い時期に、しかも長期間留学できるようにしてほしいと、ロックフェラーに懇願した。そこで、ロックフェラーは、使節についての誤解や自分への過度の期待を避けるために、今回の使節団の目的が日本国民の考えを知ることにあること、すなわち日本人が長期的な日米文化関係を築き発展させることに対してどのような考えを抱いているかを知ることにある、と報道陣に説明した。

それに対して報道陣は、ロックフェラーに歓迎の意を表わすとともに、ロックフェラーが文化交流の分野で何を始めようとしているかを知り、彼の日本での活動を評価した。多くの新聞は、日米間に友好関係を発展させるには、両国民が共有できる価値を育てることが望ましいと論評した。そして、そのためには、物質面での米国の成功のみを称えるのではなく、「精神面での米国の長所」についても日本国民はもっと知る必要があると締めくくった。

前述したように、ロックフェラーがダレスから託された日本滞在中の任務は、短期的目的と長期的目的の両方の任務を遂行することであった。ロックフェラーの短期的目的の任務とは、米国政府の文化交流プログラムの管掌を、総司令部民間情報教育局から国務省へ秩序よくスムーズに移管する手伝いをすることであった。実は、対日占領が始まって以来、日本を対象とした米国政府の文化交流プログラムは、総司令部民間情報教育局が所轄していた(第一章を参照)。しかし、日本が独立した後は、四八年の米国情報教育交流法(The United States Information and Educational Exchange Act 通称スミス＝マント法)によって新たに設置された国務省の米国情報教育局(U. S. Information and Education Service, USIE)がそのプログラムを所轄することになっていた。政府の文化交流プログラムは、講和条約が発効する一カ月前、つまり、五二年五月までにスタートする予定になっていた。ロックフェラーに託されたもう一つの長期的な目的の任務とは、対日講和条約後の日米文化交流を制度化するための基礎づくりであった。

ロックフェラーの東京での活動

米国国務省は、ロックフェラーと協力し、彼を支援するために、ワシントンからサクストン・ブラッドフォードを日本へ派遣した。そしてブラッドフォードは、赴任してすぐに在日アメリカ大使館の外交部広報局長に就任した。彼は、文化プログラムの実施に関してロックフェラーと同じような認識を持っていた。その認識とは、民間情報教育局は、軍事占領が続いている間は強制力を行使し、さまざまな政策を実施することができたが、講和条約を締結した後は米国には説得する以外に頼るべき手段がないということであった。実際にブラッドフォードは、民間情報教育局の文化・広報事業を成功させるには、米国の書物や情報を単に配布するよりも、日本人の説得に努め、納得させた上で米国の理念を広める方がより効果的であると考えていた。そのためには、米国人自らの説得力が不可欠であるという。

ロックフェラーは、多くの日本人が、占領期間中に喜んで民間情報教育局インフォメーション・

センターなど、同局の施設を利用していることを知っていた（第一章を参照）。日本人が米国の施設を利用した理由は、公立図書館の状態がひどかった点にあった。たとえば、京都府立図書館の蔵書は多かったが、米国やヨーロッパ諸国の書物は一〇年間も輸入が途絶えていた上に、日本で刊行された書籍もほとんどなかった。したがって、同図書館で所蔵されている図書は、時代遅れのものばかりであった。

多くの日本人は、講和条約が締結され、占領が終わると同時に、米国との文化交流プログラムも終わるのではないかと心配していた。民間情報教育局長のドナルド・ニュージェントは、主権を回復すると米国は日本を見捨ててしまうのではないかと日本人が非常に心配していることを知った。民間情報教育局インフォメーション・センターが閉鎖されるとの噂が飛び交うと、ある所では四万人の抗議の署名が集まったという。

しかし、日本人の間でのセンター閉鎖の噂とは裏腹に、米国政府は軍事占領の終了後も、図書館や図書サービスを完全に閉鎖することは考えていなかった。国務省文化情報プログラム担当官のドロシー・ウォードも、「図書館を閉鎖しない」意見に賛成であった。彼女は、米国政府の方針を代弁し、「扉を閉めて去って行くことなど到底できない」と述べた。図書館サービス継続の決定がどのようになされたにせよ、インフォメーション・センターは、やがては日米両国の共同運営に移され、その中でも書籍、建物、それにスタッフは、日本側が管理することになる。

国務省の米国情報教育局それにブラッドフォードらが、図書館サービスの継続問題などに対応していた間、ロックフェラーは、昭和天皇を含む数多くの日本の重要人物と会い、意見を交換した。

たとえば、一九五一年二月四日にジョン・D・ロックフェラー三世と彼の妻ブランシェットは、天皇の来賓として鴨猟宴会に招待された。宮内庁の松平康昌式部官長がその宴会の司会を務めた。来賓は網で鴨を捕らえ、捕らえた鴨をテーブルの上の小さな火鉢で調理した。後にロックフェラー夫妻は、「おもしろかったけれども、鴨猟は、あまり遊猟的なスポーツとはいえない」とその鴨猟の宴の感想を述べた。

もっと重要な任務を果たすために、ロックフェラーは、日本社会の指導者、特に文化の分野で活躍する指導者と面談し、意見交換をした。その中には、吉田茂首相、グルー奨学金財団の樺山愛輔理事長、国際文化協会の加納久朗会長らがいた。後に述べるように、彼らは、日米文化交流の制度化に重要な役割を果たした人たちである。また、ロックフェラーは、主要な知識人とも会合を持った。東京大学の南原繁総長、京都大学の鳥養利三郎総長、日本のアメリカ研究の創始者で、東京大学の高木八尺教授、行政学・政治学の専門家で東京大学の蠟山政道教授、作家であり太平洋問題調査会員でもある鶴見祐輔、その子息で、ハーヴァード大学を卒業し、『戦後日本の大衆文化史 一九四五――一九八〇年』を著わした鶴見俊輔、それに祐輔の息女で、バッサール大学とプリンストン大学を卒業した社会学者の鶴見和子などであった。

さらに、ロックフェラーは、国際弁護士の松本重治と旧交を温めた。彼は、二九年に京都で開催された太平洋問題調査会主催の第三回国際会議で松本と出会って以来、親しい友人関係にあった。ロックフェラーと日本の友人たちは、講和条約締結後の日米文化交流プログラムがどのような性格のものであるべきかを含め、多岐にわたる様々な問題を議論した。

ロックフェラーは、東京での自身の行動について日記に詳細に書き記した。日本人へのアプローチについて、「まず多くの日本人に会って、彼らがどういう気持ちで、どのように将来を考えているかを知ろうとした。その上で、建設的なやり方で、日米両国の人々を緊密な関係にするためには、どのような方法をとるべきかを議論し始めた」と記した。そして、「……日本に滞在中、その背景を知り、自分の考えをまとめ、ダレスに提言する内容を準備した」と締めくくった。ロックフェラーの日記から、日米文化関係を制度化する重要な準備が彼によってなされ、その過程がいかに順調に進められたかを窺い知ることができる。このようにしてロックフェラーは、日米文化交流を発展させる重要な一歩を踏み出したのである。

米国指導者の「文化交流」論

ロックフェラー三世は、世界平和を維持するには文化交流が不可欠だと信じていた。というのは、長続きする健全な関係を築くには、相手国と価値を共有することが大切であると考えていたからである。彼の考えは、利害を共にする国々や人々の間で共同体を広げていくことが、世界の秩序を築き、世界平和と安定につながるという前提に立っていた。ロックフェラーは、文化交流をすることにより、異国の人であっても皆、「同じ岩盤から創られた同じ人間」であることに気づくであろうと考えていた。その考えの下に彼は、文化交流を、世界秩序を回復する試みと捉えていた。彼によれば、そのような世界秩序の下では、「すべての国が、自らの信じる共通目標や、自らめざす目標を自由に追求することができる」というのであった。

しかし、ロックフェラーは、理想をひたすら追う文化至上主義者ではなかった。なぜなら彼は、文化関係だけでは平和を構築できないことを十分に理解していたからである。それには、政治や経済の分野での実践が必要であった。しかしながら、ロックフェラーは、文化関係がなければ、平和を構想することが出来ないこともはっきりと認識していた。

ダレスも、ロックフェラーの意見と共通した考えを抱いていた。彼は、文化交流から双方に理解と敬意が生まれると考えていた。ダレスによれば、相互理解とは、互いに相手国の生活様式や文化に敬意を抱くと同時に、相手国が抱える問題にも同情の念を抱く態度であった。彼は、文化交流を通して日米両国民が、相手国の望みや考え、それに理念や目標を理解し、好意的に受け入れること、そして、双方の生活様式が尊重されるようになることを望んでいた。つまりダレスは、相互理解を両国民の間の友情と信頼と捉えていた。

米国の指導者は、文化交流の鍵が価値の共有にあると考えていた。別の言葉で表現すれば、「価値が共有されていない限り、協力的な活動を支える土台はない」ということであろう。

文化交流の三原則――「双方向」の原則

ロックフェラー三世は、文化交流が最大の効果を発揮するには、「双方向」の交流、当事国による交流プログラムの共同企画、それに、政府と民間組織の間の協力と協調の三つの原則に基づいて行われるべきであると考えていた。

交流の言葉から明らかなように、交流とは双方向（two-way）の流れを指し、基本的には相互主義、あるいは互恵主義を意味する。「双方向」の原則のねらいは、文化交流を通して両国が互いに学び合い、文化的にも精神的にも豊かになることにあった。ロックフェラーは、上記の三原則の中で「双方向」が最も重要であると考えていた。

前述のように、ロックフェラーは、一九二九年に京都で開催された太平洋問題調査会会議に助手として参加した。京都滞在中に、彼は、神社や仏閣を何度も訪ねる機会をもった。その時から彼は、日本と日本文化に魅了され、日本文化の価値を高く評価するようになった。その中でロックフェラーは特に、日本人が礼儀正しく、謙遜する国民である点に好感を抱いた。そして彼は、日本がアメリカ文化を受け入れるだけでなく、「双方向」の文化交流を通して日本も米国に貢献し、それによって日米両国が互いに学び合うことを期待した。

またロックフェラーは、米国も日本のイメージを徹底的に検証し直す必要があると感じていた。というのは、日本を共産主義の防波堤と見る日本観だけでは、日米間の文化交流は発展しないと考えていたからである。そのような一面的な日本観だと、日本の保守派でさえ米国が共産主義の脅威を誇張し過ぎているとの印象を抱き、反感を抱かせることになると、ロックフェラーは心配した。そこで彼は、日米文化プロジェクトを成功させるには、日米両国民が互いに尊敬し合うこと、それに、日本人が「双方向の」文化交流に自発的に協力することが重要であると考えたのである。

文化交流と「文化帝国主義」

ロックフェラーが「双方向」の原則を重要視した背景には、日米間の双方向の文化交流が、米国を「文化帝国主義」の批判から守ることになるという彼の思惑が働いていた。政府が国策を遂行する手段として文化を用いる場合に、その政策は、批判的および否定的な意味合いで「文化帝国主義」と呼ばれる。

ロックフェラーは、文化活動は「一方通行でも、パターナリスティック（父親が子どもに対するように温情主義的）でもいけない。「もし一方の国の文化だけが強調され過ぎると、文化帝国主義の問題に直面することになる」と述べた。彼の考えでは、相互主義の原則の下に文化交流をすれば、米国人が文化帝国主義者であるとの批判を最小限に留められるというのであった。続けて彼は、「長期的には、文化帝国主義は日本だけでなく米国にとっても不幸である」と繰り返し持論を展開した。要するにロックフェラーは、アメリカ文化の伝播や普及だけが日米文化関係の核になることは、何としても避けねばならないと考えていたのである。

また、ロックフェラーが「双方向」の原則を重要視した背景には、日本人に特有の外国嫌いに対する懸念があった。ロックフェラーによれば、米国から日本への文化の流れが、日本から米国への流れによって相殺されないならば、日本人に特有の外国嫌いの感情が、今は水面下にあっても、やがては表出するに違いないというのであった。彼は、米国が政治的にも経済的にも日本を圧倒する強い立場にあることから、「双方向」の原則が守られないと、米国が文化面でも日本を圧倒しようとしているのではないかと日本人に懸念を抱かせることになると危ぶんでいた。その場合、「過度の西洋化」に対する反動として超国家主義の感情が掻き立てられ、日本人の外国嫌いの感情が再燃するのではないかと心配されたのである。

ロックフェラーは、ペリー提督が一八五三年に浦賀に来航して以来、日本人が米国人に対して言葉では言い表せないほど複雑な気持ちを抱いていることを認識していた。日本人は、心の底では米国人が、自分たちよりも優れているという前提で自分たちと接していると思っており、特に人種問題となると過敏とも思えるほど敏感に反応する国民であると、ロックフェラーは考えていた。彼は、日本人が、米国西海岸の日系アメリカ市民に対する人種差別に憤りを感じていることを知っていたし、また、太平洋戦争に敗れたことで米国に劣等感を抱いていることも知っていた。さらに、日本が長期にわたって軍事占領され、総司令部からも検閲を受けたことで、日本人の誇りが傷つけられていたことも彼はよく知っていた。このようにロックフェラーは、日米関係の一〇〇年の歴史を通して、日本人の米国に対する劣等感がより強くなっていることを肌で感じていたのである。

そのような中で、マッカーサーに関係するある出来事が、日本人の対米感情を逆なですることになった。一九五一年五月五日にマッカーサーは、ラッセル上院議員が委員長を務める米国上院軍事委員会・外交委員会の公聴会において、「もしもアングロ＝サクソン民族の発達段階が科学、芸術、宗教心、文化において四五歳くらいだとすると……日本人は、長い歴史を持っているにもかかわらず、まだ指導を必要とする段階にある。近代文明の基準で測るならば、米国の四五歳に対して、まだ一二歳の少年のようである」と発言した。配慮に欠けたこのマッカーサーの発言が公になるまでは、日本人は日本再建の恩人として彼を尊敬し、英雄視していた。しかし、マッカーサーの「日本人一二歳」発言が日本に伝えられるや、多くの国民の心はひどく傷つけられた。この心無いマッカーサーの発言は、元帥が長年築いてきた日本人との信頼関係を一瞬のうちに無にしかねなかった。

マッカーサーが驚くべき発言を行った時、ロックフェラーは、すでに米国に帰国していた。彼は、傷ついた日本人の気持ちを癒し、彼らの誇りを満たすには、米国人を含む海外の人々が日本の文化に敬意を払い、日本文化を評価することが何よりも効果的であると考えた。彼は、日本人と米国人が互いに尊敬し合うことが日米関係の鍵であると常々考えていた。「互いに理解し協力し合うためには、相手への尊敬の念が最も健全な土台となる」と述べ、「米国人が日本文化に関心を抱いており、その関心が確実に増大していることを日本人に知らせる必要がある……米国に日本文化への関心や理解があることを日本が知ることは、心理的に日本人に強い影響を与えることになろう」と付け加えた。

日本滞在中にロックフェラーは、日本人も、文化交流の「双方向」の原則に賛成し、支持していることを知った。たとえば、最高裁判所長官の田中耕太郎は、文化交流の「双方向」の原則を心から支持した。田中長官は、確固とした考えを持ち、誠実な人柄として国民の間で高く評価され、尊敬されていた。彼は、「日本とアメリカの文化交流」と題する記事の中で、戦前の日本の文化外交が「国威発揚という政治的な目的を持っていた」ことを率直に認め、戦前の文化振興活動が日本の文化的優位をひけらかした高圧的な政策であったと批判した。彼は、戦前の日本の文化交流を「文化帝国主義」と呼び、心から反省した。最後に、田中長官は、「優れた文化は、特に宣伝しなくても他国の人々に評価されるものだ」と述べ、「文化帝国主義」が将来の国際文化関係に入り込まないように十分注意するよう国民に警告を発したのであった。

日本の新聞業界も文化交流の「双方向」の原則を支持した。論説において、各社は読者に、外国の文化を知っていることと、それを理解していることを混同してはいけないと注意を喚起する一方、急には外国の文化を真に理解することはできないことを強調した。

ところでこの間、朝鮮戦争が勃発し、それによって日本経済が復興し始め、国民の間にナショナリズムの感情が徐々にではあるが、着実に高まっていった。その社会的潮流を反映するように、いくつかの新聞が、国民の腹の底にたまっていた真の感情を反映する国家主義的な記事を掲載するようになった。その中には、日本の三大新聞の一つである「読売新聞」があった。同紙は、「もし米国との真の文化交流を望むならば、日本人は、まず初めに本物の日本人になる必要がある。なぜならば、単なるアメリカ化だけでは、日本人は尊敬されないからだ」と主張し、日本人の「文化的アイデンティティ」を打ち立てる必要性を強調した。他の新聞も日本人のナショナリズム感情に訴える記事を掲載した。たとえば、『ニッポン・タイムズ』紙は、文化交流に関連させて、「日本も、日本なりのささやかな方法ではあるが、米国やその他の国々に文化的なメッセージを伝えていることを忘れてはいけない」と、読者の注意を喚起した。

文化交流の三原則――日米共同企画と官民の協力

文化交流の第二の原則は、当事国双方による交流プログラムの共同企画であった。それは、日米両国の市民が文化交流プログラムを共同で企画し実施することを意味していた。

ロックフェラー財団のチャールズ・ファーズは、上司ロックフェラーに宛てた書簡の中で、事務局が「相手国にあって、その国（米国）の市民だけが文化交流事業の運営に携わっている組織に、文化関係の発展の望みを託すのは、たとえそれが民間組織であっても、感心できない」と書き記し、当事国双方による企画の共同作業の重要性を強調した。さらに、彼は、「文化交流活動は、できるかぎり交流活動を展開する国の組織を通して行う必要がある」とも述べた。また、彼は、「五年もすれば（優れた人材が育ち――筆者注）、リーダーシップと管理のすべてを日本側に移管することになるだろう」と述べ、文化交流に必要な人材育成の大切さを強調した。ファーズは、「リーダーシップと管理を（日本人の手に）移管するのは、費用を節約するためではなく、日本人の中から、文化交流の企画を成功させるのに必要な心構えを引き出す必要があるからだ」ともロックフェラーに説明した。その点は、ロックフェラー自身も十分に理解していた。ロックフェラーもファーズも、十分でかつ自発的な日本人の関与なくしては、健全な日米文化関係が展開するのは難しいと考えていた。

文化交流の第三の原則は、政府と民間組織の間の協力と協調に関するものであった。それは、文化交流活動における国家（公権力）と民間組織（市民の権利）の間のある種の緊張関係に関わる原則であった。というのは、米国では、連邦憲法により文化活動は、政府といえども自由にかつ直接に関与することのできない市民の私的な領域に属するものと解されてきたからである。言い換えれば、第三の原則は、政教分離の原則、それに米国の伝統的価値である自由主義思想や自発的行動主義（ボランタリズム）と密接な関係があった。文化交流活動はこれまで通り民間人や民間組織の専権事項として扱われるべきか、それとも、第二次世界大戦後の新しい現実に鑑みて政府の文化交流活動への関与を認めるべきか、もし認めるとすれば、どの程度の関与が適正であるかといった、憲法解釈とその運用面での難しい問題が絡んでいた。

しかし、政府は従来通り文化交流に全く関与せず、一〇〇パーセント民間人の手に委ねられるべきだとする立場は、第二次世界大戦後、特に冷戦を戦うようになってからはあまり現実的でないように思われた。というのは、米国では、二〇世紀に二度の世界大戦を通して連邦政府の権限がこれまでになく拡大していたし、また、心理戦争とも呼ばれる冷戦の文脈において、文化外交が政治的な色彩を帯びることは避けられないように思われたからであった。したがって、米国の指導者の間で、政府は文化交流にある程度まで関与するのが望ましい、あるいは関与すべきだという見解が支配的になり、結局受け入れられるようになった。ただし文化交流活動を公然と国策として、また目先の政治目的のために利用することは、米国の自由主義の伝統からして、そして、文化交流の本来の目的である当事国間の相互理解を深める点からしても、望ましくないという強い懸念が表明された。

ロックフェラーも、民間人や非政府組織などが対外関係の領域にますます参入するようになった時代に、政府が直接文化交流活動を管理したり運営したりすることは好ましくないと考えていた。前述したように、ロックフェラーは、政府が文化交流活動に直接関与することで、米国政府が文化帝国主義に手を染めていると批判されるのを恐れていたからである。サクストン・ブラッドフォードは、日本の知識人が外国政府主催の文化交流プログラムに強い猜疑心を抱いていることにロックフェラーの注意を喚起した。なぜならブラッドフォードは、外国政府主催の文化交流プログラムには、外国政府による内政干渉の可能性とそれへの批判という恐れが常に付きまとうことを認識していたからである。

第5章　ロックフェラー報告書――共産主義の脅威に対抗して

ダレス講和使節団は、約一カ月間の日本訪問を終え、一九五一年二月末に帰国した。ダレスは、賠償問題――日本から賠償を求めないようフィリピン政府を説得する必要があった――など、依然としていくつかの未解決の問題があったにせよ、対日講和条約の性質や米国の意図に関してそれまで不透明であった部分が、今回のダレス講和使節団の訪日によって払拭されたと思った。実際に、彼は、講和使節団の主たる目的が達成されたと公式に宣言した。

一方、ロックフェラー三世は、公式使節団の一員として日本訪問を大いに楽しんだ。米国では、ロックフェラーの訪日時、特に、彼が示した文化交流の「双方向」の考えに、日本人がかなりの関心を寄せたことが広く伝えられた。彼の当面の関心事は、今回の日本訪問の成果、つまり、日米文化関係についての報告書をまとめ、それをダレスに提出することであった。ロックフェラーは、米国政府の文化政策に影響を及ぼしたいと考えていたのである。

日米文化関係報告書の草案作り

ロックフェラーは、日本から帰国するとすぐに、ダレスから依頼されていた「日米文化関係」に関する報告書の作成に取り組んだ。

報告書の作成にあたり、以前ロックフェラーと共に政府への報告書を作成したことのある弁護士のメリル・シェパードは、勤務していたシカゴの法律事務所から一カ月ほどの休暇を取り、ロックフェラーへの協力を申し出た。シェパードの他に、幾人かの日本専門家もロックフェラーに協力した。その中には、ロックフェラー財団のチャールズ・ファーズ、国務省職員のユージーン・ドゥーマン、国務省極東問題担当官のアイリーン・ドノバン、イギリス人外交官でコロンビア大学の教授のジョージ・サンソム卿、コロンビア大学極東研究所のヒュー・ボートン、ハーヴァード大学のエドウィン・ライシャワー、それに、かつて横浜の米国領事館で勤務した経験のある立教大学のダグラス・オーバートンらがいた。ロックフェラーは、「日米両国のいかなる文化関係のプログラムも、今後米国政府によって展開される文化交流プログラムの雛型と見なされるべきである」と考えていた。そして、彼は、報告書の読み合わせ会が、日米関係に建設的な貢献をするか否かの「試金石になる機会」と位置づけていた。

ロックフェラーは、日本人を「文化的にも歴史的にも特異な発展を遂げた」国民と捉えており、政策提言をするには「独創的で想像力に富み、……柔軟な」思考が不可欠であること、それに、「日本人の特徴をよく理解したうえで提言をする」必要があることを認識していた。野心的で、同時に繊細で慎重なロックフェラーは、「日米の生活水準の大きな格差が、日米間に問題を引き起こしかねない」と考えていたので、仲間の執筆者に対して「その格差をできるかぎり強調しないように」と注意を喚起した。執筆者の間には、日本人の大半が重要な問題についてまだ確固たる意見を持つに至っていないことから、「このような中道の大多数の人々をめぐって、私たちの共産主義との戦いが繰り広げられることになるであろう」という共通の認識があった。

ロックフェラー報告書

ロックフェラー三世は、帰国してから約二カ月が経過した一九五一年四月一九日にダレスに「日米文化関係」に関する報告書を提出した。八〇頁に及ぶロックフェラーの「機密」報告書は、文化交流の重要性についての彼の揺るぎない信念を表したもので、同報告書は、日米文化関係に関する最初の包括的な研究として高く評価された。

ロックフェラー報告書は、文化交流における三つの全般的な長期目標を掲げた。文化交流の第一の目標は、日米両国民が互いに理解を深め相手国の生活様式を評価し、両国の関係を緊密にすることであった。第二の目標は、文化交流を通して各々の国の文化を豊かにすることであり、そして第三の目標は、日本と米国は、両国が抱える共通の問題を解決するために、互いに助け合うことであった。

ロックフェラーは、綿密に練られた情報・文化交流プログラムを提案した。ロックフェラー報告書は、文化交流プログラムが目に見える形で成果を上げるには、国務省の米国情報教育局は、各々の社会集団に的を絞って文化交流プログラムを企画し、実施すべきであると提案した。彼は、まずその接近法として、日本国民を二つの部類に分けることを提案した。一つは、知識人指導者（原動力、プライム・ムーヴァー）からなり、それは、広い意味で、科学者、政府官僚、教育者、ジャーナリスト、資本家、軍指導者、それに宗教指導者（主に僧侶）を指していた。知識人指導者に対しては、具体的には、文化交流や人物交流プログラムのように長期的でかつ累積効果のあるプログラムを通して接近すべきであるということであった。

もう一つの部類は、組成員、すなわち農民ならびに地方の住民、労働者、専門職、婦人、それに若者などの集団からなっていた。彼らに対する接近法は、新聞、ラジオ、映画などのマスメディアを活用し、「情報交流」を行うことであった。その接近方法には、短期間で人々に影響を及ぼすことできるという利点があった。ロックフェラー提案の主なねらいは、日本の「知的および精神的な空白状態」をなくし、「日本の共産化への圧力を弱める」ことにあった。

アプローチの説明理由

ロックフェラー三世は、米国政府は知識人にもっと注意と関心を払うべきだと考えていた。その第一の理由は、日本の知識人が外国の文化を知り学びたいという強い願望を抱いていたからである。彼らは、戦争や占領で二〇年間も外国との接触を断たれており、特に米国の知識人の生活について知りたいと思っていた。さらに、日本の知識人は、高まりつつあった共産主義の影響を受け、共産主義者に洗脳される可能性が大きいと考えられていた。ロックフェラーは、知識人の共産化を避けるために、今すぐ適切な措置が講じられるべきだと考えていた。彼は、日本の知識人に慎重にかつ注意深く接近すれば、彼らは親米的なリベラル派になる可能性が大であると読んでいた。ロックフェラーは、日本における文化冷戦の脈絡において日本の知識人対策を最優先に考えたのである。

ロックフェラーの主張の第二の理由は、日本の指導者層を通して多数の日本人に影響を及ぼすべきであると考えていた点にあった。なぜかと言えば、その方法が日本人に影響を及ぼすのに最も効果的であると捉えていたからである。彼は、ロックフェラー報告書の中で、日本では知識人が集団の組織とコミュニケーションの上層部に位置しており、米国政府および米国の民間組織はその事実を大いに活用すべきであると提案した。ロックフェラーの提案は、日本が極めてエリート主義的で、権威主義的な社会であるという彼の日本観に基づいていた。それによれば、日本人には、思惟と行動の両面で指導者に従う傾向が強いこと、言い換えれば、大衆は知識人の影響を受け、知識人指導者に導かれる傾向が強いということであった。

ロックフェラー財団のチャールズ・ファーズ人文科学部門長も、ロックフェラーと同様の意見を抱いていた。彼も、日本人は依然として権威者に従うことに重きを置いており、日本人には権威を受け入れる傾向が極めて強いと考えていた。ファーズによれば、日本社会を理解するには、社会学の概念である「原動力」と「組成員」の把握が有効であるということであった。

ライシャワー教授も、日本社会の性格について同じような意見であった。大衆を標的とする情報活動を討議した一九四九年の国務省会議において、彼は、「私がここで特に取り上げたいことは、中国文明の影響を受けた地域である東アジア地域、特に中国、朝鮮、日本において、知識人階級の占める特別な地位についての問題である。……もしこの地域の特権的な地位にある知識人集団、すなわち学者を利用すれば、大衆を標的とする情報活動、すなわち宣伝活動は、最も効果的であるように思われる」と述べた。

ところで、ロックフェラー報告書が提出されてから一〇年も経たない五九年に、日米文化関係を扱ったもう一つの報告書がファーズと同様の意見を明らかにした。それは、米国上院外交委員会の委託を受けて作成されたコンロン・アソシエーツ社の「合衆国の対外政策——アジア」という題の報告書であった。この報告書は、「日本はいまだに極めてエリート主義的な社会」であるので、企画の際には、文化関係プログラムの一部として、「あらゆる分野で活躍する指導者を対象にした企画を行うべきであると提言した。そうすれば、最高の結果が期待できる筈である、と「コンロン報告書」は締めくくった。

興味深いことに、日本の指導者も、日本人には今もなお「権威」を受け入れる傾向が強いと考えていた。たとえば、日本太平洋問題調査会元幹事の浦松佐美太郎は、日本人は権威者を常に必要としている、と語った。ルース・ベネディクト著の『菊と刀』の書評の中で、浦松は、「日本人には天皇が必要であるが、もはや古いものは役に立たなくなっている。……今が、マッカーサーが帰国する潮時ではあるが、彼に代わる誰か別の人物を日本に派遣する必要があろう」と述べた。

具体的な提言

ロックフェラー三世は、日米文化交流を成功させる上で、文化交流を制度化することが、何よりも重要であると考えていた。というのは、いわゆる「ハードウェア」の組織なしに、いかなる「ソフトウェア」の文化交流プログラムもありえないと考えたからである。

そこで、ロックフェラー報告書は、日本の知識人指導者を対象とする五つの計画案を提案した。第一の提案は、文化センターを東京に設立することで、第二の提案は、学生を対象とする国際会館を東京と京都に設立することであった。

まず「文化センター」の設立について。その目的は、日本において米国の文化活動の情報センターの役割を果たすことにあった。この提案によれば、「文化センター」には充実した資料室が備えられ、そこでは海外渡航する日本人向けに上級の英語コースと海外生活のためのオリエンテーション・コースが提供されることが構想されていた。また、「文化センター」では講演や集会が主催され、人脈を作り、人的ネットワークを広げたいと思う人や団体を支援すること、それに、在日フルブライト委員会との契約に基づいて、フルブライト計画の実質的な運営を行うことなどが計画されていた。

具体的には、「文化センター」を通して、米国から派遣された重要人物が日本の世論形成者と接触できるばかりでなく、同じ分野で活躍する日本の知識人と直接連絡をとり、個人的に会うこともできることになっていた。ロックフェラー報告書は、「(日本を訪問する)専門家を支援する必要がある。日本から資金的な支援が得られれば、文化センターは、アメリカ研究所に発展する可能性もある」と指摘した。要するに、ロックフェラーは、「文化センター」を設立することにより、それが米国の総合的な情報センターの働きをすることを期待していた。

次に、学生を対象とする「国際会館」を東京と京都に設立することについて。提案の「国際会館」は、ニューヨークやシカゴなど、全米各地に見られる「国際会館(インターナショナル・ハウス)」を想定していた。「第三文化の子供(Third Culture Kid, TCK)」の概念を紹介した米国の社会学者のルース・ユシーム博士によれば、同じ屋根の下で寝食を共にして得た「一人の友は一〇〇回の夕食に値する」という。「国際会館」は、正にそのような目的のために、日本人や米国人、それに他の国籍の人たちが一堂に会することのできる共通の会合場所としてとらえられていた。その設置の目的は、日本の大学生や研究者それに教師と、海外からの留学生や研究者それに教師との間の知的交流や文化交流、それに社会的な接触を促すことにあった。また、「国際会館」には宿舎も備わっていたが、宿舎の提供は、それ自体が目的ではなく、人と人との交流という幅広い目的を達成するための重要な手段と捉えられていた。そこでは日本人学生が米国や他の国々の考え方や生活様式などを直接学ぶことのできる機会が提供されることになっていた。

ロックフェラーは、「文化センター」と「国際会館」の設立こそが、米国民の日本への関心を長期にわたって築こうとする米国の意思を、「具体的かつ明確な形で」表わすものであり、友好的な日米関係を築く上で何よりも望ましく、役立つものであると固く信じていた。

ロックフェラー報告書の第三の提案は、人物の交流計画に関するものであった。同報告書は、日本の指導者や学生を対象とする現存の人物交流計画が、講和条約の締結後も継続されるべきであると提言した。かなりの数の日本人指導者と学生が、ガリオア(Government and Relief in Occupied Areas, GARIOA 米国の占領地域に対する救済)計画の下に占領期間中に米国へ派遣されていた(第一章を参照)。そして、国際教育協会(Institute of International Education, ＩＩＥ)が、陸軍省の代理機関としてこのプログラムを実施した。

既に述べたように、ロックフェラーは、「双方向」の人物交流の重要性を強調していた。それは、「アメリカの理念」を日本人の頭と心に注入するには、双方向の人物交流が最も効果的であると考えていたからである。また、ロックフェラーは、「双方向」の文化交流が、米国に浴びせられる文化帝国主義の批判をかわす上でも有効であると考えていた。加えて、ロックフェラーは、文化交流の目的を達成するには、「量よりも質」を優先すべきだと主張した。彼は、米国に派遣する日本人を選抜する際には、英会話力よりも能力、性格、指導力などの資質が重視されるべきである、と提案した。

また、ロックフェラー報告書は、抜群の才能と名声の米国人研究者が、できれば民間人の支援の下に、日本に派遣されるべきであるとも提案していた。その目的は、日本の知識人と深みのある議論が直接できるような機会を米国人研究者に提供することにあった。これまで多くの日本人の間では、アメリカ文明は「精神」と「文化」の両面に欠けた文明と捉えられていた。ロックフェラーは、日本人のアメリカ文明観を改めさせるのに、日本人に尊敬される一流の米国人思想家を日本に派遣し、日本人と直接会わせることが最も効果的であると考えた。米国人思想家は、多岐にわたる分野の最新の専門知識を日本人に紹介することにより、日本の思想の深化に真の貢献ができるというのであった。加えて、米国人思想家は、日本人が米国の生活の文化面について理解を深める上でも主要な役割を果たすことができるというのであった。ロックフェラーの推薦する研究者とは、神学者のラインホールド・ニーバー、外交官でノーベル平和賞受賞者のラルフ・バンチ、歴史学者で社会学者のカール・ウイットフォーゲル、それに哲学者のシドニー・フックらであった。

一方、東京大学の南原繁総長は、具体的な研究者の名前を挙げて彼らを日本へ招聘するようロックフェラーに提案していた。そのリストの中に、化学者のジェームズ・コナント、文芸批評家のエドマンド・ウィルソン、それに社会学者のルイス・マンフォードなどの名前があった。ロックフェラーは、南原の要請を真剣に受け止めた。というのは、ロックフェラーを含む米国人指導者は、一流の教育者の交流において、どの学問分野を最優先し、誰を派遣するかを決める際には日本人の希望に従うのが賢明であると考えていたからである。彼らは、日本の要請に耳を傾けることが、米国が文化帝国主義の非難を受ける可能性を最小にするのに役立つと考えていた。

第四の提案は、英語教育に関するものであった。ロックフェラー報告書は、日米文化交流を成功に導くには日本における徹底した英語教育プログラムが不可欠であることを強調した。米国広報文化交流局の評価報告書が、年に二回ワシントンに報告されることになっていた。同報告書は、英語教育プログラムの目的が、表向きには英語教育法の改善を手助けすることになっているが、実際には、健全な米国の理念を日本社会に浸透させることにあると説明した。続けて同報告書は、資格を有する英語教育専門家が日本に滞在しておれば、教科書の執筆や米国の選定教材を日本に紹介する際に彼らは、いつも、そして長期にわたって影響力を及ぼすことができると述べ、英語教育専門家が日本に滞在することが望ましい点を強調した。加えて同報告書は、日本人には、英語学習を生活のあらゆる面で受け入れる傾向が認められることから、英語教育の分野には（日本人に影響を及ぼす）大きな可能性があると指摘した。

実際に、日本人の要望に応える形で、英語学習クラスが、民間情報教育局の文化センター（American Cultural Center, ＡＣＣ）に開設された。大都市部に所在するアメリカ文化センターでは、英語学習クラスが、公務員、教師、ビジネスマン、市民団体の指導者、学生、それに政府の指導者などのグループに分かれて行われた。もっとも、英語学習クラスは、やがてはアメリカ研究を中心とする討論グループに再編される予定であったが。英語教育プログラムが功を奏し、その成果として五一名の日本の指導者が、一九五三会計年度末に奨学金の受給者に指名され、三カ月間の米国視察訪問をすることになった。彼らは、日本の各地域および様々な分野を代表していた。同年には、七五名の学生と青年指導者にフルブライト＝スミス・マント奨学金が支給されて米国の大学院へ留学する一方、一五〇名の学生と青年指導者には同じ目的のために渡航費のみの奨学金が支給された。

ロックフェラー報告書の第五の提案は、文化資料の交換に関するものであった。資料交換プログラムは、図書が盛んに活用されている日本の学校や図書館に米国政府が書籍を寄贈するというものであった。日本人と接触を深め、米国への信望を高めるうえで、集団や指導者への書籍や情報資料の贈呈は、非常に有効な手法であると考えられていた。たとえば、東京のアメリカ大使館は、日本の一流作家や批評家、それに劇作家（全てが日本ペンクラブの会員であった）を茶話会に招き、彼らを大使館の広報官らと引き合わせた。茶話会が終わり、川端康成、阿部知二、三島由紀夫を含む賓客が帰途に就く際に、それぞれに「最近米国で話題となっている知的なテーマに関する書籍」が土産として手渡された。それらの書籍は、熟慮の末選ばれたものであった。たとえば、川端には『芸術には多くの顔がある』が、三島には『アメリカのバレエ』が贈呈された。五三年一月の時点で、図書一万四二一九冊が、東京のアメリカ大使館職員や地方の広報担当官、それに文化センターを通して日本の知識人に贈られた。そのうちの一万三九八六冊が日本語で書かれたものであり、二三三冊が英語の書籍であった。また、ロックフェラー報告書は、日本各地に米国に関する情報を普及させる効果的な方法として、著作権が容易に日本の出版業者の手に移せるよう、最大の努力を払う必要があると指摘した。

ロックフェラーが、双方向の文化関係を重視していることは既に述べた。ロックフェラー報告書は日本に、米国の文化が日本に紹介されるだけではなく、日本人が米国で実施した方がよいと思われる企画を列記し、それらの企画を米国で実施するよう提案した。その狙いは、米国民の間に日本への関心を高めることにあった。それらの企画の中には、ニューヨーク市に日本文化センターを再建することや、米国で日本美術の展示会を開催することなどが含まれていた。報告書は、日本人は芸術の分野において米国民にアピールするものをたくさん持っていると述べ、中でも、日本人の生活や日本の姿が正しく米国人に伝わるような日本映画の製作を提言した。同報告書は、日本の映画が商業チャンネル等を通して、米国各地で鑑賞できるように、あらゆる努力が払われるべきであると提言した。

最後に、ロックフェラー報告書は、情報が日本からも米国へ提供されるべきであり、その情報は、米国政府や民間団体の助けを借りながらも日本人自身の手で選ばれるべきであると提言した。そして、世界の人々が日本の学術文献を知り、学ぶことができるように、日本の書物や諸論文は英語に翻訳されるべきであると提言した。

社会諸集団に的を絞った情報交流プログラム

情報交流プログラムの標的と目された社会集団は、農民および地方の住民、労働者、専門職、婦人、それに若者からなっていた。ロックフェラーは、これらの社会集団に的を絞ったプログラムを情報交流プログラムと呼んだ。

①農民

当時の農村人口は、推定で約四二〇〇万人であった。それは、総人口の約半数を占めていた。小土地所有者層が、農地改革により拡大したため、耕作に適した日本の国土の八七パーセントが、土地を実際に耕していた農民の所有地となった。農民の組織化が進み、農民の六〇パーセントが、四大独立農業団体の加盟者になったと報じられた。農民は、日本の最も安定的な社会層と捉えられており、彼らの多くは、伝統的に保守的で、かつ国家主義的で、反共主義的でもあった。

②労働者

労働組合に加盟していた労働者は、一九五〇年までに五七〇万人に達していた。労働組合は、各政党の政策に重要な影響力を持っていた。労働運動は、大きく分けて右派と左派に分かれて展開された。労働組合の過半数は左派で、約二〇〇万人が日本労働組合総評議会(総評)に属していた。彼らは、社会党の左派を支配していた。社会党左派は、五三年四月の総選挙で四五〇万票(総得票数の一三・一パーセント)を得票し、七二名の議員を国会に送り込んだ。それに対して、右派(国会では中道左派)は、約七五万人で、全日本労働組合会議(全労会議)に属する少数の労働組合からなっていた。全労会議の政治部門の社会党右派は、五三年四月の総選挙で四六〇万票(総得票数の一三・五パーセント)を得票し、六六名の議員を国会に送り込んだ。概していえば、社会党右派は親米的で、反共産主義の立場をとっていた。

社会主義労働者の集団の中で、マルクス主義者は教条主義的で独断的であると考えられていた。彼らは、資本主義および資本主義国に根深い猜疑心を抱いていた。右派の労働組合指導者が、実利主義の立場から次第に穏和になっていったのに対して、左派の指導者は、主張も明確で歯切れがよく、活力に溢れていた。総評に加盟する労働組合の半数以上が、労働組合への共産主義の浸透に反対していた。なぜかと言えば、左派の指導者の半数以上が、ソ連に対して根深い不信感と恐怖を抱いていたからである。したがって、彼らは、親共産主義の立場を公にしている世界労働組合連盟(World Federation of Trade Unions, WFTU)に加入することに反対する一方、労働組合の半数以上が、反共産主義の労働組合組織で、ブリュッセルに本部をもつ国際自由労働組合連合(International Confederation of Free Trade Unions, ICFTU)に加入していた。国際自由労働組合連合は、四九年に世界労働組合連盟から脱退した。

在日アメリカ大使館のサクストン・ブラッドフォードによれば、左派の労働組合指導者の半数以上が、中立主義者か、あるいは平和主義者であり、同時に彼らは、現実逃避主義者か、あるいは理想主義者であったという。彼は、左派の労働組合指導者を未熟で未経験者と決めつけ、軽蔑していた。ブラッドフォードは、マルクス主義や中立主義、それに平和主義の思想が、労働組合の指導部に浸透しており、社会主義労働者の半数以上が共産主義者の狡猾で巧みな操作にかかり、共産主義者になるのではないかと心配していた。米国情報教育局の「日本に関するカントリー・ペーパー」は、情報プログラムを活用して、左派集団に接近してはどうかとブラッドフォードに提案した。そのねらいは、左翼集団が考えている以上に共産主義が労働者にとって危険であることを彼らに認識させることにあった。

③婦人

婦人は、占領下で解放された結果、社会に進出し、それまでよりも高い地位についていた。彼女らは、一つの政治集団に成長し、家庭や共同社会において、また婦人団体の組織化において、非常に大きい影響力を行使した。婦人は、自分たちの着想力や指導力の源を米国に求めると同時に、自己のアイデンティティも米国やアメリカ民主主義に求めているように思われた。米国情報教育局の「日本に関するカントリー・ペーパー」は、日本の婦人が、米国の政策目標に有益となるような役割を積極的に果たすことができるよう、彼女たちを勇気づけ後押しすることを提言した。

④若者

ロックフェラー報告書は、情報プログラムの標的の中に若者も含めるよう強く求めた。若者の中でも、最も重要だと考えられていたのが大学生であった。というのは、民間情報教育局は、五万人にのぼる日本の大学生が常に共産主義者の宣伝にさらされていると捉えていたからである。事実、共産主義者は、大学生の間に見られる戦後日本社会への幻滅、ゼロに近い就職率、資源不足の日本の将来に対する悲観的な見方を最大限に利用して、彼らや全国の大学に共産主義思想を浸透させるのに大いに成功していた。共産主義者の数は、学生全体の五パーセントにも達しなかったが、少数の共産主義者が、各地で大学の学生組織を支配していた。同志社大学のアーモスト館の館長で、アメリカ研究のオーティス・ケーリ教授は、「学生たちは、現実離れしており、今日の世界の現実を全く知らずにいる。……彼らの共産主義の知識は、教師や雑誌、それに図書館の書物から得たものである」と述べた。ケーリ教授は、長年日本に住み日本文化に精通しており、共産主義の日本人への悪影響を心配する過激な反共主義者であった。

事実、日本の若者の教育や指導は、米国政府にとって最も重要な課題の一つであった。なぜなら占領期の民主的諸改革を日本で引き続き進めていくには、米国や日本のリベラル勢力は、若者に頼っていく必要があったからである。民間情報教育局の職員は、占領期間中、どの集団よりも若者に多くの注意を払った。というのは、共産主義が若者に非常に強く影響し、かつ広範囲に及んでいることを憂慮したからであった。民間情報教育局が常に目を光らせていたのは、共産主義者の宣伝活動であった。米国情報教育局の「日本に関するカントリー・ペーパー」は、共産主義者の宣伝活動への対抗策として、注意とエネルギーを若者と大学生を対象とする施策にもっと集中するよう提案していた。その施策とは、今よりも多くの書物や物品の提供、教育現場での交流、それに米国人教師の派遣などを指していた。その狙いは、若者に受け入れられ易いイデオロギーを提供し、米国の影響力を広げることにあった。そのような努力が実り、五一年には約一五〇万人の学生が全国の二三カ所に所在するインフォメーション・センターを訪れた。

かつてのロックフェラー財団の社会科学部門の研究員であった、同志社大学経済学部の松井七郎教授と同大学の神学部長の大下角一教授は、同大学の経済学部の数名の教授を激しく非難した。松井、大下の両教授によると、過半数の学生が活動的でないことを利用して、少数の共産主義者が学生の大学「自治」権を乱用し、大学内の学生問題を自分たちに有利に操っているというのであった。両教授は、そのような事態を招いている原因を、少数の共産主義者に強い態度で臨まない経済学部の教授に帰した。特に大下教授は、その主な原因が教員側の信念と勇気の欠如にあると考えていた。コロンビア大学のヒュー・ボートン教授は、マルクス主義の大学生への影響に言及して、「非常に一般的にいえば、日本では歴史が、マルクス主義に沿って教えられている。若い人たちが、偏見に満ちた印象を抱いて大学を巣立っていくのは、実に残念なことである」と述べた。松井、大下の両教授は、「マルクス経済学以外の経済学理論が必要です。それにはケインズ理論か反ケインズ理論のどちらかが役に立つでしょう」と述べた。

ロックフェラー報告書は、農民および地方の住民、労働者、専門職、婦人、それに若者などの社会集団からなる大衆社会において、米国の目的を達成するにはマスメディアが最も効果的であると認識していた。それは、マスメディアの対象が広範囲に及ぶ上に、その効果も短期間に現れるからであった。そのような認識に基づいて、同報告書は、情報交流プログラムの当面の目的が、「日本国民を元気づけ日本が自由国家群の一員としての地位を保ち、それを強化できるように、後押しする」こと。それに、「日本国民が自らの問題と必要性に日本国民が取り組むのを手助けする」ことにあると、繰り返し強調した。マスメディアを主な手段とするこの情報交流プログラムは、五三年以降、国務省から米国広報・文化交流庁に移管されることになる。

文化交流の制度化について

前述のように、ロックフェラーは、日米文化交流を成功させるには、文化交流の制度化が極めて重要であると考えていた。具体的にロックフェラーは、米国政府からの文化交流への援助は書籍や物品の贈与という間接的なものにとどめ、その資金は日米両国の民間人によって拠出されること、それに文化交流組織の運営は日米両国の民間人からなる理事会によって行われることと考えていた。在日アメリカ大使館のブラッドフォード広報・文化交流担当官も、ロックフェラーの提言に賛同した。というのは、ロックフェラーの提言は、米国政府が文化交流事業に参画して、大々的に宣伝活動を行うつもりではないかといった日本人の疑念を払拭するのに効果的だと思われたからである。米国領事館職員のダグラス・オーバートンは、ロックフェラー報告書の中の「文化センター」と「国際会館」の設立の提案が特に独創的であることを強調した。彼は、ロックフェラーが、なるべく早い時期に再び日本を訪れ、「文化センター」と「国際会館」の組織化に取り組むことを提案した。

最後に、ロックフェラー報告書は、講和条約の発効に先立ち、国務省が広報・文化交流担当官を日本に派遣し、同担当官に今ある文化交流プログラムに精通させ、講和条約発効後に価値が出てきそうなプログラムの継続計画の立案をさせることを提案した。なぜなら総司令部民間情報教育局の文化交流活動は、講和条約が締結された時点で閉幕することになっていたからである。

第6章　日米文化交流の制度化にむけて

ダレスは、ロックフェラー報告書の基調にも内容にも感銘を受け、満足していた。しかし彼は、報告書の中に日本人の誤解を招きかねない部分があることに気付き、それが気がかりであった。ダレスが気にしていたのは、報告書の中のいくつかの提言が具体的で、完成度もかなり高いため、報告書を一読すれば、文化交流計画はすでに出来上がっており、その準備に日本人はもう参加する必要がないという印象を与えかねず、米国から一方的に文化交流計画案を押し付けられたという誤解を招きかねないという点であった。というのは、ダレスは、この種の文化プログラムを成功させるには、日本人の積極的な関心と支援が不可欠であり、文化プログラムの作成の際に、日本人からの発案やイニシアティブに十分に配慮すべきであると考えていたからである。そこでダレスは、「完全版の」ロックフェラー報告書を機密扱いにするよう国務省に要請した。

ロックフェラー報告書への米国政府の対応

ダレスは、早速、ロックフェラー報告書をディーン・アチソン国務長官に送付し、推薦文を添えて、「同報告書を前向きに検討されたい」と依頼した。国務省の米国情報教育局は、ロックフェラー報告書の重要性を十分に認識しており、同局のプログラムに組み込むことのできる重要な提案がその報告書の中にいくつか含まれていることに注目した。それらのうち、米国情報教育局から完全な支持が得られたのは、「文化センター」と「国際会館」の設立の提案であった。なぜかと言えば、二つの施設が民間人の手で設立され、運営されるならば、企画の目的は立派に達成されると、国務省の職員は考えていたからである。彼らによれば文化センターは、日米文化関係の重要な要素となるだけでなく、日本における米国政府主宰の文化プログラムを補完する貴重な機関になるということであった。また国務省の職員は、民間人の支援が、同センターから政府色を取り除き、同文化センターで自由な議論が行われることになると考えていた。

国務省のディーン・ラスク極東担当国務次官補は、ロックフェラー報告書の中のいくつかの提案は、米国情報教育局のプログラムとして実施することになるだろうと、ロックフェラー三世に伝えた。その中でラスクは、文化センターと国際会館の運営に言及し、民間人による運営が、最善の結果を得る可能性が高いことを繰り返し述べた。一方、国務省職員のダグラス・オーバートンは、日本人と共に「文化センター」構想を具体化するために、再び日本へ足を運ぶことができるか否かロックフェラーに尋ねた。

一九五一年七月三〇日にダレスは、ロックフェラーに再び日本を訪問し、引き続いて提案をより具体化することを正式に要請した。ロックフェラーは、ダレスからの確かな支援を条件に、米国政府からの要請を受け入れた。彼は、訪日の主な目的が、日本の「しかるべき人物との結びつき」を開拓し、それを確固たるものにすることにあると理解し、新しい任務を「自分が試されている課題」と位置づけた。ロックフェラーの訪日期間は、五一年一〇月一三日から一一月一七日と予定された。

訪日前の最終打ち合わせ

ロックフェラー三世は、一九五一年一月の訪日の時と同様に、日本に発つ前に二日間ワシントンで過ごし、ダレス、それにアイリーン・ドノバン、ダグラス・オーバートンを含む国務省広報担当官と最終の打ち合わせをした。

その時、ロックフェラーは、米国政府の支援による企画と、米国の民間組織の支援による企画の長いリストを受け取った。その企画の中には、国際会館と文化センターの設立と、いくつかの企画への助成金の交付があった。助成金交付の対象の企画として、たとえば、フルブライト渡航奨学金の一部を補塡し、約四〇名の日本人を米国に派遣すること、日本の知識人と交流を深めることや講演の依頼、それに日米文化関係を発展させるため、第一線で活躍する一二名の米国の知識人を日本に招聘すること、それに、同じく第一線で活躍する日本の文化人を米国に派遣することなどがあった。また、人文科学と社会科学の両分野合わせて約二〇名の日米の学生に奨学金を支給するために、文化センターにも助成金を交付すること、米国の著作物を日本語に、日本の著作物を英語にそれぞれ翻訳する翻訳プログラムを資金援助することなどがあった。

また、ロックフェラーは、日米文化交流事業に多くの民間人が参加できるいくつかの企画について国務省広報担当官から情報を受けた。前述のように、米国情報教育局は、ロックフェラー報告の文化センターの設置企画案を支持していた。というのは、同局は、文化センターの設置が日米文化関係において必ずや重要な位置を占めることになると考えていたからである。

しかし、米国情報教育局は、当初からその企画にはある厄介な問題が含まれていることにも気づいていた。それは、文化センターがいかなる公的な活動にも関与してはならないという問題であった。一般に日本人は、外国政府が日本の国内問題に干渉することに極めて敏感であり、それへの疑念と恐れが強いと米国国務省の職員の間で受け止められていた。したがって、たとえ米国政府の動機が立派なものであっても、政府が市民の文化活動に顔を出し過ぎると、「文化帝国主義」への恐れを彼らに抱かせることになると考えられた。文化センターがいかなる公的な活動にも関与しないことにより、文化センターが米国政府の機関であるという印象を日本人が抱くのを避けることができるというのであった。

そのような理由から、文化事業について日本政府と接触する必要がある場合は、米国情報教育局ならびに東京のアメリカ大使館がその任務に当たり、民間からの資金の調達や民間主導の文化事業の場合には、その任務をロックフェラーのような民間人に委ねるのが最善の道であると考えられた。その意味で、ロックフェラーは、個人ならびに日本の民間組織と接触のできる正に理想的な人物であると考えられた。慎重で機転の利くロックフェラーは、逆効果を招きかねない政治的な影響をできる限り小さくするように努める一方、米国情報教育局から最大の支援が得られるように常に的確な判断をし、行動する必要があった。ロックフェラーが比較的気軽に接触ができる市民団体の中に、大学などの高等教育機関や民間の財団、国際交流組織、ＹＭＣＡや伝道団体、それに出版社や文化団体などがあった。ロックフェラーが日本で半ば公的な任務を遂行している間に、国務省は彼を陰から下支えする準備態勢を整えた。

日本における文化交流の制度化への準備

ロックフェラー三世は一九五一年一〇月一六日に東京に到着した。ロックフェラーの心積もりでは、日本人から十分な協力が得られれば、企画事業への資金がロックフェラー財団から提供される予定であった。

ロックフェラーは、計画の具体化に手助けとなる「しかるべき人物」と直ぐに会って、彼らと意見が交わせるように努めた。ロックフェラーが接触を望む「しかるべき人物」の中に、共同通信社の松方三郎常務取締役、かつての太平洋問題調査会日本支部リーダーの高木八尺教授、元日米協会会長で当時グルー奨学金財団理事長の樺山愛輔、国際文化振興会の加納久朗会長、東京大学の南原繁総長、元文部大臣で日本奨学金財団の前田多門理事長、それに日本ペンクラブの川端康成会長がいた。彼は、その中でも、特に松本重治が日米文化交流の推進に最も積極的な指導者であると思った。

既に述べたように、ロックフェラーは、松本重治とは旧知の間柄で、二人が初めて出会ったのは二九年の太平洋問題調査会京都会議においてであった。その時、ロックフェラーは同会議の書記を務めていた。それ以来、彼と松本は「シゲ」、「ジョン」と呼び合うほど親しい間柄であった。ロックフェラーは、松本重治こそが「正しく事業を促進する適任者である」と思った。松本は、ロックフェラーに再会するや、「文化センター」構想に大きな関心を示した。やがて松本は、同企画に深く関わるようになり、勤務時間のほぼ半分をこの「文化センター」企画に注ぐようになった。

高木八尺教授も、松本と同様に、「文化センター」構想に強い情熱と関心を抱いていた。高木教授は、三〇年間、東京大学で「米国憲法、歴史及び外交」の権威ある講座(米国の銀行家のA・ヘップバーンが同講座設置のために寄付をしたことから、「ヘボン講座」とも呼ばれる)を担当した。また、日本におけるアメリカ研究の創始者としても、高木教授はアメリカ研究者から深く尊敬されていた。彼はロックフェラー財団人文科学部門長のチャールズ・ファーズと知己の間柄であった。というのは、高木教授は、ファーズが一九三五年に東京帝国大学に留学した際、彼の身元引受人であったからである。

ロックフェラーが推薦したもう一人の「役に立つ人物」は、共同通信社の創始者である樺山愛輔であった。当時、樺山は、八六歳であったが、「文化センター」構想に対する彼の熱意は、他の人たちに勝るとも劣らないものであった。樺山は、「一九三〇年代の首相は、「日本の対米関係を改善するのに経済折衝や政治折衝によってその目的を成し遂げようとしたが、うまくいかなかった」とかつて私に語ったことがある」「今度は文化を試してみるべきだ」と、ロックフェラーに語り、「文化センター」構想を支持するに至った理由を説明した。また、樺山は、自分が参考モデルとしている文化センターが、ニューヨーク市の「日本インスティチュート」であることも明らかにした。その後、樺山は、センターが「アジア人で混み合い、混雑するのを避ける」ために、文化センターを一般の在留外国人に開放するのではなく、米国人に限定すべきだと提案した。「混雑を避ける」というう樺山の提案は、ある程度納得させるものではあったにせよ、しかし、その発言には、アジアの隣人を別扱いするある種の人種的偏見が見え隠れしているように思われる。

ロックフェラーによれば、文化センターならびに国際会館を設立する構想は、彼が講和使節団の一員として日本を訪問した際に、彼と日本人との意見交換の中から浮上したという。しかし、松本重治によれば、同構想は、「米国の利益を反映したものではなく、日本人が必要と感じたもの」であったという。事実、南原繁総長は、日米「文化センター」は意見交換の場所として、また大学教授や知識人が予算の範囲内で利用できる昼食会の施設として必要であると考えていたし、また、高木教授も、大学教授が費用の負担を感じることなく会合し、食事も取れる場所の必要性を唱えていた。

ロックフェラーは、文化センターと国際会館が日米関係に重要な貢献をするだけでなく、長期的には、日本人の国際問題への積極的な参加を促す手助けとなると固く信じていた。彼は、非政府組織、つまり民間人が中心となって、日米文化関係の健全な発展のために文化交流事業を実施かつ運営するという合意を、日本の指導者や文化交流関係者から取り付けた。

「文化センター準備委員会」の立ち上げ

ロックフェラー三世は、今回の任務には舞台裏での綿密な計画と慎重さが必要であることに気づいた。というのは、彼は、日米共同事業の推進に必要不可欠なことは、「日本人が心底から米国人と協働することに喜びを感じている」ことにあることに気付いたからである。

ところが、スターリング・フィッシャー（リーダーズ・ダイジェスト日本支社長）は、ロックフェラーの慎重さに違和感を抱いていた。彼は、最初の出だしをうまくやれば、日本人は「それを引き継ぎ、自分たちの事業に育て上げる」であろうと信じていた。そこで、フィッシャーはロックフェラーに「最初の段階から指導的な立場に就くことが肝心である。そうしないと、事業が離陸することは決してないだろう」と忠告した。それを受けて、ロックフェラーは、「文化センター」と「国際会館」の設立のために主導権を握り、指導力を発揮することにした。

重要な会議が、五一年一一月一二日にロックフェラーの呼びかけにより日本工業倶楽部において開かれた。その目的は、「文化センター」と「国際会館」の設立について討議することにあった。実業界や教育界、それに文化界を代表する総勢三五名の著名人が、会議に出席した。この会議において「文化センター設立準備委員会」が、創設された。そして、その委員長に樺山愛輔（元日米協会会長）が、そして常任幹事にはスターリング・フィッシャーと松本重治がそれぞれ任命された。五二年七月二五日、準備委員会の理事に選ばれた指導者は、樺山愛輔、ゴードン・ボウルズ（東京大学の文化人類学教授）、スターリング・フィッシャー、一万田尚登（日本銀行総裁）、小泉信三（元慶應義塾大学塾長）、松方三郎（共同通信社専務理事）、松本重治、前田多門（元文部大臣）、高木八尺（東京大学名誉教授）、渋沢敬三（元日本銀行総裁、大蔵大臣）、E・グリフィス（E・J・グリフィス社）らであった。

リーダーシップと責任は、松本重治が担うことになった。それに対して、米国側からフィッシャーとゴードン・ボウルズの強い支持があり、ロックフェラーは、「私たちの活動は、優れた運営者の手に移った」と述べ、その人選に対する喜びを表わした。

その会合の後すぐにプログラム＝プラニング小委員会が、準備委員会の下に設置された。同小委員会は、前田多門、松方三郎、ゴードン・ボウルズ、スターリング・フィッシャー、古垣鉄郎（日本放送協会会長）、ハロルド・ハケット（国際基督教大学副学長）、樺山愛輔、加納久朗（国際文化振興会理事長）、小泉信三、松本重治、南原繁、坂西志保（評論家）、高木八尺、東畑精一（東京大学教授）、都留重人（一橋大学教授）らの各委員からなっていた。同小委員会の任務は、基本的な計画を立案すること、執行委員会の役割を果たすことであった。

ロックフェラーは、事態の進展に満足し、訪日の目的が十分に果たせたと思った。彼は、「今や米国へ帰国し、全てを事の成り行きに任せるときがきた」、そうすることが、日本人の自助努力を高めることになると考えた。ロックフェラーは、残された仕事がまだまだ多いことを認めつつも、事業の進展ぶりに満足していた。彼は、「日本滞在の短い間に、これ以上希望を持たせてくれる展開はとても考えられない」と日記に書き記した。ロックフェラーは松本重治の率いるグループが力強い指導力を発揮して事業を前に進めることを期待しながら、準備委員会には、役に立てることがあれば喜んで再び日本に帰ってくると約束して、五一年一一月一七日に日本を後にした。

「文化センター」設立への確かな道

帰国した後、ロックフェラー三世は、さらに二つの小委員会、すなわち財務小委員会と施設小委員会が準備委員会の下に設置されたことを知らされた。加えて、準備委員会では、文化センターと国際会館の二つを合わせて一つの事業とし、それぞれが別個の施設であることが決定された（文化センターと国際会館は、最終的には一つの事業に統合されることになる）。文化センターには、宿泊施設、講堂、図書館、音楽鑑賞用と講演用の部屋などの設備も備えられることになった。宿泊施設は、訪日中の政府高官や、フルブライト計画などで訪日する教育・文化領域の指導者のための施設とされた。一方、学生用の国際会館は、文化センターよりも小規模で、かつ質素な施設とすることが決定された。同会館には、宿泊と社交的な会合のできる施設が備えられ、学生に相応しい建物になるはずであった。

また小委員会において、文化センターの活動が、米国情報教育局の文化プログラムと重複しないように留意することが合意された。加えて、文化センターの竣工式は、一九五二年五月頃に行われることも合意された。

日米両国の指導者は、日本の学者が、文化センターを米国の宣伝機関と見なすのではないかと心配していた。東京大学で文化人類学を教える東京生まれのゴードン・ボウルズ教授は、日本の学者は、文化センターが何をしようとしているのか、距離を置きながら、批判的な眼で眺めていると指摘した。同教授は、文化センターが価値ある事業であり、単なる米国の宣伝機関でないことを日本の学者に納得してもらうためには、同センターは、並々ならぬ努力をする必要があるとも述べた。そのようなわけで、日米両国の指導者は、「学者の交流と会合を促す制度的な枠組み」について両国の間で何らかの取り決めが必要ではないかと考えていた。

一方、松本重治や高木八尺など日本の日米文化交流関係者も、文化センターについての誤解や批判に応えるために最善の努力をした。というのは、文化センターが米国の宣伝機関と理解されれば、同センターの値打ちが台無しになることを恐れていたからである。まず、彼らは、日本の一流の経済学者や政治学者、それに社会学者や他の分野の研究者の会合を開き、参加者全員から文化センターに関する意見や提案を受けた。松本は、文化センターが成功するには、センターと学者との間に温かい人間的な繋がりを育むことが不可欠だと力説した。文化センターの理事たちは、日米関係の健全な発展を心から願うがゆえに、社会主義者の都留重人教授を文化センターの評議員に、左翼の人たちと接触のある小田実を同センターのスタッフにそれぞれ抜擢することとさえいとわなかった。その目的は、文化センターについての誤解や不当な批判を抑えることにあった。都留教授は、ハーヴァード大学を卒業した一橋大学の経済研究所の所長であり、同じく、同会合に出席した年若い小田実は、米国に親近感を抱くフリー・ライターであった。要するに、都留と小田の抜擢は、文化センターがイデオロギー面で片寄った組織でないことを実証するために、慎重で、かつ注意深く熟慮の末文化センターの理事によって取られた措置であった。

在日アメリカ大使館の職員も文化センター設立の決定に至るいくつかの会議に、参加した。総司令部の外交部門や在日アメリカ大使館は、五一年一月以降、日本でのロックフェラーの動きに注意を払い、彼の顧問を務めるドナルド・マクリーンを通してロックフェラーとも緊密に接触を保っていた。後に第七章で詳述するように、五一年の秋に「日米知的交流プログラム」の企画と実施をロックフェラーへ秘密裏に提案したのは、在日アメリカ大使館のサクストン・ブラッドフォードであった。それが契機となって、コロンビア大学の東アジア研究所が「日米知的交流プログラム」の実施機関となった。そして、ロックフェラーは、同研究所に匿名で同プログラムのための寄付金を付与した。しかしロックフェラー自身は、同プログラムが米国政府の主導のもとに実施されることが、日本人の誤解を招くことになるのではないかと非常に心配していた。彼は、自分が推進する文化交流事業が、政府の政策とは一切関係なく、純粋に民間事業であることを日本人に理解してもらいたいと強く願っていた。そのような理由から、日本人の目を気にしていた在日アメリカ大使館は、同プログラムの裏方でありつづけることに「細心の注意」を払い、ロックフェラーと在日アメリカ大使館の職員とのやり取りや意見交換は、全て非公式のものとされ、そして機密扱いにされた。

痺れを切らすロックフェラー

スターリング・フィッシャーは、一九五一年、年間を通じて東京での事業がほとんど進捗していないことを、ロックフェラー三世に伝えた。事業が思うように進捗していないのは、ボランティアに頼っていることもあって人手が足りなかったからであった。ロックフェラーは、文化センターと国際会館を設立する事業が、予想以上に複雑で、時間を要するものであることを知った。そして、ロックフェラー財団が本格的に「文化センター」事業に出資をする以上、彼自身が準備委員会との接触をもっと密にして、この事業に関わっていく必要があると考えた。そこで、彼は、準備委員会の作業を前に進めるために、再び日本に足を運ぶことにした。

五二年四月一三日にロックフェラーは、東京に到着した。二九年以来、五度目の来日であった。そこで、彼は、文化センター事業に携わる関係者全員の「考えが同じ方向である」ことを知ってほっとしたが、プログラム＝プランニング小委員会の努力の結果が「期待はずれ」であることや、財務小委員会が、長期的な財政支援の問題に全く手を付けていないことも分かった。ロックフェラーを特に悩ませたのは、財政に関する詳細な情報と資料が日本側に何ら用意されていないということであった。なぜならそれらの情報と資料は、ロックフェラー財団からの資金的な支援を受けるときに是非とも必要であったからである。問題の核心は、日本側に、設立後の文化センターを財政的に支援できる可能性がどの程度あるのか、そして初期段階のロックフェラー財団からの資金援助の期間が過ぎた後、文化センターを維持・運営していくのに、どのような財政的な保証とその見通しがあるかの二点に集約されるように、ロックフェラーには思われた。

それに対して、マクリーンは違った見方をしていた。ロックフェラーの受けた印象とは異なり、マクリーンは、準備作業の遅れの原因が文化センター事業に対する日本人の関心の低さや熱意の欠如にあるのではなく、自発的に活動できない日本人の国民性にあると考えていた。彼は、それを、日本人は米国人のように物事をてきぱきと処理することに慣れていないからだと説明した。マクリーンによれば、真の問題は「いかにして事業推進の牽引力を日本人の責任者から引き出すか」にあるということであった。しかし、準備作業の遅れの真の原因は、文化センター事業が、あまりにも巨額の資金を必要としていたという点にあった。

ロックフェラーは、松本重治を指導者として高く評価しており、彼に文化センターの仕事を生涯続けて欲しいと思っていた。準備作業をさらに遅らせたもう一つの原因は、その松本重治が思わぬ事故に遭遇した点にあった。彼は、膝頭を割って長期入院を余儀なくされた。ロックフェラーは、準備委員会の会合を開いてもその中心人物の松本がいなくては何の意味もないと考えていた。ロックフェラーには、焦らず辛抱する以外に手の打ちようがなかった。「所詮、この事業は日本人の事業であり、自分は日本人が自ら立ち上がるのを手助けしているに過ぎない。最終的には、遅れたことでかえって良い結果がもたらされるかもしれない」と、ロックフェラーは自分自身に言い聞かせた。さらに彼は、「この事業が、日本人が唱える条件や、日本人にとっての必要性を満たし、日本人のものとして受け入れられること」を願った。その間に、ロックフェラーは、松本と高木に対して、文化センターの具体的な組織計画がロックフェラー財団に提出されれば、同財団は財政支援をするつもりでいることを非公式に示唆した。

ロックフェラー財団の哲学と「文化センター設立」の募金活動

ロックフェラー財団には確固とした哲学といくつかの基本的な方針があった。同財団の主な目的は、組織の指導者やスタッフを育成することにあったが、それと同じくらい重要な方針は、同財団からの資金援助の期間が五年を越えないという点であった。そのことは、組織に有用なスタッフ要員を育成し、徐々に日本人の手にリーダーシップを移すのに五年もあれば十分であると、同財団が考えていることを意味した。同財団のファーズ人文科学部門長は、リーダーシップを早く日本人の手に移譲するのは、「費用を節約するためではなく、日本人の中から、文化交流企画を成功させるのに必要な心構えを引き出す必要がある」からだと考えていた。彼は、「(ロックフェラー)財団は、はるかに大きな関心を抱いている。財団の基本的な利益と関心は、国際関係の事業において日本が重要な役割を担っていくのに必要な人材を育てること、そのような役割を担っていくために、日本はどのような可能性をもっているのか」を知り、確かめることであると説明した。またファーズは、文化センターや国際会館のような施設を運営する際には、主として日本人がリーダーシップを発揮する必要があること、それに、「日本人の関心もより広く、国際的になるので、米国は文化帝国主義の非難を受けることはないだろう」と語った。

ロックフェラー財団のもう一つの基本方針は、ロックフェラー財団から資金援助を受ける団体の条件として、当該団体に、国内からの財政支援が長期にわたり保証されているということがあった。たとえば、文化センター事業が長きにわたって維持されるためには、その事業が日本社会に根ざしている必要があるというのが一般の共通認識であった。

ロックフェラーは、いかなる財政支援も、それが依存症の人間を生み出すものであってはならないと考えており、特にロックフェラー財団からの財的支援についてそう思っていた。ロックフェラー財団のディーン・ラスク会長も同じような考えから、米国議会の公聴会の席で、「政府からの温情主義的な援助が、その人の不撓不屈の精神を蝕み、弱々しい人間を生み出すことになるかもしれない」と述べた。同じ理由から、ドナルド・マクリーンは、準備委員会の中心的な課題が募金にあると捉えていた。彼は、「同プログラムの価値を実証する真の試金石は、日本人の間に、長期にわたりその維持費と運営費をカバーする資金を集められるだけの十分な関心があるか否かにある」と語った。

準備委員会は、当初、学者用に文化センター、学生用に国際会館をそれぞれ設立することに利点があることを信じて疑わなかった。しかし、今や準備委員会は、国際会館を併せた形の文化センターの設立計画と、文化センターのみの設立計画の二つを構想するよう助言を受けた。それが資金的制約のためになされた助言であったことは明らかである。準備委員会は、協議を重ねた末、東京に「国際文化センター」だけを設立することに決めた。それは、事業に要する資金があまりにも巨額であったからである。同準備委員会の委員は、当面、東京に外国人留学生、特に西洋諸国からの留学生が増えることはないだろうと予測し、そのような結論を受け入れることにした。その結果、ロックフェラーおよび彼の日本の友人たちは、学生向けの国際会館を東京に設立する構想を、少なくとも当分の間断念することにした。

そこで、準備委員会において、文化センター設立のために募金することが合意された。そして、米ドル資金は用地の購入費と文化センターの建築費に、日本円資金は文化センターの経常費にそれぞれ充てられることも合意された。一億円が文化センターの経常費の基金として必要であると見積もられた。準備委員会は、募金活動に取り組む心構えができており、「日本側から二〇万ドルないし二五万ドルを集める」ことは可能であろう、と言明した。ロックフェラーは、日本人側に一億円もの募金を行う意思があることを知り、大変勇気づけられた。彼は、一万田尚登日銀総裁が先頭に立って募金活動を行うことも知らされた。募金活動は、五二年一一月一九日に吉田茂首相とロバート・マーフィー駐日アメリカ大使から激励の言葉を受けて、スタートした。

助成金の申請

助成金申請の締切日が間近に迫っていた。準備委員会は直ぐに行動する必要があった。運よく同委員会は、締め切りの直前に助成金の申請書をロックフェラー財団に提出することができた。「国際文化センター」設立を目的とするこの申請書は、「政治や経済関係と歩調を合わせながら異なる人々と文化交流を推進することが、極めて重要であるだけでなく、その必要性が焦眉の問題である」点を強調した。同申請書は、東西の世界において日本が占める責任ある地位の重要性も強調するとともに、日本が国際社会で重要な役割を担うには日本と諸外国との間に、あまりにも大きな力の差がある現状も指摘した。その力の差の原因は、日本の研究者が、進展の著しい海外の最新の研究から長い間遠ざかっていたこと、それに、日本の外国為替上の制約と厳しい経済事情のために、多くの学者が、研究と知的な刺激を受けるために海外渡航することが事実上不可能な点にあると考えられた。

また、同申請書は、文化センターの設立案が、政治的な色彩を帯びたものでも、政府が関わっているものでもない、中立的な立場からの構想である点を強調した。さらに、同申請書は、同センターの活動範囲が、文化関係と知的協力の分野に限られている点についても説明した。申請書によれば、文化センターの果たす役割として、一つは、日本と米国の、可能ならば他の諸外国の文化活動に関する情報を提供すること、二つは、基本文献に関する最新の参考図書を備え付けること、三つは、会議や討論会を主催し、時事問題に関する教育プログラムを支援すること、四つは、国際的文化交流の発展のために、日本と米国、可能ならば、他の諸外国の個人や団体の仲介の労をとること、五つは、東京を訪問中の米国人学者をはじめ、日本各地からの学者や教師、研究者や芸術家、それに知識人も宿泊できる施設を提供すること、などが挙げられていた。サクストン・ブラッドフォードは、文化センターの設立に関して、特に五番目の点が重要であると考えていた。彼は、この点が、心理的に「米国人に特権を認めるのではなく、対等な者同士の文化交流を行うという理念に具体性と実体性をもたらす」ことになると指摘した。そのような空間を用意することが、文化センターに人を引きつけ、選り抜きの学者が「同じ屋根の下で生活」し、互いに深く理解し合うのに不可欠であると考えられた。

加えて、同申請書は、「双方向」の文化交流の重要性を繰り返し強調した。日本は、アジアで最も経済が発達した国であり、高度な技術や技能を有し、それに加え、文化遺産の豊かな国である。これらの優れた面を持つ日本は、今後ますます多くの外国人研究者の注目の的になると考えられた。事実、外国の研究者は、日本の文化、政治、社会、それに経済発展に関する情報を集め、それらに精通しておく必要があると痛感し始めていた。その意味で、文化センターは、日本に関心を抱く外国人に支援するのに理想的な施設であった。ファーズは、文化センターを設立する日米共同事業の目的が健全でかつ妥当である、と考えていた。彼は、文化センターが、対日講和条約が発効した後、民間人が中心となって活動を展開していくべきであると考えていた。それにより、長期的には文化センターが、日本の国際問題への建設的な参加を促すことになると考えていた。

ロックフェラー財団の理事会は、一九五二年六月二〇日に「国際文化センター」を東京に設立するために、六七万六一二一ドル(当時の日本円で、約二億四三〇〇万円相当)の助成金を交付する決定をした。同財団が文化センターに寄付するその資金は、実は、ロックフェラー三世が財団に寄付したものであった。しかし、寄付者の名前を匿名にするという申し合わせのために、彼の名前は伏せられていた。その間に、ロックフェラー財団から二億四三〇〇万円の資金援助を受け取るには、日本側は一億一〇〇〇万円の募金を収集する義務がある旨が、公式の報道として伝えられた。

「文化センター」の命名

準備委員会の委員は、ロックフェラー財団からの朗報を知り、意を強くした。そして、彼らは、新しい施設の命名作業に取り組んだ。同委員会は、文化センターの日本名について容易に合意に達し、その名を国際文化会館とした。しかし、英語名となると、問題は複雑で、そう簡単に合意には至らなかった。その理由の一つは、文化センターの名前が、米国情報教育局が日本各地に開設しているアメリカ文化センターと混同される可能性があった。その理由の二つ目は、アメリカ文化センターという言葉は、日本人に常に占領を思い起こさせる言葉であるという点である。これらの理由から、「センター」という名前は、委員の間で不評であった。さらに、指導者の中には、「センター」が、日本ではパチンコ・センターやヘルス・センターのように、所かまわず使われている言葉であると指摘する者もいた。そこで委員会は、この言葉の使用を避けることにした。

米国では、「インターナショナル・ハウス」という言葉は、具体的な意味を持っていた。それは、外国からの留学生が安く寝泊まりでき、米国人学生と一緒に生活ができる学生寮として広く知れわたっていた。その有名な例に、ニューヨーク、シカゴ、それにバークレーにある学生寮があった。最終的には、準備委員会は、日本名を「国際文化会館」、英語名を「インターナショナル・ハウス・オブ・ジャパン」とすることで決着がついた。

国際文化会館の設立と在日合衆国教育委員会

新しい施設の名前が決まるやすぐに、「文化センター準備委員会」はその用地を探す作業に取り組んだ。その適当な用地が、東京の麻布で見つかった。それは、日本政府の管理下にあるおよそ三〇〇〇坪の土地で、かつて岩崎家が所有していたものであった。池田勇人大蔵大臣は、国際文化会館の用地購入の手配をする一方で、岡崎勝男外務大臣は、国際文化会館の非営利団体としての法人認可の手助けをした。国際文化会館の理事会のメンバーに、樺山愛輔が理事長に、そして松本重治が専務理事にそれぞれ就任し、ゴードン・ボウルズ(常務理事)、スターリング・フィッシャー、E・グリフィス、一万田尚登、小泉信三、松方三郎、前田多門、南原繁、渋沢敬三、高木八尺ら一五名が理事に、監事にはジェームズ・ダディ、藤山愛一郎、加納久朗がそれぞれ就任した。このようにして国際文化会館の設立事業が、一九五二年八月二七日に正式に軌道に乗った。これにより、ハード面において米国から研究者を迎え入れる日本側の準備が整ったことになる。

米国から研究者を日本に招聘する際に、その事務と世話をしたのが、在日合衆国教育委員会(United States Education Commission in Japan 通称、フルブライト委員会)であった。国際文化会館の設立事業が、正式に軌道に乗ったちょうど同じ年の五二年に、米国では、米国の研究者を海外に派遣することを可能にするフルブライト計画がスタートした。既に述べたように、同計画は、「世界平和を達成するためには、人と人との交流が最も有効である」と信じるJ・フルブライト上院議員の努力の結果、実現した人物交流計画であった。

日米両政府は、フルブライト計画を実施するために、五一年八月に人物交流に関する覚書を交わし、翌年の五二年に在日合衆国教育委員会を設置した。同委員会は、駐日アメリカ大使を同委員会の名誉委員長に、教育交流課長を委員長にそれぞれ任命した。そして、著名な日本人四名と在日米国人三名の計八名からなる同委員会をスタートさせた。フルブライト計画の運営資金は、六四年半ばまで、米国の余剰農産物処理から蓄積された円基金によって保証された。この財源から約七〇万ドル、これを補うために国務省から三〇万ドルが補助された。フルブライト計画の下に、五二年から六二年までの最初の一〇年間に二三〇〇人以上の日本人教師、研究者、それに学生が米国に留学し、また四〇〇人以上の米国人が日本に派遣された。

その間に、国際文化会館が五五年六月一一日に正式に開館した。その開館の祝賀パーティには、一八〇〇人の賓客が参加した。その中には、鳩山一郎首相をはじめ、ロックフェラー三世、エレノア・ローズヴェルト元米国大統領夫人、アマースト大学のチャールズ・コール学長ら外国の要人もいた。国際文化会館の構想は、松本重治、高木八尺、ロックフェラーら日米両国の指導者のたゆまぬ努力によって結実した。彼らは、「文化的な諸関係は、人間の内部から生まれてくるものであり、そうあってこそ、文化的関係が本当の実りを生み、文化的関係を持つことの正しさが証明される。……個人的な関係という一本一本の糸が、両国の結びつきをいっそう緊密にするのに役立つ」と信じていた。

実に国際文化会館の設立は、戦後の日米文化交流の制度化を象徴する出来事であった。国際文化会館の役割は、一つは、言語の壁や日本の組織の排他性などの障害を乗り越えて、外国の学者と日本の知識人が互いに有益な関係を築く手助けをすること。二つは、国際研究が、外国との協力を得て、大学や影響力を有する他の機関で行われるよう奨励すること。三つは、日本と諸外国の関係の発展、特に日本と米国、それにアジア諸国との相互関係の発展をめざして、重要な諸問題を解決するための斬新な思考や新鮮な考え方を摂取することを奨励すること、などである。最後に、討論会や講演など、国際文化会館で実施されるプログラムは、出版物を通して一般に公開されることになっていた。後に松本重治は、当時の国際文化会館設立を振り返りながら、「彼ら（ロックフェラーなど）は、親日家であったが、日米友好という善意だけで動いてくれたのではないだろう。日本をソ連にとられたくない、米国に引きつけておきたいという戦略が半分だったに違いない」と回想した。

このようにして国際文化会館は、今や既成事実となった。同志社大学のオーティス・ケーリ教授は、国際文化会館の設立を「戦後最大の出来事」と評した。ちょうどその頃、日本では、五四年の米国のビキニ水爆実験による第五福竜丸事件や、立川米軍基地拡張反対運動をはじめとする米軍基地反対運動によって全国各地の反米感情が頂点に達していた。そのような事実を考慮するとき、国際文化会館の設立は、日米文化関係史上、輝かしい達成であり、特筆に値する日米文化交流のシンボルともなった。国際文化会館は、現在もなお日本と、米国を含め諸外国との文化交流の拠点としての役割を果たし続けている。

第７章　知識人への文化攻勢

第二次世界大戦が終わりに近づく頃、トルーマン大統領をはじめ米国政府の指導者は、戦後、広範囲に及ぶ米国の国家目標を達成するには、対外政策の文化的な面がいかに重要であるかを認識していた。その証拠に、トルーマン大統領は、一九四五年八月三一日に「米国が、外交活動の一環として海外で情報活動を維持することは、今日の対外関係の性格から不可欠なものとなっている」と述べたし、続いて同年九月にはウィリアム・ベントン国務次官補は、「現代の通信伝達手段の発達により、世界各地の人々は互いに直接接触するようになった。……世界の指導者や外交官の友情は重要であるが、それだけでは十分ではない。国民自らが互いに理解し合えるよう努力する必要がある。……海外における教育ならびに文化交流のプログラムを通して、私たちは自らを説明する努力が必要である」と述べた。

トルーマンとベントンの発言は、二〇世紀を通しての交通・通信手段の著しい発達によって、ますます多くの市民が国際関係にかかわるようになったこと、その結果、国際関係は、政府と政府の関係(government-to-government relations)ならびに職業外交官同士の関係だけでなく、市民と市民の関係(people-to-people relations)も重要になったこと、すなわち「民主化の過程にある対外関係」の重要性を、米国の指導者がようやく認識するに至ったことを物語っていた。

同時に、二人の発言は、民主主義の基本的権利である言論・出版の自由の理念を国際関係にまで拡大したものでもある。加えて、同発言は、平和は人類共通の希望であり、共通の目標であるとの前提に立ち、「自由な情報や知識の交換が、相互理解を深め、それが平和につながる」という、一九世紀の楽観主義的な自由主義思想を反映したものであった。なぜ楽観主義的であるかというと、国家の利害が対立した際、その利害をいかに調整するかについて彼らは何も語っていないからである。

米国の戦時情報局(Office of War Information, ＯＷＩ)は、第二次世界大戦中、政府機関として情報宣伝活動を企画し、実施した。だが戦後まもなく同局は、平和時への移行措置として、四五年八月に廃止された。それに伴い、海外情報プログラムは、同年に国務省内に新設された国際情報文化局(Office of International Information and Cultural Affairs, ＯＩＩＣ)の所管となった。

その間に、米国政府は、文化外交を推進するのに必要な法的整備を着々と進めた。たとえば、米国議会は、四六年八月に一般法、法律第七二三号(提案者のＪ・フルブライト上院議員の名にちなんで、通称、フルブライト法と呼ばれる)を成立させた。同法は、人々が互いの文化を知るには、個人的な接触が最善の方法であるという考えの下に、戦後、国外にある米国の余剰財産を諸外国に売却し、その蓄積された外貨の一部をその当事国との人物交流計画に使用することを意図していた。また、同法は、米国民の国際連合への関心を高めると同時に、国際主義の思想を国民の間に普及させる努力の一環と位置づけられていた。

さらに、第八〇米国議会は、四八年に米国情報教育法(共同提案者のＨ・スミス上院議員とカール・

マント下院議員の名にちなんで、通称、スミス＝マント法と呼ばれる)を可決し、それにより政府の広報・文化外交を制度化した。同法は、それまでの人物交流計画に加え、教育交換計画の枠を広げるとともに、政府の政策についての情報を海外に広める広報活動をも可能にした。同法を執行するのに、国務省内に国際情報局(Office of International Information, ＯＩＩ)と教育交流局(Office of Educational Exchange, ＯＥＸ)の二つの局が設けられた。一般に国際情報局と教育交流局を合わせて、米国情報教育局(U. S. Information and Education Service, ＵＳＩＥ)と呼ばれた。米国情報教育局は、米国政府の文化外交全般を所管し、「対外政策の第三の腕」とか「アメリカ外交の基本的な腕」と位置づけられた。

一九五〇年にトルーマン大統領は、米国の海外情報と教育プログラムについて、「同事業は、……私たちが、平和な世界を築くために行おうとしている全ての中で必要不可欠であり、軍事力あるいは経済援助と同じくらい重要である」と述べた。その少し後に、国務省の文化関係の担当官は、「(文化、教育それに広報のプログラム)これらすべてを合わせたものが、米国の外交関係を支える三脚椅子の脚の一つである」と説明した。政府の文化政策を「三脚椅子の脚の一つ」と比喩的に表現したこの国務省役人は、米国の対外政策が軍事、経済、文化の三つの要素からなり、これらの三要素が一つに統合されて外交政策が展開されている点に、国民の注意を喚起したいと思っていたことは明らかである。

「真実のキャンペーン」

トルーマン大統領は、朝鮮戦争勃発のおよそ二カ月前の一九五〇年四月二〇日に「真実のキャンペーン」を実施すること、そのために数百万ドルを計上する旨を全世界に発表した。その目的は、世界各地の共産主義の宣伝活動に対抗すること、それに米国政府の政策とその目的、および米国の生活についての「公正で、全貌(fair and full)」を示す情報を海外の人々に提供することにあった。

「真実のキャンペーン」の特徴は、「文化」を手段にして対外政策目標の達成をめざす点にあるが、それは、米国の歴史上、新しい施策では決してなかった。というのは、一九一七年四月にジャーナリストのジョージ・クリールを委員長とする「情報宣伝委員会(Committee on Public Information)」が設置されたのに加え、ウッドロー・ウィルソン政権は、第一次世界大戦において、プロパガンダ(宣伝活動)と文化を、「世界を民主主義のために安全にするための」武器として利用したからである。加えて、第二次世界大戦が差し迫る三八年には、国務省に「文化関係部門」が設置された。同部門の任務は、教育、芸術、科学を含む文化交流を通して友好的な理解を深めることにあった。このように歴史を振り返れば、「真実のキャンペーン」が、米国で最初に試みられた施策ではなく、戦時情報局の活動を戦後に復活させ、その適用範囲を拡大したものであることが分かる。

「真実のキャンペーン」という名の米国の文化攻勢は、その第一の的をソ連およびその同盟国に絞っていたが、同時に、共産主義の影響を受けやすい世界各地の人々も対象としていた。そして、米ソ冷戦という文脈において「真実のキャンペーン」は、米国の「圧倒的な力の優位」を確立する努力の一環と位置づけられた。米国の文化攻勢には、心理戦争や様々な情報・文化プログラムなどが含まれていた。たとえば、情報プログラムは、対外政策の道具と位置づけられ、その目的は、一つは、米国の対外政策を説明し、それを正当化すること、二つは、米国についての誤解や誤った情報を正すこと、三つは、米国の対外政策を遂行するのに有利な国際環境をつくることであった。米国政府が「真実のキャンペーン」を通してアメリカ文化を深く浸透させようとする国の中に、日本、フランス、イタリアなどの重要な国々が含まれていた。

米国議会は、米国民の愛国精神に訴えたトルーマン大統領の要望に応えた。「真実のキャンペーン」は、四八年一〇月の「NSC文書第一三号の二」に沿ったものであった。それは、強硬な反共路線の採用を求めていた。「真実のキャンペーン」は、ラジオ放送活動、印刷出版活動、映画鑑賞活動、人物交流活動、それに、その他多種多様の文化活動からなり、朝鮮戦争勃発の五〇年から五三年にかけて世界各地で大々的に展開された。

それが可能になったのは、同キャンペーンが、米国議会の大幅な予算増額によって支えられたからであった。事実、米国議会は、予算額をそれまでの三二七〇万ドルから一億二一二〇万ドルへとほぼ四倍に増額した。

このように米国は、潤沢な財政的裏付けにより情報・文化プログラムをいっそう強力に展開することができた。たとえば、「アメリカの声（Voice of America, VOA）」番組の放送時間が、それまでは週三〇時間二五分であったのが、五一年度の第一四半期には五〇パーセント以上延長され、四八時間二〇分になった。また、「アメリカの声」番組は、五一年六月三〇日までに、新たに一九の言語を加えて、計四八の言語で放送されるようになった。そして、毎日、外国語で三六の送信機を使って放送された。予算の追加により増えた放送番組の対象となった地域は、東アジア、南アジア、それに東南アジアで、それらは、すべて朝鮮半島に近接し、朝鮮戦争の影響が直接及ぶ地域であった。

前述したように、通常の米国情報教育局の活動には、ラジオ放送活動、印刷出版活動、外国書物の翻訳、映画鑑賞活動、人物交流活動、米国人教師の派遣などが含まれたが、在日アメリカ大使館のサクストン・ブラッドフォードは、それらに加えて米国情報教育局の活動には、もう一つ重要な文化プログラムがあると考えていた。それは、海外におけるアメリカ研究の振興であった(第九章を参照)。この文化プログラムの一環として、「アメリカ研究会議」が海外の数カ国で開催された。その目的は、米国の歴史、アメリカ文化、それに政治制度を含む米国の諸制度を海外の教育者等に広く知らしめることにあった。また、海外記者プログラムでは、外国のジャーナリストを米国に招聘し、米国の新聞記者と二、三カ月一緒に働き、学ぶ機会を提供した。

米国広報・文化交流庁

米国広報・文化交流庁(United States Information Agency, USIA)が、対日講和条約が発効した翌年の一九五三年に新設された。その使命は、外国人に影響を及ぼし、米国および米国の対外政策に対して親近感を抱かせることにあり、主たる任務は、情報政策の策定とその実施であった。以後、情報プログラムの大半が同庁の所管となった。

世界各国の首都に所在するアメリカ大使館には、米国広報・文化交流庁の出先機関である広報・

文化交流局（United States Information Service, ＵＳＩＳ）があり、同大使館付総務参事官がその長官を務めた。広報・文化交流局は、冷戦期には一五〇以上の国の約三〇〇の都市で活動していた。日本での同事務局は、東京の在日アメリカ大使館の別館にあった。日本における心理プログラムや情報プログラムは、五三年から五九年七月まで途切れることなく広報・文化交流局によって実施された。

広報・文化交流局の文化部には、文化計画課（Cultural Program Branch）と教育交換課（Educational Exchange Branch）の二つの課があり、前者は、大学教授、学生、学会、著述家の団体、それに知識人との関係を担当し、後者は、人物交流プログラムおよびそれに参加する日本人との接触を担当した。日本に特に的を絞ったアメリカ文化プログラムは、五三年暮れの段階で、総人員数から計算すれば、米国広報・文化交流庁の海外現地活動の中で第三番目に規模の大きいプログラムであった。広報・文化交流局は、文化および教育交流プログラムのほかに、報道、出版、映画、図書館、それにラジオ番組など広い範囲に及ぶ活動を展開した。同局のフィールド・サービス課が、日本にある一二のアメリカ文化センター（札幌、仙台、新潟、金沢、東京、横浜、名古屋、京都、大阪、神戸、広島、福岡）の仕事を監督し、援助した。

日本における「真実のキャンペーン」

米国政府の「真実のキャンペーン」の具体的な目的は、冷戦の主たる戦場である日本を、「政治的に安定し、かつ経済的にも自活できる国家」に創り変えることにあった。別言すれば、その目的は、日本を、「国内の政府転覆・破壊活動ならびに国外からの侵略に対して国を守るだけの防衛力を保有し、かつ米国ならびに自由世界と同盟関係を結ぶ」国にすることにあった。在日アメリカ大使館のブラッドフォード広報担当官は、特に今後の日米関係を念頭に置きながら、大使館の果たす役割の重要性について、「現在、対日講和条約の権力的な側面と日米安全保障条約の重要性が強調されていることに鑑みれば、在日アメリカ大使館のこれからの活動が（日米関係）全体のバランスを維持するものとして一層重要になってくる」と説明した。この意味において、日米関係を支える（軍事・経済・文化の）三本の柱のうち、特に文化政策は、ソフトな面で日米同盟を支える役割を果たすことになる。

米国の情報・文化プログラムは、マスメディアだけでなく、文化交流計画や、海外に設置された米国の図書館および「インフォメーション・センター」を通しても実施された。特に、海外ではインフォメーション・センターが、米国の情報活動の中枢を担った。インフォメーション・センターは、米国についての情報の伝播だけでなく、教育にも力を入れた。日本の各地に開設されたインフォメーション・センターには、図書室をはじめ、劇場、展示用の広い空間、それに大会議室などが完備されていた（第一章を参照）。占領期に日本各地に設置された二三のインフォメーション・センターには、少なくとも五〇名の米国人が専門司書として働いていた。

「精神の空白」状態にある日本社会

在日アメリカ大使館の報告によれば、米国情報教育局が情報ならびに教育プログラムを実施し始めた時、軍事的敗北により日本の国民全体が虚脱状態に陥るとともに、精神的にも「空白」の状態にあったという。日本人は、それまで天皇を「神の国」日本を破壊と破滅から守ってくれる「生き神様」と信じてきた。しかし、敗北とそれに続く軍事占領により、絶対に間違いを犯さない筈の「生き神様」でさえ間違いを犯すことが、誰の目にも明らかになった。「生き神様」としての天皇の信用は地に落ち、国民は混乱状態に陥った。さらに、天皇崇拝がマッカーサー元帥の一声で廃止されたことも、決定的な打撃となった。そのために、心の中に「精神的あるいはイデオロギー的な空白」が生じ、国民は共産主義の影響に対して無防備の状態にあったという。

政府は、いかにして国民の「精神的な空白」を埋め、いかにして共産主義の影響に無防備な状態を克服するかという深刻な問題に直面していた。しかし、現存する日本の宗教には、国民の精神的な空白を満たしてくれるものが見当たらなかった。そのような状況下において、米国人には日本の国民が共産主義の誘惑にいとも簡単に負けるかのように思われた。政府は、国民の「精神的な空白」問題にすぐ対処する必要があった。

日本政府だけでなく、実業界の指導者も、この「精神的空白状態」の社会的な意味合いを深刻に受け止めていた。かつて三井財閥の当主であった三井高公がその一人であった。三井は、一九五一年六月にニューヨーク市でロックフェラー三世に会った時、心配の種をロックフェラーに打ち明けた。三井は、「実際にこの空白を満たせる何かが必要なのです」と言って、口火を切った。彼は、民主主義が、かつての天皇支配に取って代わり、新しい秩序を維持する役割を果たすべきだが、日本の国民は民主主義の意味を全く理解できていない、と述べた。ロックフェラーも、三井と同じ考えだった。彼は、西洋諸国が困難に直面した時には、西洋諸国の底流にあるキリスト教が、国民に精神的な支えと勇気をもたらしてきたと考えていた。しかしながら、今や日本国民は、大事な精神的支柱をなくしてしまい、苦難と戦う動機や闘志を引き出すことができないでいる、とロックフェラーは理解した。彼は、勇気と闘志を取り戻すには、日本人が自由世界の人々の考え方や生活様式を知り、理解を深めることが重要であると力説した。

ダレスもまた、日本人が共産主義者の宣伝に影響されやすい国民であると捉えていた。彼は、共産主義に対する日本人の脆弱性を克服するにはどのような措置が適切であるかについて真剣に考えていた。しかし、彼には、日本人の不思議な資質についてどうしても腑に落ちない点があった。それは、日本人のイメージが、南京虐殺、バターンの死の行進から連想される「残虐な日本人」の否定的なイメージから、戦後は、新しく改心した平和主義者、熱烈な民主主義者という肯定的なイメージに変化したこと、言い換えれば、日本人は、最近まで軍国主義者の完全な支配下にあったにもかかわらず、いとも簡単に「民主主義者」に変貌したのはどうしてかという疑問であった。ダレスには、その日本人の急な変貌ぶりを理解することができなかった。

その答えをずっと探し求めていたダレスは、日本人が「基本的には非宗教的な国民である」という事実にその答えを見出した。つまり、日本人には共産主義に抵抗するのに必要な宗教的ならびに精神的な資質が備わっていないということであった。ダレスは、日本人が共産主義を嫌っていることを知ってはいたが、その理由は、日本人が共産主義に反対しているからではなく、共産主義のイデオロギーとロシアを結びつけて捉えているからであると考えた。いずれにせよダレスは、多くの日本人が共産主義に反対していることを知り喜んでいた。しかし同時に、彼は日本人が、西洋的な意味で、宗教的に敬虔な国民でないばかりか、日本人には個人の尊厳の観念が希薄であるので、強力な支配者が現われた場合でも、まったく違和感を覚えることなく支配者に従うのではないか、と不安がった。要するに、ダレスには、日本人がこの先もずっと非共産主義者であり続けるとは到底信じることができなかった。

国務省のジョン・エマソンも、日本の「精神的な空白状態」を深刻に受け止めていた。彼は、「日本の「精神的な空白状態」は実在する、極めて深刻な問題です」と述べ、国務省のディーン・ラスク極東担当国務次官補の注意を喚起した。同時にエマソンは、「もし日本が極右あるいは極左の方向に転換するのを避けたいと望むならば、それには一層きめ細かな熟慮と計画が必要である」と述べた。

米国情報教育局が標的とする集団

共産主義の影響が日本各地の広い範囲に強まっていくのに対応して、「真実のキャンペーン」は、一段と積極的に展開された。在日アメリカ大使館のブラッドフォードは、単に米国の良い面だけを並べ、一方的にソ連を非難するだけでは、日本の知識人の米国についての誤った考えを正すことは到底できないと考えていた。そこで彼は、「ソ連の宣伝機関により日本国民の間に広まっている米国についての誤った考え」を正すために、心理作戦にも似たプログラムを実施した。

たとえば、在日アメリカ大使館は、国民のさまざまな集団に影響を及ぼす立場にある出版界や報道界の指導者とあらゆる手段を使って連絡を取ろうとした。また、同大使館は、若者、労働者、農民指導者、女性、政府官僚の順序で、これらの集団を重要な標的と位置づけた。同大使館員は、労働者をはじめ若者を指導する立場にある教育者と連絡を取ることに努め、時には彼らのために贈り物を用意することもあった。その他の標的には、実業家、政党、漁民、警察官、自衛官、知識人、専門家、それに宗教団体があった。

また、米国情報教育局の職員は、日本のオピニオン・リーダーと接触することを心がけるとともに、大都市在住の市民だけでなく、主要都市以外に住む多数の日本人とも接触を保った。米国情報教育局は、日本の知識人に「インフォメーション・センター」への関心を抱いてもらうために、特定の教授や知識人にセンターのサービスについて説明した。また、米国の書物への注意と関心を抱いてもらうために、教授や知識人に葉書を送ったりもした。東京大学の斎藤眞教授は、「日本にとって(インフォメーション)センターは、(米)陸軍の大部隊よりも有益であり、経費もずっと少なくてすむ」と語り、同センターに図書が配備され利用できることに深い感謝の意を表わした。同センターの地道な努力が実り、センターは知識人や社会問題に関心を抱く市民から幅広く支持された。

日本の知識人の米国像

ペリー提督の率いる黒船の来航以来今日に至るまで、日本国民は米国に強い関心を示し、米国とさまざまな形で関わりを持ってきた。そして、日本人の米国観はその時その時の状況に応じて多様な変遷をたどってきた。中でも日本の知識人は、戦前・戦後を通して、相反する二つの感情が複雑に混じり合った米国像を抱いてきた。その一つは、自由で豊かなアメリカ的生活様式への憧憬の念などの肯定的な感情であり、もう一つは、軽蔑や嫉妬、恐怖からくる不安感や敵意などの否定的な感情である。これら相反する二つの感情は、一方が他方を完全に排除することは決してなく、二つが同時に交錯して観察者の心の中に沈殿し共存している。そして、時の推移や情勢の変化とともに、どちらか一方の感情がその時代のニーズや国民の要請に応じる形でより強く強調されて、表面に現れてくる。したがって、日本人の米国像の変遷については、変化する日本社会の必要や日本人の自己像との関連においてそれを理解する必要があろう。

中でも日本の知識人は、一般に否定的な米国像を抱いていた。もちろん知識人に限らず日本の他の国民も、米国の思想や文化を理解し、それらを真面目に受容しようとしたわけではなかった。知識人の多くは、アメリカ文化が精神的ならびに文化的要素に欠けており、米国民も優雅さに欠けた物質主義的で「情」のない人間と捉えていた。これらの否定的な米国像は、主として戦前からハリウッド映画やニューヨークのブロードウェー演劇などを通して得られたものであった。

知識人の米国蔑視の態度は、明治維新以後ヨーロッパに渡った初期の日本の「インテリ」が、ヨーロッパ啓蒙思想やヨーロッパ文化と一緒に、ヨーロッパ人のアメリカ文化蔑視の態度をも同時に日本に輸入したからであるともいわれている。実際に、日本の知識人は、一九世紀後半から二〇世紀にかけて最先端の知識や学問的刺激をフランス、イギリス、ドイツなどに求めた。彼らは、ヨーロッパ諸国の中でも、特にフランスを西洋文明の源泉と捉え、フランス文化を理想的な文化と見なしていた。そのようなわけで、日本に初めて「米国憲法、歴史及び外交」講座、いわゆるヘボン講座が東京帝国大学に開設されたのは一九一三年であった。その年まで米国についての講座が開設されなかったのは、主として上記の理由からであるといわれている。

また、日本のエリート知識人には、個人主義や個人の責任といった米国を代表する理念や価値を正しく理解することは難しかった。たとえば、彼らの多くは、アメリカ資本主義の言葉から唯物主義を連想しただけでなく、アメリカ資本主義を思想的に支える個人主義は、他者を顧みず自己の利益のみを追求する利己主義と同一視し、理解した。米国から資金的援助を受け、数えきれないほどの恩恵を受けた者でさえ知識人の多くは、米国への「従属的な」依存と劣等感も手伝って、米国を思想面で肯定的に捉えることが知識人として「やや恥ずかしい」ことだと考えた。そのために、高木八尺教授などの少数の例外を除き、戦前および戦後の知識人の多くは、米国を自分の生涯をかけて真剣に研究するに値する国だとは考えなかった。このような戦後日本の思想的・心理的状況について、ある学者は、「大半の知識人は、米国の「思想」を消化することより、むしろ食べ物の方が頭から離れなかった」と皮肉たっぷりに語った。

高まる共産主義の脅威

東京帝国大学が一八七七年に創立されて以来、日本ではドイツが大学生や知識人の間で大いに人気を呼んだ。たとえば、東京帝国大学ではドイツ史の授業が、西洋史の授業の八割を占めていた。そして、戦前の知識人の大半は、ドイツのマルクス主義とフランスの実存主義の影響下にあった。

第二次世界大戦後も、日本の知識人はマルクス主義と共産主義の強い影響下にあった。政治学者の丸山真男教授によると、戦時中、共産主義者は投獄されても自らの立場を断固として守り続けたこともあって、終戦直後、国民の人気と信用を独り占めしていたという。そのような事情も働いて、多くの日本人はマルクス主義の影響をあまり恐れてはいなかった。というのは彼らには、経済的に疲弊した日本のような貧しい国では、経済が少しでも回復することが社会の諸問題を解決する万能薬のように思われたからである。

そのような理由から、米国人は日本の知識人がマルクス主義に親近感を覚え、マルクス主義が彼らの心を捉える理由に、マルクス主義の階級闘争論というよりも経済決定論があると考えた。そして、日本の国民、中でも知識人が米国人ほどマルクス主義の影響を心配していないように彼らには思われた。

知識人のマルクス主義への親近感を説明するもう一つの理由として、米国で有数のシンクタンクである外交問題評議会の日本専門家は、日本人の伝統的な思考回路と世界観を挙げた。彼によれば、日本国民には伝統的に単純な法則をさまざまな状況に適用することを好む傾向があること、それにこの世は明と暗（善と悪）、すなわち自分たちの勢力と他者の勢力が戦っており、その他者を悪しき敵とみなす傾向があるという。他の日本専門家も、マルクス主義が日本人の間で人気があるのは、日本人の世界観がマルクス主義の世界観に類似しているからだと説明した。しかし、これらマルクス主義をめぐる米国人の日本人観は、米国人自らが抱くマニ教のような二元論的な世界観とよく似ており、それが彼らの日本人像に投影され、影響を及ぼしたのかもしれない。

それに対して、大多数の米国民は、マルクス主義を日本人ほど高く評価していなかった。その理由は、彼らはマルクス主義を「ほとんどすべての問題が唯一つの思考様式によって解決されると想定する」単純極まりないイデオロギーだと捉えているからである。

それに加え、五〇年代初頭、米国社会では反共主義のマッカーシズムの嵐が吹き荒れ、米国民は偏執病者のように共産主義を恐れ、共産主義の恐怖に取りつかれていたからである。米国がマッカーシズムの下で心理的に異常な状態にあったこともあり、米国人の間に共産主義の脅威を過大に捉える傾向があったとしても不思議ではなかった。とりわけ彼らの日本における共産主義の脅威に対する反応についてそう言えた。

「真実のキャンペーン」の障害

在日アメリカ大使館員は、日本の知識人の米国に関する誤解や歪曲した認識ならびに無知・無理解が日本で展開する米国政府の「真実のキャンペーン」に大きな障害となっていると考えた。在日アメリカ大使館文化・広報担当官のブラッドフォードは、日本の大学で教えられている米国に関する講義内容が、マルクス主義の偏見に満ちた紋切り型の米国像に片寄っていることを大変残念に思った。そして、日本の大学教授が国民に反米感情を植え付ける手助けをしていると批判した。また、在日アメリカ大使館員によれば、日本の知識人は、政治的経験や宗教的経験、それに個人的な経験が足りないために、アングロ＝サクソン民族に特有の人権、民主主義、自由などの理念やアメリカ民主主義を支えるその他多くの理念を理解することができないというのであった。さらに、同大使館員は、アングロ＝サクソン民族に特有の理念や価値を耳にしても、日本人のほとんどが米国の政治・経済制度を支えている思想を理解できないのではないかと、日本人の理解力を疑っていた。そしてさらに、日本の知識人は国際政治の知識や情報に疎いため、国際政治の本質について認識が甘いと捉えていた。同大使館員によれば、日本の知識人には、実在しないソ連の理想的な社会を空想する傾向がある一方、同じように、実在しない米国の搾取的な社会を頭に思い描いているというのであった。

これらの理由から、ブラッドフォードは、国務省に提出した「日本の知識人の米国に対する態度」と題する報告の中で、早急にこの「知識人問題」に対処するよう米国政府に進言した。加えて、ブラッドフォードは、米国が誇る文化的財産の中で、他の西洋諸国と文化の分野で競争できる最大の武器は、歴史学、経済学、心理学、人類学、それに社会学であり、米国はこれらの学問領域で最先端であるばかりか、米国人学者の著書から、米国人の優れた理論化の才能を証明することができると述べた。日本の知識人はまさにこの事実を知りたがっており、これらの学問領域の書物をフルに活用することが、日本から世界共産主義との戦いへの強い支持を取り付ける最善の道であると政府に進言した。さらに、ブラッドフォードは、日本人が米国の製品や技術を高く評価し賞賛している事実にも特別の関心と注意を払い、日米文化関係を所管する外交官として日本の応用科学と米国の応用科学を結びつけてみたいという希望を抱いていた。

そのようなわけで、ブラッドフォードは、日本の研究者に、冷戦の真只中にある世界の現実にもっと精通してもらい、日本の真の国益が何であるかを理解してもらえるように努力する決意を固めた。彼は、「真実のキャンペーン」において、「痛烈な非難、あるいは単純かつありきたりの反共宣伝よりも、事実に基づいた冷静沈着な分析の方が効果的である」という結論に達した。そのような結論に達したのは、恐らく日本における共産主義の影響の恐れがブラッドフォードを捉え、ひと時も心から離れなかったからかもしれない。そして、ブラッドフォードは、自分自身の使命として率先してこの難題に取り組んだ。

共産主義の影響と脅威が日ごとに知識人の間に広まる中で、ブラッドフォードは、一九五一年一〇月と一一月の二度にわたって、「最重要課題――アメリカ知識人の緊急日本派遣と日本人の米国派遣」と題する覚書をジョン・D・ロックフェラー三世に送付した。その覚書の中で、彼は、東アジア諸国の中で日本ほど知識人の世論への影響の強い国はなく、また日本ほど「知識人が米国の進歩と創造的な思考に無知な国はない」と述べ、ロックフェラーに日米の知識人を相互に緊急に派遣する必要性を強く訴えた。

当時、対日講和条約の交渉は最終段階に入っていた。またロックフェラーは、「日米文化関係報告書」をダレスに提出してからあまり日も経過しておらず、極めて多忙な日々を送っていた。ブラッドフォードは、講和条約が締結された後、在日アメリカ大使館の文化プログラムを実施する体制が整うまで少なくとも一年はかかり、その間に日米の人物交流は滞り、「(知識人の)一部においては、明らかに反米、かつ大勢においては、明らかに講和条約反対の現在の気運が固定してしまう」ことを大変恐れていた。そこで彼は、ロックフェラーに対して、日米の知識人の交流こそが、「今、両国の理解を促し、日本を自由主義陣営に留め、将来、私たちとの協力を可能にするために実行可能な最重要かつ唯一つの企画であり……それをすぐに実行に移せるのは民間の基金とイニシアティブだけだ」と強調し、ロックフェラーの決断と行動を促した。

「日米知的交流プログラム」

日米文化交流の重要性を十分に認識していたロックフェラー三世は、サクストン・ブラッドフォードの提案が彼の重視する「量よりも質」の原則に沿っており、また緊急性のある時宜に適ったものであると判断した。そこでロックフェラーは、素早く対応した。彼は、「日米知的交流プログラム」のために匿名でコロンビア大学の東アジア研究所に寄付をした。後に、同研究所が「日米知的交流プログラム」の実施機関となり、ニューヨークのジャパン・ソサエティを通して米国人が日本に派遣されることになる。

一方、日本では、一九五二年一月に高木八尺、松本重治、前田多門、小泉信三、ヒュー・ボートンらが集まって第一回目の会合が持たれ、そこで「日米知的交流委員会」を立ち上げることが決定された。同委員会では、一名か二名のトップ・レベルの米国の知識人を日本に招待することが重要であるとの意見の一致を見た。松本は、当時をこう回想した。「講和条約ということに対して、日本人が米国の政策と米国の人々を正しく理解するためには、一流の知識人をお呼びして、そういう人たちから直接お話をお伺いし、交流することが大切だ。……国際文化会館の仕事が本当に活動するには二年ぐらいかかるのだ、待っていられないから知的交流の委員会を作ってやってくれないかという話が急にわいたのです」と。

五二年三月には、「日米知的交流委員会」が正式に設立された。高木八尺を委員長とし、計一二名からなる知的交流日本委員会が、そしてジョージ・サンソムを委員長とする同じく一二名からなる日米知的交流米国委員会がそれぞれ発足した。

ブラッドフォード、ロックフェラー三世、それに高木と松本らの共同作業により、同プログラムは順調にスタートした。その第一回目として五三年に米国から、経済学の専門家でアマースト大学のチャールズ・コール学長、ニューヨークのコーパス・クリスティ教会のジョージ・フォード神父、フランクリン・ローズヴェルト大統領の夫人で社会活動家のエレノア・ローズヴェルト、『サタデイ・レビュー』誌のノーマン・カズンズ編集長の四名が日本へ派遣された。それに対して、日本から同年に、日本婦人有権者連盟の市川房枝会長、元文部大臣で学習院大学の安倍能成学長、京都大学の遺伝学の専門家木原均教授、小説家の長与善郎の四名が米国へ派遣された。以後、同プログラムは、六一年まで続くことになる。この間に、米国から上記の四名とそれにイギリス人の一名を含め、合計で一三名が日本に招聘される一方、日本からは一三名が米国へ派遣された。この「日米知的交流プログラム」が、米国の文化攻勢と呼べるものかどうかはともかくとして、この取り決めが、後に日米間の知的指導者の交換訪問計画に発展すると同時に、同計画が国際文化会館の重要な事業の一つとなった。

第8章　日本の知識人を親米派に
——ロックフェラー財団の活動を中心に

前述したように、サクストン・ブラッドフォード広報担当官をはじめ在日アメリカ大使館の全職員は、講和条約締結後の大使館の果たす重要な役割を強く意識していた。同時に、彼らは、戦後の日本社会が大きな歴史の転換期を迎えていること、そして、転換期は、理念や理想が人間の精神や世界観を形成し、人間の行動パターンを条件づける重要な役割を果たす時期であることも認識していた。在日アメリカ大使館の職員は、学問領域の中でも、歴史学が過去から現在に至る歴史過程をより深く理解する手助けをし、人々に大局的な物の考え方や社会の新しい方向付けをする学問であると理解しており、日本の再建のために歴史学が極めて重要な役割を果たすことを信じて疑わなかった。もし大局的に判断できる視野が備わっていなければ、国民の眼には、現在は余りにも曖昧模糊としており、また、社会が抱える問題は複雑で理解し難く映るに違いないからであった。

ブラッドフォードは、在日アメリカ大使館に赴任してすぐに、日本国民のすべてが戦後の灰燼から一日も早く日本を再建することを願い、そう決心していることを敏感に感じ取った。このような歴史的転換期に、国民に特に強い影響力を持っていると目されていた歴史研究者が、在日アメリカ大使館の関心と注意を引くことになった。なぜならば歴史研究者は戦後日本社会の現在に光を投げかけることのできる重要な立場にあったからである。

文化冷戦と日本の歴史学界へのテコ入れ

米国政府が共産主義との戦いを先導する一方で、ロックフェラー財団などの民間組織も、文化冷戦を戦う上で大きな役割を演じた。戦前からロックフェラー財団は、国内および国外の人文科学の研究者に多額の助成金を交付し、人文科学の振興に貢献してきた。人文科学の中でも、同財団は歴史学が特に重要な研究分野であると考えていた。伝えられるところによれば、ロックフェラー財団が一九五〇年から六〇年までの一〇年間に人文科学に寄付した総額は、三七六〇万ドルであり、そのうちの七〇〇万ドル（ほぼ一九パーセント）が歴史学研究の助成に充てられた。日本が、東アジアの文化冷戦の舞台として重要な国と位置づけられていたことに鑑みれば、日本の歴史研究者が、ロックフェラー財団をはじめとする米国の慈善事業団体の注意と関心を引いても何ら不思議ではなかった。

前述したように、マルクス主義史観に立つ歴史解釈が戦前の日本において強い影響力を持っていた。マルクス主義史観のライバルであった皇国史観が占領期間中に排除された後も、マルクス主義史観は、歴史学界に支配的な影響力を持ち続けていた。講和条約の締結時に、日本には二〇〇を越える大学や古文書資料や多くの蔵書を備えた大きな図書館がいくつも存在していた。そのような中で、何千人もの歴史研究者が歴史を研究し、かつ歴史教育に従事していた。

一部の自由主義的な研究者や論説者の中には、マルクス主義史観が歴史学界に支配的な影響力を持ち続けていることを残念に思う者や、それに不満を持つ者もいた。たとえば松本重治は、歴史学研究にはもっと人文学的なアプローチを、また社会科学研究には非マルクス主義的なアプローチをそれぞれ採用すべきであると考えていた。彼は、「日本の歴史学ならびに歴史叙述が、ひどい状態にあることは確かだ。手遅れにならないうちに何か手を打つ必要がある」と、ロックフェラー財団のチャールズ・ファーズの行動を促した。松本は、人文科学のこの不幸な状況を正す方法として、政治学や歴史学を研究する際に、歴史において個人が果たす役割を重視する伝記的な接近法を採用するよう強く勧めた。というのは、「歴史の基底還元主義、すなわちマルクス主義的歴史分析では、歴史上の偉大なすべての指導者が歴史上の不可避的な諸力の行為体(エージェント)に還元されてしまう」からだというのであった。

さらに、米国社会科学研究評議会(Social Science Research Council, SSRC)の研究員のポール・ランガーも、日本のリベラル派の意見に同感であった。当時、彼は、日本の学生の間に広まっている共産主義とその歴史を研究する目的で来日中であった。ランガーは、ロックフェラー三世との面談で、「思想的に共産主義……の支配の下にあると思われる学問は二つある。一つはロシア研究で、もう一つは日本歴史学である。……学校で教えられる日本史の授業の大半は、マルクス主義史観に片寄っている。それへの建設的な対策として、これら二つの領域で活躍している頭脳明晰な若手研究者に、米国やイギリス、あるいはそれ以外の国で研究する機会を提供することが考えられる」と述べた。

一般に、近代日本史において極めて重要な時期は、近代日本の基礎が築かれた一九世紀後半であると考えられている。特に、マルクス主義指向の強い研究者にとって明治維新は歴史研究の焦点であり続けてきた。ファーズは、日本に高まりつつあるマルクス主義の影響に対抗するために、緊急に何かを行う必要性を痛感していた。彼によれば、「マルクス主義史観に立つ明治維新の歴史解釈が、現在の日本の位置づけと、日本が将来においてなすべき課題を考える際の基礎となっている」ということであった。ファーズをはじめ他のロックフェラー財団の職員は、「近代日本史を新たにしかも徹底的に研究し、支配的なマルクス主義的な歴史解釈に対抗するために、優れた勇気ある日本史研究者を二名か三名支援すること」が重要であると考えた。

このようにロックフェラー財団やフォード財団などの慈善事業団体は、日本の歴史学者がマルクス主義の強い影響の下にあり、彼らの歴史叙述や歴史解釈がマルクス主義に染まっていること、さらに日本には、質の高い歴史的伝記が比較的少ないことを十分に認識していた。そのような理由から、ロックフェラー財団は、複数の歴史研究の領域のうち、非マルクス主義の立場に立った歴史研究と、歴史における個人の役割を強調する指導者の伝記を同財団の研究助成の対象とした。

この脈絡において、日本思想史の再検討に数年間携わってきた京都大学人文科学研究所の坂田吉雄教授が、一九五六年にロックフェラー財団の研究員に選ばれた。彼は、「歴史像が、日本の歴史家に支配的な影響力を及ぼしているマルクス主義史学により歪められているので」、日本史を再検討することが「特に重要である」と考えていた。坂田教授は、ミシガン大学で日本史を教えるジョン・ホール教授によってロックフェラー財団の研究員の候補者に指名された。

ロックフェラー財団が、研究助成の対象としたもう一つの研究領域は、歴史的伝記、特に政治家の伝記であった。ファーズは、政治家についての高水準の伝記研究を、健全な民主主義の発達と関連付けて捉えており、「抽象的な社会諸力より、歴史における個人の役割を強調する伝記の方が健全である」と信じていた。そのような理由から、ロックフェラー財団が、伝記の研究を助成する機会を日本で探していた頃、同財団のニーズに適合する候補者を見つけることができた。その一人が、政治史の専門家で東京大学の岡義武教授であった。岡教授は、政治史の立場から山県有朋の伝記を書くために助成金をロックフェラー財団に申請し、その申請が五五年に認められた。

続いて、五八年から六〇年にかけてさらに二件の助成金が、京都大学の高坂正顕教授に交付された。一つは、伝記企画への助成金であり、もう一つは「特定のイデオロギーにとらわれないで日本近代史を再解釈する」企画への助成金であった。

ロックフェラー財団は、そのミッション声明文において、同財団は政治的中立の立場をとること、民間団体として政府との間に一定の距離を置くことを謳っていた。しかし、ファーズは、五六年度のロックフェラー財団の助成金の受給者を最終選考する際に、日本におけるマルクス主義に対抗することが重要な要件であったことを後に認めた。このことは、ロックフェラー財団の声明文の内容にもかかわらず、同財団が、文化冷戦の絶頂期において中立性を維持することがいかに難しかったかを物語っている。

加えて、岡、高坂両教授への助成金交付の主な理由が、その企画の学問研究としての独自性と価値にあったに違いないであろう。しかし、当時、同財団が日本におけるマルクス主義の影響に対抗することに力点を置いていた点に鑑みれば、同財団の方針と岡、高坂両教授への助成金交付の決定との間に何らかの関係があったとしても何ら不思議ではないであろう。

米国での地域研究の振興

地域研究(「地域別総合研究」とも呼ばれる)は、多方面の異なった研究領域を総合することにより、一つの文化ないし一つの地域の全体像を得るための新しい研究方法として開発された。それには、言語学、歴史学、考古学、人類学、宗教学、民俗学などの人文科学部門、そして政治学、経済学、文化人類学、社会学、法社会学などの社会科学部門、それに時には自然科学部門の理解と協力が不可欠であった。

米国で地域研究が本格的に行われるようになったのは第二次世界大戦期である。同研究は、戦争と密接な関係を保ちながら発達した。戦争の拡大とともに、情報専門家、渉外員、軍政府の要員、それに通訳などが必要になり、地域研究は、戦争遂行のための努力の一部として位置づけられた。事実、地域研究は、敵国の言語の習得をめざす若い男女を訓練するために設置された陸軍語学学校から発展した。たとえば、ミネソタ州フォート・スネリングの陸軍情報サービス語学学校(Military Intelligence Service Language School, MISLS)、コロラド州ボールダーの米国海軍語学学校(United States Navy Language School, USNLS)、ミシガン州アナーバーのミシガン大学などがそれにあたる。加えて、上級専門家を養成する目的から、陸軍特別訓練プログラム(Army Special Training Program, ASTP)が、ワシントン大学やシカゴ大学などで提供された。

米国が、一九四一年一二月に第二次世界大戦に突入した時、戦略事務局(Office of Strategic Services, OSS）のウィリアム・ドノバン局長は、「国家の安全保障に関係のある全ての情報とデータを収集し、分析すること」を、米国で最高の専門家を採用する理由として挙げた。戦略情報局で若者を訓練する目的は、彼らを敵国人の取調官として勤務させることにあった。同局の調査分析支局は、最も成功を収めた部局と一般に考えられた。戦時中にそのような訓練を受け、後に研究者あるいは日本専門家となった人の中に、ハロルド・ヘンダーソン、ヒュー・ボートン、チャールズ・ファーズ、エドウィン・ライシャワー、ロバート・ライシャワー、チトシ・ヤナガ、ジョン・マキ、ジョセフ・ヤマギワなどがいる。第二世代の日本研究者と呼ばれている彼らは、第二次世界大戦中、米国政府のために重要な役割を果たした。

人類学者のコーラ・デュボイスは、戦略事務局による共同研究が、新しい時代の幕開けであると確信していた。なぜなら同研究が、刷新的な考えである学際的研究に基づいていたからであった。学際的アプローチとは、社会科学の諸分野の融合だけにとどまらず、社会科学と人文科学の架け橋をめざす接近方法を指している。その意味で、デュボイスは、「社会科学を隔てていた壁が急速に崩れている……」と述べた。このようにして地域研究は、米国政府のために敵国に関する情報を収集し、それを政府に提供する中で発展していった。それから二〇年経過した六四年にハーヴァード大学のマクジョージ・バンディ文理学部長は、過去を振り返りながら、「最初の大きな地域研究センターが……戦略事務局の中に設置されたことは、学術史の興味深い事実である」と述べた。

しかし、地域研究は、単に戦争遂行の必要性だけから生まれたわけではなかった。要因の一つは、二〇世紀に入ってから、自意識の強い米国人が、自らの存在を自国民にも他国民にも説明する必要に迫られ、自国文化をすでに再検討するようになっていたこと。二つは、一九世紀後半から専門研究分野の細分化が進み、それまでの狭い視野での研究では特定の文化の全体的な把握が困難になったことである。そのような事情から一九三〇年代までに、ハーヴァード大学やイエール大学など合計一〇の大学において、「アメリカ文明プログラム」が開設されていた。しかし、上述したように、地域研究が、第二次世界大戦によって質・量ともに飛躍的に前進したことは紛れもない事実であった。

戦争が終わる頃には、米国の地域研究はかなりの進歩を遂げていた。戦後、米国が政治的にも経済的にも世界各地に影響力を拡大したことにより、また、ソ連と冷戦状態に入ったことにより、アメリカ文化の再評価や、世界各地に関する詳しい情報や専門的な知識が従来よりも必要になった。地域研究の専門家が多方面から求められた。特に戦後、日本を占領統治する必要性から、日本の専門家、通訳それに翻訳家が引っ張りだこになった。そして、冷戦が誰の目にも明らかになるにつれ、地域研究が米国の安全保障上の必要性からも、また、対外政策を遂行する上からも緊急性を帯び、急速に本格的に奨励されるようになった。

歴史家ベンジャミン・シュウォーツによれば、「地域とは、複数の学問領域を越えた学際的な研究対象となる、いわば、集合的経験の単位である。地域には、経済、社会、政治、宗教、およびその他の生活領域間に見られる複雑な交互作用が認められる」という。このような多様性を有する地域のうち、研究者の間でこれまで地域研究がこれまで最も頻繁に行われてきたのは、国家を単位とする地域研究であった。というのは、国家には、明確な地域的境界である国境があり、また、権力構造に支えられる政府、それに国家的諸制度の機能に特定の規則を与える一群の法体系もあり、さらに国家の成立事情やその発展を通じて特定の文化社会を所有し、国家主権により比較的高い統一性を持っているからである。

地域研究は、研究ならびに教育の場で「学問領域」間の壁を打ち破る方法として研究者の間で人気を呼んだ。複数の学問領域を越えたこの学際的研究方法は、二つあるいはそれ以上の国々からなる文明や文化の根底にある精神を、相互理解するための最善の接近法であると考えられた。地域研究者は、複数の文化を理解できる視点を養うことが、両国の文化を客観的に捉えることにつながると固く信じ、比較の研究方法でもって研究対象とする国の文化と自国の文化との違いを常に際立たせることに努めた。

地域研究プログラムは、第二次世界大戦後、ミシガン大学、イエール大学、ワシントン大学、コロンビア大学、それにカリフォルニア大学バークレー校などで設置された。米国政府だけでなく、カーネギー、ロックフェラー、フォードなどの民間の財団も、信頼のできる情報を入手するために地域研究の専門家に多額の資金を進んで拠出した。たとえば、ロックフェラー財団は、米国諸学会評議会(American Council of Learned Societies, ACLS)への寄付を通して、またはコロンビア大学やプリンストン大学、それにコーネル大学やカリフォルニア州のクレアモント・カレッジに直接寄付することで、地域研究の振興に貢献してきた。

米国政府は、五八年に成立した国家防衛教育法(National Defense Education Act, NDEA)によって、地域研究プログラムに助成金を拠出する責任を公式に引き受けることになった。ある意味で、この法律は、財政面で米国のソフト・パワーを制度化したものといえよう。米国政府と民間財団から巨額の資金が地域研究プログラムに投入されることになった。その結果、アメリカ研究の他に、ロシア研究、アフリカ研究、アジア研究、ラテン・アメリカ研究など、世界の各地域に焦点を定めた大学の地域研究センターにおいて、多数の研究調査プログラムや教育プログラムが企画され、推進されることになった。

地域研究としてのアメリカ研究

アメリカ研究は、米国とその文化を研究対象とする地域研究である。その目的は、一つは、「米国人は、なぜそんなにもアメリカ的であるのか」を解明すること、すなわち新しい学際的な研究方法により、米国およびアメリカ文化についての総合的な理解を得ることである。二つは、米国に関する基礎的な、そして実用的な価値のある知識を得ること、三つは、米国に関する基礎的な知識を身につけることにより、幅広い知識と物の見方を身につけること、四つは、米国の文化の「全体像」をより深く認識することである。真のアメリカ研究のあり方について、東京大学の中屋健一教授は、「いたずらにその地域を批判したり好意を寄せたりすることではなく、それ以外にも、また自らの国以外にも、それぞれ「全体像」をもつ地域や国家があるという謙虚な態度を、研究者に呼び起こすことのできる研究であるべきである」点を強調した。

日本ではアメリカ研究は、すでに戦前から始められていた。研究者の数は少なかったが、新渡戸稲造、高木八尺、それに藤原守胤らがその代表であった。中でも、日本におけるアメリカ研究の先駆者であり第一人者と目されたのは、東大でヘボン講座を担当した高木八尺教授であった。

戦後、高木八尺、松本重治、藤原守胤らのアメリカ研究者は、太平洋戦争で日本が米国と戦った理由の一つは、戦前の知識人にアメリカ研究の重要性が真剣に受け止められなかったことにあると考えていた。彼らは、戦前日本のアメリカ専門家が、「米国について国民を啓蒙する努力を怠たり、米国について国民のほとんどが無知であったことを残念に思う」と同時に、そのことを深く反省した。終戦当時、日本は民主的で平和的な国を再建する重大な時期であったにもかかわらず、高木の目には、日本の知識人は、米国ならびにアメリカ事情について全くといってよいほど無知であると映った。高木は、知識人がこのような状態に陥った原因は、一つは、日本が長い間、英米を含め世界の学界から孤立していたこと、もう一つは、戦前日本の知識人の関心が、米国やアメリカ文化を粗野なものとしてさげすみ、ヨーロッパに偏重していたこと、さらに日本の大学に見られるセクショナリズムや伝統主義にあると理解していた。高木によれば、戦後日本の研究者はアメリカ研究を真剣に行う必要があるだけでなく、日本に民主主義を根づかせるためにも、国民に対して米国についての知識と情報を広める義務がある、ということであった。

高木教授のアメリカ研究は、民主主義がいかに米国で発達したかを考察することによって、日本の将来に役立てたいという問題意識に基づいていた。そして、同教授は、アメリカ史を「民主主義の理想に向かう実験」の過程と捉え、アメリカ民主主義の達成したもの、達成への努力を重視し、強調した。換言すれば、高木教授は、日本におけるアメリカ研究の発展を日本の民主主義の成熟と重ね合わせて捉えていた。日本社会を民主化するためにも、「アメリカ民主主義の本質とアメリカ文明の基本精神を研究し理解する」ことが大いに必要であると力説した。敬虔なキリスト教徒であった高木は、さらに続けて、「個の人格という概念を理解することなく、誰一人としてキリスト教の倫理観に基づいたアメリカ文明を正確に理解することはできないだろう」と述べた。彼は、キリスト教を最も偉大でかつ普遍的な宗教と捉えており、民主主義がキリスト教と密接な関係にあるというよりも、むしろ両者は不離の関係にあると信じていた。

高木教授は、アメリカ研究者であると同時に、米国の専門家として実践的な姿勢を崩さなかった。彼は、戦前から、アメリカ史に関する幅広い知識とその特質の深い理解の上に立って、戦前から米国の動向と日米関係の諸問題について積極的に発言してきた。たとえば、日本人の移民を禁止した一九二四年の移民割り当て法、通称、排日移民法への批判論文を一九二四年七月号の『中央公論』に発表したこと、それに、日米開戦が間近に迫った四一年九月にジョセフ・グルー駐日大使に宛てた私信の中で、日本の立場を説明し、日米関係の破局を回避しようと努力したことがその好例である。高木教授は、事実を事実として克明に捉え、現在起こりつつある事柄に歴史的な意味づけをすることが歴史学者の重要な営みであると信じ、その信念を実践した。研究者は、自らの社会的責任を意識していかなるアメリカ史像を日本人識者に提示すべきか、日米関係について何を提言すべきか、まさに高木教授は、国際平和と日米の友好関係を願いながら知識人の社会的責任を果たし続けた、敬意に値する極めてまれな日本の研究者であった。

一方、在日アメリカ大使館のサクストン・ブラッドフォードやジョン・D・ロックフェラー三世は、終戦後の日本においてアメリカ研究を振興することが、米国に関する情報不足の問題を解決する建設的な施策になるだけでなく、日本で文化冷戦を戦うのに有効な武器にもなると考えていた。既にふれたように、ブラッドフォードは、日本の知識人は米国の理想や米国人の生活についての知識が極めて不足していると見ていた。彼は、日本の知識人には、誤解からだけでなくアメリカ的なものへの感情的な反発心から、米国を批判する傾向があると指摘し、残念がった。文化冷戦という文脈において、日本におけるアメリカ研究を振興させることを、ブラッドフォードが望んでいたことは明らかである。というのは、彼は、情報不足の状況が共産主義者に利用されないうちに、日米間の大きな情報ギャップを早急に埋める必要があると感じていたからである。ロックフェラーも、ブラッドフォードと同じ考えを抱いていた。

ロックフェラー財団は、米国政府と緊密に協力と調整をしながら、それまで手掛けてきた資金的支援プログラムを、戦後すぐに再開した。前述したように同財団は、視野を広げる手助けとして数人の日本人指導者を米国に招聘した。そして、四七年九月に設立された第一次日本アメリカ学会も、ロックフェラー財団から財政的な支援を受けた団体の一つであった。

日本におけるアメリカ研究の目的

米国は、世界各地からの移民とその子孫からなり、建国以来、米国人としてのアイデンティティの創造と再創造の過程を繰り返し、国民的アイデンティティの形成が絶え間なく進行している人工的な国家である。さらに米国人は、人類の理想を高く掲げ、その実現をめざして実験的に諸改革を絶えず推し進めている「理念の国」でもある。

日本国民の多くは、先進国アメリカを明日の日本にとっての模範と捉え、米国に大きな関心を抱いてきた。一方、アメリカ研究者は、アメリカ研究の根源的な問題、すなわちアメリカ文明を構成する本質的な要素は何かという問いに答える中で、米国を理解し、米国の特質を説明することに努めてきた。

戦後、日本で多くの人が米国に関心を抱き、研究しているのは、日米関係が日本にとって極めて重要と考えるからである。アメリカ専門家がアメリカ研究をする目的の一つは、米国が世界の歴史および世界文明に果たした役割を明らかにし、米国についての正確で権威ある知識と判断を国民に提供することにある。第二の目的は、アメリカ文明について世界の学問研究に貢献することにあり、第三の目的は、大学での研究・教育を通して、政府、実業界、専門的職業の活動のために役立つアメリカ専門家を育てること、そして第四の目的は、日米両国間の教育・文化交流を進めることにあった。

その他に、アメリカ研究者は、日本が米国から学ぶに値すると思われる教訓を探し求め、その探し得た教訓を社会に提示することをアメリカ研究の重要な目的とした。たとえば、これまで多くのアメリカ専門家は、米国流の自由主義的立憲主義が日本社会に発展するよう、米国の歴史的経験を日本社会の成熟度を測る際の重要な評価基準としてきた。

また、アメリカ研究者は、現状に代わりうる「代案」を社会に提示すること、そうすることにより、日本社会の改善に寄与することを願ってきた。彼らは、アメリカ研究から得られた知識や情報を公の討論の場に提供することにより、あるいは自ら討論に積極的に参加することにより、米国に関する今日的諸問題や日米関係についての国民の理解を深めることにも寄与してきた。言うなれば、アメリカ研究者は、日米両国民の相互理解を深め、両国の友好関係の維持・発展に貢献したいと真に願ってきた。

加えて、アメリカ専門家は、人類の歴史過程において、現在、私たちがどのような位置にあるのか、さらには人類が今後どの方向に向かおうとしているのかについても、アメリカ研究を通して見極めたいと思っている。一九二〇年代から五〇年代にかけて、管理主義、業績主義、技術主義、大量生産・消費主義、コンフォーミズム(画一主義)がアメリカ社会において顕著になったことはこれまでしばしば指摘されてきた。現代社会のこれらの特質とそれに付随するさまざまな弊害が、社会の発達につれて他の国々においても目立ってくることが容易に想像される。これからもアメリカ研究が重要であると考えるのは、国籍や人種、宗教を問わず、これらの問題が人類共通の課題であり、関心事であるからである。

第一次日本アメリカ学会設立への道

日本の知識人は、戦争による灰燼が未だ収まらず、混乱状態が続く日本社会を目の当たりにした。彼らの多くは、「現在の不幸は、米国についての正確な理解が欠けていたことに大きな原因がある」という共通の認識を抱いており、彼らの共通の課題は民主主義の原則に沿って日本を再建することであった。そのような目的意識から彼らは、「正しいアメリカ研究と米国についての正しい知識の普及」が日本の民主化に不可欠な条件であると固く信じていた。

高木八尺、松本重治、藤原守胤、中屋健一、清水博、小原敬士ら二三名の研究者が、一九四六年六月二九日に日本におけるアメリカ研究の推進者という資格で、立教大学(セント・ポール大学の名で知られている)の構内にあるアメリカ研究所に集合した。その会合の目的は、日本アメリカ学会を創立するための準備にあった。立教大学は、アメリカ聖公会によって設立された伝道学校の後身で、立教大学アメリカ研究所は、四〇年にグルー元駐日アメリカ大使および実業界と教育界の指導者の協力によって、「米州諸国の総合的研究を目的」として立教大学内に設立された民間の研究機関であった。その当時、同アメリカ研究所は三部門からなり、少なくとも一〇名の常勤研究員が、アメリカ経済、政治、および文化についての調査研究をするために配属されていた。同研究所は、「戦後アメリカ研究の重要性が増すにつれて」、四六年から月刊誌『アメリカ文化』を発刊した。

アメリカ研究の先駆者や推進者たちは、アメリカ研究に対する国民の関心の低さ、日本の学問研究の伝統にとらわれた物の考え方、大学の講座制、研究・教育費の貧弱さなどが、アメリカ研究の進展とその普及を阻む大きな障害になっていると捉えていた。立教大学に集まった研究者は、戦前の古い方式を踏襲しないことを互いに約束するとともに、新しく設立する日本アメリカ学会が、戦前の日本に跋扈した学閥の弊害のない、民主的な組織であることを願った。その時、「協力」という言葉が彼らの間でキーワードとなった。

立教大学のアメリカ研究所は、四六年九月一八日に「アメリカ学会」構想への理解と支援を連合国軍最高司令官ダグラス・マッカーサー元帥に依頼した。すぐに元帥からアメリカ研究の振興に関して好意的な返事が返ってきた。このようにアメリカ学会の創立が戦後まもなく実現した背景に、日本の「非軍事化と民主化」という米国の利害と日本の民主化を希求する知識人の願いとがぴったりと一致していたことがあった。一方に、海外に民主主義を伝播するという米国人の強い使命感と理想主義があり、他方には、苦い戦争の経験から生まれた日本の知識人の反軍国主義の感情と平和主義の思想があった。要するに、日本の知識人には米国やアメリカ事情をもっと真剣に学ぶ責任があることを彼らが痛感していたことがあげられる。

第一次日本アメリカ学会

一九四七年三月に第一次アメリカ学会が東京で組織された。その目的は、「米国に関する科学的研究を行い、かつその知識を普及すること」にあった。同学会の組織者の中に、設立に中心的な役割を果たした高木八尺、松本重治、東京大学の中屋健一教授、立教大学アメリカ研究所の藤原守胤所長、それに立教大学の清水博教授らがいた。彼らの間に次の三点について意見の一致が見られた。一つ目は、米国についての個別的研究に加え、総合的、学際的研究の必要性、二つ目は、長期的な、学術的、総合的なアメリカ理解の必要性、それに三つ目は、アメリカ研究者の養成と訓練の必要性であった。

同年七月にはアメリカ学会の開会式が、東京神田にあった交通博物館で開催された。開会式は一般公開され、一〇〇名近くの大学関係者ならびに学会関係者が出席した。高木が同学会の会長に、松本と藤原が副会長にそれぞれ選出された。アメリカ学会は隔週、東京で会合を開いた。同学会は、日本各地の会員から構成されてはいたが、その当時、全国的な組織といえるほどの規模ではなかった。在日アメリカ大使館のダグラス・オーバートン外交部職員もアメリカ学会に加盟した。彼は、立教大学で教鞭をとった経験の持ち主でもあった。

財政上の理由から立教大学アメリカ研究所の『アメリカ文化』が廃刊になったため、アメリカ研究者は、日本アメリカ学会の専門誌として『アメリカ研究(アメリカン・レビュー)』を月に一度刊行することとし、その実現をめざして懸命に努力した。四八年一月から刊行された『アメリカ研究』には、米国の書物の紹介と書評、それに米国での最新の研究動向が掲載された。後年、斎藤眞教授は、全般的な資金不足の中で学会誌が刊行できたのは、ひとえに中屋健一教授の「献身的な、それこそ身銭を切っての奉仕」があったからである、と回想している。

第一次アメリカ学会の研究者は多くの困難に直面した。その中でも総司令部による検閲は常に彼らの悩みの種であった。というのは、米軍の占領下において、米国に批判的ないかなる言辞も総司令部によって許されなかったからである。学会誌『アメリカ研究』に掲載された大半の論文は、アメリカ史に関するものであった。その主な理由は、近年の米国の展開を扱った最新の資料を入手する機会も手段も日本のアメリカ研究者にはほとんどなかったからである。『アメリカ研究』の創刊号は五〇〇〇部出版されたが、それくらいの部数では学会誌として自立するのに十分ではなかった。加えて、資金不足と紙不足の悪条件が、学会誌の拡張を阻む大きな障害となった。そのためにアメリカ学会は、五〇年に学会誌の刊行を中止せざるを得なくなった。

講和条約の調印後は、アメリカ研究者は、検閲を恐れる必要もなくなり、米国について自由に執筆することが可能となった。学会の副会長であった松本重治は、学会誌『アメリカ研究』の刊行が再開されることを希望していた。しかし、その間に、学会の会員は最初の二三名から一五名ないし一〇名にまで減ってしまった。

アメリカ学会にとって、悪いことばかりが続いたわけではなかった。アメリカ学会の主要な会員は、四八年二月一〇日を皮切りに、毎週水曜日に東京大学の附属図書館に集まり、『原典アメリカ史』の出版をめざして研究を重ねていた。『原典アメリカ史』は、アメリカ史の主要な原史料を編集した資料集で、全七巻からなり、各巻には日本語による注釈が付いていた。『原典アメリカ史』(二〇一五年現在、社会史史料集を含め、全一〇巻)シリーズは、岩波書店から出版されることになった。会員の努力の結果、五〇年九月に植民地時代を扱った第一巻が刊行され、二五〇〇部が売れたといわれている。

その余勢を駆って松本重治副会長は、日本でアメリカ研究を振興するために、ロックフェラー財団から財政支援を受けることができないかと、チャールズ・ファーズに尋ねた。ところがファーズからは、四八年九月にカリフォルニア州にあるハンチントン図書館に充当された六〇〇ドルの補助金以外に、ロックフェラー財団からの財政支援は事実上無理であるという返事が寄せられた。松本は落胆した。しかし、ハンチントン図書館から、日本のアメリカ学会に米国関連の図書が寄贈されることになった。

松本の依頼に対するファーズの反応は否定的ではあったが、しかしロックフェラー財団は、日本においてアメリカ研究を振興するという長期的な企画に強い関心を抱いていた。事実、同財団は、日本が国際関係の事業で重要な役割を担っていく際に、役に立つ人材を日本において育成することに大きな関心を抱いていた。そして、同財団は、そのような重要な役割を担っていくために日本がどのような可能性をもっているのかを見定めようとしていた。

　ロックフェラー財団は、アメリカ研究を世界各地の地域研究を日本において振興することを考えていた。具体的に同財団は、アメリカ研究が、できるだけ早くしっかりと日本の大学での通常の教育課程の中に確立されることを期待していた。そして、アメリカ研究は、日本人が国際問題に参画する際に必要となる豊かな教養を身につけるための地域研究プログラムの一つと位置づけられていた。ロックフェラー財団は、戦前に米国内のいくつかの大学で提供されていた日本思想や日本の生活に関する日本研究プログラムを、財政的に支援した経験があった。同財団は、戦後も、米国の日本研究プログラムを支援したのと同じ方式で、アメリカ思想やアメリカの生活を日本人に紹介するアメリカ研究プログラムを支援することにしたのである。ロックフェラー財団のファーズ人文科学部門長は、日本における教育・研究費の不足の問題、教育・文化領域の民間団体の脆弱性について、「理想としては、私たちが日本の学問研究を援助する必要がまったくないというのが一番いいのです。ところが日本には学問を支援する財団がまるでないので、やむを得ず私たちが動かなければならないのです」と、日本人の反省を促した。しかし、ファーズが指摘するように、米国の日本の学会に対する財政支援が、日本の「やむを得ない事情をくんでの米国の善意」からだけではないことは、本書のこれまでの章からも明らかであろう。

　いずれにせよ、米国政府をはじめ、ロックフェラー財団のような著名な民間の財団は、海外でアメリカ研究を振興するために、様々な形で資金を拠出した。米国からの助成金は、日本やドイツを含む西側諸国においてアメリカ研究センターを設立するのに重要な貢献をした。たとえば、ヨーロッパ一八カ国から九〇名の学生を集めて四七年夏にオーストリアで開催された第一回「ザルツブルク・アメリカ文明研究セミナー」は、イギリス連邦資金（コモンウェルス・ファンド）、フォード、ロックフェラー財団の援助の下に行われ、ヨーロッパにおけるアメリカ研究の発展と研究者の間の学問的交流に大きな貢献をした。

後に、斎藤眞教授が述べているように、当時の日本のアメリカ研究者は、第一次日本アメリカ学会の設立の際には、たとえそれが善意に基づくものであれ占領当局が後援、介入することに対して警戒を緩めなかった。同時に彼らは、地道にアメリカ研究の団体を作ることに全力を投入した。しかし、皮肉なことに、米国のソフト・パワー外交は、必ずしもそれが意図的でなかったにせよ、日本の高等教育制度の中央集権化と序列化を一層強めるとともに、米国のソフト・パワーに依存する甘えの心理からいつまでも抜け出せない研究者を数多く生み出すことにもなった。言い換えれば、日本の教育政府および民間の財団による助成金を通して展開された米国のソフト・パワー外交は、日本の教育界に光と翳の両面が混ざり合った複雑な結果をもたらすことになった。その光と翳の影響については、次章で扱いたい。

第9章　東京大学＝スタンフォード大学共催のアメリカ研究セミナー

アメリカ研究セミナーへの道

ヨーロッパでの第一回アメリカ研究セミナーが、一九四七年夏にオーストリアのザルツブルクにおいて開催されたことはすでに述べた。同セミナーは、シカゴ大学の主催で、ロックフェラー財団などの財政支援の下に開かれ、成功裏に終わった。後にスタンフォード大学で教鞭をとることになるクロード・バス教授は、ザルツブルクでのセミナーの成功を知り、大いに勇気づけられた。というのは、同教授は、日本でも同様のセミナーを開催する可能性を模索していたので、日本の学界に米国の生活と諸制度に精通してもらうときがやってきたと判断したからである。

バスは、四九年一〇月一九日に、マッカーサー元帥宛に一通の書簡を送った。その内容は、日本でアメリカ研究セミナーを開催する提案に対してマッカーサーから快い返事を期待するというものであった。バスは、マッカーサーとの往復書簡から、元帥にはバスの提案を受け入れる用意が十分にあることを理解した。

バスは、ロックフェラー財団が日本での地域研究の振興に関心を抱いていることを知っていたので、ニュージェント民間情報教育局長と面談の後すぐに、ロックフェラー財団のファーズに連絡をとった。それは、日本でのアメリカ研究セミナーの開催、ならびに同財団からの財政支援の可能性について尋ねるためであった。その中でバスは、それまで米国政府が独占的に学問研究を振興してきたが、今回の提案は、民間人による企画である点を特に強調した。彼によれば、提案の長所は、「私たちの支援（アメリカ研究セミナーを日米共同で開催することを指す）により、同企画に協力し、参画する日本の研究者や教育機関に箔がつくだけでなく、アメリカ研究が日本の大学教育課程の中で不動の地位を得るという望ましい結果」につながるという点にあった。バスは、彼の提案が時宜に適っていることを強調することも忘れなかった。やがてアメリカ文化外交の担い手が、総司令部の民間情報教育局から国務省の米国情報教育局に移る予定であることを知っていたバスは、「軍事占領の影響力が緩やかになるにつれ、ある程度の政治的反動が起こることが予想される。私たちは、日本社会の過渡期に民間組織が行動を起こすことは良いことだと考えている」と述べた。

バスは、ファーズにアメリカ研究セミナー開催の利点を説明する際に、スタンフォード大学がイニシアティブを取り、同企画を実施する責任を負うべきいくつかの理由も説明した。その理由の一つ目は、地理的なものであった。米国で最高の私立大学の一つであるスタンフォード大学は、アメリカ大陸の西海岸にあり、他大学よりも日本に近い距離に位置している点であった。理由の二つ目は、スタンフォード大学には古くから日本との結びつきがあるという歴史的な背景であった。たとえば、日系アメリカ人の中で最初の大学教員の一人である市橋倭は、一九一四年からはスタンフォード大学の教員として勤務していた。市橋は、一九〇三年から〇八年にかけてスタンフォード大学で学び、その後一〇年にはハーヴァード大学で勉学した経歴の持ち主であった。理由の三つ目は、政治的および人道主義的なものであった。バスは、スタンフォード大学が「民主主義の実践と実現をめざす日本を支援する計画」に全精力を傾けている点を力説した。

バスは、日本人と交渉する際には、臨機応変の才能、それに細心の注意と交渉術が必要になることを十分に認識していた。「私は、日本人の要望に合わせて進めていきたいと思っています。私たちは、日本人に民主主義を何が何でも受け入れさせようとはしないつもりです。私は、責任の大部分を日本人自らが負い、米国人の支援に見合う知的好奇心を見せてもらえるよう、彼らを注意深く見守っていくつもりです」と、日本人研究者と協議する時の心構えを記した。後に、彼が如才ない交渉者であることが分かった。

バスの提案内容は、具体的には、五名ないし六名の一流の「米国人学者」を日本へ招聘して、六週間のセミナーを開催するというものであった。そのためには、スタンフォード大学、総司令部、それにロックフェラー財団の「三者間の協力」と、次の三つの条件を満たす必要があるということであった。一つ目の条件とは、日本へ足を運ぶことの必要性について米国人教授を説得すること。二つ目は、総司令部が、受講生を選考するほかに、彼らの宿舎や生活上の便宜を整え交通手段も提供すること。三つ目は、オーストリアでのセミナー開催の時と同じようにロックフェラー財団が、その運営費の資金援助をすることであった。スタンフォード大学のジョン・スターリング総長は、ファーズとの面談の中で、スタンフォード大学にはセミナー運営費の一部として五〇〇〇ドルを寄付する用意があることを、ロックフェラー財団に伝えた。

バスの力強い議論と説得力にロックフェラー財団の職員は感銘を受けた。ファーズは、バスとの面談の中で、「日本のために開催されるアメリカ研究セミナーが、(審査の際に)考慮の対象になるのは確かでしょう」と述べた。ファーズはバスに対して、すぐに高木八尺教授に連絡を取るよう示唆した。というのは、高木教授は、五〇年三月に東京大学(以後、東大と略記)を定年退職する予定であったからである。

バスは、ロックフェラー財団から事実上の財政支援の約束をもらって意を強くした。彼は、四九年一二月に高木教授に連絡し、東京で日米共同セミナーを開催する可能性について話し合いを始めたい意向を伝えた。その時バスは、ザルツブルクでのアメリカ研究セミナーが大成功であったことも高木教授に伝えた。日米共催のセミナー企画の日本側の主な指導者は南原繁総長に違いなかったが、しかし、米国の提案を日本の教授らに受け入れられるように実際に根回しをし、セミナー開催への土台作りをしたのは高木教授であった。

南原総長の反応

南原総長は、一九四九年一二月九日に首都ワシントンを訪問した。その目的は、国務省が協力し、米国教育協議会が主催する「被占領国に関する全米教育会議」に日米教育使節団の日本代表として出席することであった。米国に滞在中、彼は一二月一四日にファーズと会い、ロックフェラー財団が、今もなお日本を支援することに関心を抱いているかについて尋ねた。南原が具体的に知りたいと思ったことは、アメリカ研究機関を日本に設立するため資金面で支援をする心積もりがロックフェラー財団にあるか否かということであった。

ファーズは率直に、「これまでロックフェラー財団は、米国ならびに海外での地域研究の振興に関心を抱いてきた。……私たちは、日本でアメリカ研究が発展するその可能性に関心を抱いている」と答えた。アメリカ研究セミナーの企画をバス教授が東大と交渉中であることに言及しながら、ファーズは、そのようなセミナーを開催することが、大学教育課程の中でアメリカ研究の発展に寄与することになると考えている、と述べた。ファーズは南原に、ロックフェラー財団の念頭にあるのはオーストリア型のアメリカ研究セミナーであることも伝えた。それは、アメリカ研究が、いずれは大学教育課程に組み込まれ、制度化されることをロックフェラー財団が期待していることを意味していた。

スタンフォード大学の関係者との話し合い

帰国の途中、南原総長はスタンフォード大学に立ち寄り、ジョン・スターリング総長と面会した。スタンフォード大学は、かねてから日米二国間の知的協力のための新しい拠点を築く必要性を感じていた。そのような理由から、スタンフォード大学が東大の招聘を喜んで受け入れ、五〇年の夏に日本で開催予定のアメリカ研究セミナーを後援することは明らかであった。南原総長は、ジョン・ゴヒーン、バス両教授、それに他の学部教員らとも、日米共催のアメリカ研究セミナーについて意見を交わした。いかにして協力関係を打ち立てるかが、その中心的な議題となった。同協議では、計画を一歩前に進めるために、東京で「米国との協力に関する委員会」を立ち上げ、そしてスタンフォード大学側の同様の委員会と連絡をとることが提案された。

一方、南原総長は、アメリカ研究セミナーの企画案として、五名のスタンフォード大学の教授が、六週間にわたって、各専門領域からアメリカ研究の諸問題について教授することを提案した。南原総長の考える諸問題とは、アメリカ政治、アメリカ思想、それにアメリカ外交と国際政治における米国の役割などであった。セミナーの参加者としては、日本各地の大学から招待される研究者や大学院生が想定されていた。

それに対してバス教授は、「初年度(一九五〇年)における私たちの支援は、……協力的な研究者や機関が一堂に会し、アメリカ研究の恒久的な地位が、日本の大学において確立される道が拓かれる、そのような性格のものでなければならない」と述べた。彼は、「伝統ある旧東京帝国大学の威信を利用すれば、必ずやアメリカ研究セミナーは、日本各地の一流の国公立および私立大学から、必要な協力と支援を引き出すことができるでしょう」とも加えた。同時にバス教授は、イニシアティブが米国人から日本人の手に移ることが望ましいとも考えていた。というのは、彼は、イニシアティブが米国人から日本人へ移行することにより、日本の学界に見られる伝統的な保守主義の弊害が是正されることを期待していたからである。バス教授によれば、日本の学界の古い序列の中で、伝統的な保守主義が、国公立ならびに私立大学の関係を規定してきたという。「しかし、修正されるにしても、それは徐々になされるであろうし、それには時間がかかるでしょう」と、彼は付け加えた。それにしても、バス教授は日本の旧体制の高等教育に見られる「序列の壁」を打ち破る可能性について、多少楽観的であったと言えよう。

東大への苛立ち

ニュージェント民間情報教育局長は、スタンフォード大学の企画が民間事業として実施されることに対して、民間情報教育局は協力を惜しまないことをバスに伝えた。しかしニュージェント局長は、アメリカ研究プログラムが長期計画に基づいていることを、同局の協力の条件とした。ニュージェント民間情報教育局長は、日本に派遣される米国人教授に宿舎があてがわれるよう総司令部の承認を取り付けた。それにより、アメリカ研究プロジェクトが大きく前進することになった。

一方、ロックフェラー財団のファーズは、アメリカ研究を振興する最善の方法について思いを巡らしていた。ファーズ自身は、「かつて学んだ東大と南原博士に最大級の敬意を払ってはいたが、しかし、日本には教育制度の分権化が極めて必要であると思われたので、（東大以外に）他の大学のニーズも絶えず心に留めておく必要がある」と考えていた。しかし、ファーズの意見はまだ固まっていなかった。彼は、ロックフェラー財団の「関心を東大に限定しているわけではない」と財団に伝えた。また、別の機会においてファーズは、「スタンフォード大学を通すか、あるいは東大を通すか、現時点でロックフェラー財団が運営方式をどちらかに決めてしまうのは賢明だとは思わない」とも述べた。

ニュージェントも日本の高等教育制度の分権化について、ファーズと同じ意見を抱いていた。彼は、「他の領域の教育改革と同様に、地域研究の領域においてもできれば分権化がはかられるべきである。日本全体のために東大が計画を練ることはしない方がよい」と主張した。ニュージェントは、「教育の面で保守主義の牙城」である東大に抱いている苛立ちを隠せない様子だった。民間情報教育局の他の職員も、国家組織の分権化と日本の民主化とを関連づけて捉えていた。

運営委員会の設置

一九五〇年四月、ファーズは、東京で開かれた、東大＝スタンフォード大学共催のアメリカ研究セミナーに関する会合に参加した。南原総長や東大の教授数名が、アメリカ研究セミナーの素案について意見を述べ合った。その会合に出席していたのは、高木八尺教授、経済学の専門家で教養学部長の矢内原忠雄教授、宗教史の専門家で東洋研究所所長の岸本英夫教授、政治史の専門家の岡義武教授であった。ファーズは、セミナーを成功に導くためには「米国との協力に関する委員会」の指導力、特に南原総長の指導力が必要であることを強く感じた。バス教授によれば、参加者の中で岸本教授が、地域研究プログラムに絡む問題についてどの教授よりもはっきりとした考えを持っているように思われた。岸本教授の指導力に感銘を受けたバスは、この企画を確実に前に進める「一流の推進者」が岸本教授であるに違いないと確信した。

同会合では、地域研究プログラムの振興の際に直面する難題の一つが、大学内のセクショナリズムをいかに克服するか、つまり複数の学部にまたがる組織をいかに創設するかであることも分かった。この会合で、「アメリカ研究セミナー委員会（ＣＳＡＳ）」が東大の正式の委員会として組織され、南原総長が同委員会の委員長に就任した。しかし、セミナーを実施する主たる責任は、「アメリカ研究セミナー実行委員会（ＥＣＳＡＳ）」という名の小委員会に委ねられた。そして岸本教授が、その委員長に就任した。実行委員会の構成メンバーは、岸本委員長の他に、嘉治眞三、羽柴正市、前田陽一、今野源八郎、中屋健一、斎藤眞の六名の教授であった。また、実行委員会の下に、セミナー実施の技術的な問題を扱う「実務委員会」も設置された。そして、東大＝スタンフォード大学共催のアメリカ研究セミナーが年内に東大で開催されることも決定された。

一九五〇年度のアメリカ研究セミナー

日本において第一回目のアメリカ研究セミナーが、一九五〇年の夏に東大で開催されることになった。それは、日本でアメリカ研究を振興する際に、大学を拠点とすることの必要性がいかに大きいかを物語っていた。東大は、五〇年にアメリカ研究セミナーを主催する費用として、スタンフォード大学からの補充資金五〇〇〇ドルに加え、ロックフェラー財団から一万ドル（それに運営費の返済金としてプラス一〇〇〇ドル）の財政支援を受けた。加えて、スタンフォード大学は東大のために五名の米国人教授も手配した。

東大＝スタンフォード大学共催のアメリカ研究セミナーは、米国から日本へ派遣される五名の教授陣の指導の下で、五〇年から五六年まで毎年行われることになった。そしてその七年間に合計五九三名のアメリカ専門家が、東大でのアメリカ研究セミナーに参加した。ロックフェラー財団は、七年間を通して東大に二〇万ドルの助成金を給付した。それに対して、東大が同セミナー経費の一部として毎年拠出した額は一〇〇〇ドルで、合計七〇〇〇ドルであった。

東大でのアメリカ研究セミナーは、日米文化交流における協力のあり方を試す戦後初の試みであった。偶然ではあったが、同セミナーの開催時期は、米国政府の日米文化交流計画の担い手が、総司令部の民間情報教育局から国務省の米国情報教育局に代わる過渡期と重なっていた。

五〇年七月一五日に開かれた歓迎会の挨拶で、南原総長は、セミナーの目的が「米国人と日本人の相互理解を深めること」にあると宣言した。彼はファーズ宛の書簡の中で、この日米二国間の会合を「東洋と西洋の出会いが学術的な雰囲気の中で体系的に行われた初めての試み」であり、「前例のない歴史的な行事」であると位置づけた。また南原総長は、同セミナーを「アメリカ研究の振興と日米両大学間の協力の両面において非常に有意義な機会、恐らくは日本や東洋だけでなく、全世界にとっても恒久平和への画期的な出来事の一つ」と呼んだ。同セミナーの講師としてスタンフォード大学から招聘されたのは、アメリカ哲学の専門家ジョン・ゴヒーン教授、アメリカ社会史と思想史の専門家ジョージ・ノールズ教授、スタンフォード大学のジョセフ・デイヴィス食糧調査研究所所長、政治学の専門家ジェームズ・ワトキンス教授、それにアメリカ外交史の専門家クロード・バス教授であった。アメリカ研究セミナーは、その開催期間中、大いに世間の注目を浴びることになった。

アメリカ研究セミナーは、民間情報教育局から支援と賛同を受けてはいたが、その非政府的な性格、すなわち民間主導の面が特に強調された。しかし、米国人教授は、「私たちに委ねられている事業の性格は、自由な（民間の）企画として今のところ好評を博してはいるが、しかし文化交流の素晴らしい成果をさらに実りのあるものにするためには、私たちは、公的な機関からの後押しが受けられるように常に注意を払う必要がある」ことを認識していた。事実、米国人教授は宿舎や旅行の手配の問題だけでなく、東京や日本各地で何が起きても対処できるように総司令部と協力関係を保った。というのは、セミナーが開催されている間も、近隣の朝鮮半島では朝鮮戦争が激しく戦われていたからである。バス教授は、セミナーが始まったその日に、ファーズに「朝鮮情勢は今のところ私たちの事業にあまり大きな影響を及ぼしていない」と報告した。スタンフォード大学の教授陣は、ニュージェント局長と民間情報教育局に自分たちの活動内容について逐一情報を流し続けた。マッカーサーも彼らから一時間一五分にわたる表敬訪問を受けた。

アメリカ研究セミナー

東大でのアメリカ研究セミナーは、一九五〇年七月十日から八月二〇日まで六週間にわたって開催された。第一線で活躍する知識人からなる専門家会議が、七月一一日から七月一四日にかけて五回行われた。同会議は本セミナーの冒頭に開催されることから、予備会議と呼ばれた。それには米国からの五名の客員教授と各分野から日本人の研究者が参加した。次に、講義形式のクラス・セミナーが、七月一七日から八月四日まで、計三週間、開催された。約一二〇名の参加者がクラス・セミナーに出席した。参加者は、年齢構成では二〇歳代から六〇歳代まで、社会的地位では学部長から大学院生まで多岐にわたっていた。真夏の暑さと長い期間自宅から離れてセミナーに参加することによる肉体的な負担に加え、「ドッジ・ライン」の名で知られるデフレ化政策によって、参加者の経済的状態はさらに悪くなっていた。

毎朝、グループ全員が大講堂に集まり、そこで米国人の教授が各々二回、四名の日本人教授が各々一回、全体講義を行った。講義は英語で行われ、それには通訳がついた。全体講義の題目としては、「米国における物質主義と理想主義」「米国におけるプラグマティズムと実証主義」「米国における近年の社会変化」、それに「米国における経済的進歩の源泉」などであった。アメリカ研究セミナーは、すべてのプログラムに「ある種の統一性と一貫性」があるように、セミナー参加者には「団結心」を抱かせるように企画されていた。同セミナーの参加者は、各自の専門領域に従って、哲学、歴史学、外交史学、政治学、経済学の五つの小グループに分かれた。各グループの参加者の数は、平均して二五名であった。

円卓会議が、八月七日から一二日まで五回にわたって開かれた。その参加者は、アメリカ研究の分野で知名度の高い約二五名の学識経験者であった。議題は、「アメリカ文化を形成する諸力」「変化するアメリカ資本主義の性格」「国際政治における米国の役割」「近年のアメリカ史の学説史と、カルチュラル・スタディーズにおける地域研究の方法論」、それに「米国における地域研究の発展」であった。セミナーの第六週目で、最後の週にあたる八月一三日から二〇日までは、公開講演と円卓会議が北海道大学で開催された。それは、「エクステンション」と呼ばれた。東京と同じトピックが取り上げられ、それには総勢約四〇〇名の聴衆が参加した。

セミナー開催中は、米国人講師も日本人参加者も、毎日、朝八時三〇分から午後五時まで精力的にアメリカ研究プログラムをこなし、かつ熱心に学習した。日本人参加者は、講義の他に、米国人講師と個人面談を行うオフィス・アワーや、大学の外で行われる講演や会合など、多くの行事への米国人講師の参加を求めた。その求めに対して米国人講師は、時間の許す限り前向きに対応した。

日本人参加者全員が、アメリカ研究セミナー期間中、まるで米国人教授の生徒のような関係であり、日本人の参加者は、「米国のセミナーの仕方、それに米国の学問の進む速さと米国人の勤勉さ」に深い感銘を受けていた。

米国人講師から見た日本人参加者の印象

スタンフォード大学の教授陣が日本人研究者から受けた第一の印象は、熱心な学習者ではあるが、時事問題を議論したり、日本の現状を分析したりするのを意図的に避けているのではないか、さらに、日本の大学には基礎研究と「実践的学問」の間に大きな隔たりがあるのではないかというものであった。そのために、現代社会を扱う学問的研究が日本で評価され尊敬されるようになるまで、また、学者と実務家の間に良好な関係が築かれるまで、かなりの時間を要する上に、日本の知識人には意識改革が必要ではないかと米国人講師には感じられた。

スタンフォード大学の教授陣は、日本人参加者との会話から、日本の学者が理論に偏向しているという印象を強く受けた。たとえば、同セミナーに参加したある日本人学者が、食糧調査研究所のデイヴィス教授が「全くマルクス主義弁証法の議論を展開できなかっただけでなく、事実ばかりを話し続けた」と言って不満をぶちまけ、同教授の講義を熱心に聴こうとしなかったことに対して、総司令部経済科学局のセオドア・コーヘン労働班長は大変残念がった。一九五一年に東大で開催されたアメリカ研究セミナーの講師を務めた経済学の専門家で、スタンフォード大学のハワード・エリス教授は、日本人のセミナー参加者が「全国各地の大学から選ばれた最高の逸材」であり、「彼らの知性や専門的知見の洗練さは……きわめて高い水準にある」と高く評価した。しかしながら、エリス教授は、「米国についての日本の知識人の知識不足、特に、言葉では簡単に言い表せないアメリカ的「生活様式」の根底にある数多くの要素についての彼らの知識不足は、驚くほどひどいものだ」と、手厳しく指摘した。

しかし、日本人参加者の抱えるこれらの問題にもかかわらず、スタンフォード大学の教授陣は、日本人参加者の知識の量に、また、日本の研究者が歴史研究に献身的に打ち込んでいる姿に深い感銘を受けた。バス教授は、「セミナーの参加者は教育の高い水準を目指しており、彼らの知識や思考には深いものがあります。私たち(米国人講師)は、日本の知識人の思考をしっかりと見抜く力を身につけようとしております」と、極東問題担当のディーン・ラスク国務次官補宛ての書簡の中で述べた。興味深いことは、ラスクを含む国務省の役人が、日本の知識人に対して否定的なイメージを抱いていることをバスは強く意識しており、アメリカ研究セミナーの参加者と、一般の日本の知識人とをはっきりと区別していたという点である。というのは、日本の知識人について言及した際に、バスは、「知識人という言葉を軽蔑の意味を込めて使っているわけではない」とわざわざ断っていたからである。彼は、「私たちの仕事は、朝鮮半島の情勢のために、一層興味深いものとなっています」と付け加え、東大で開催されているアメリカ研究セミナーの持つ政治的意味合いについても言及した。ラスクがバスからの報告に満足したことは想像に難くない。ラスクは、「私は、この種の活動は本当にやりがいのあるものだと思っている」とバスに返事した。

南原総長は、アメリカ研究セミナーが終わるやすぐに、同セミナーの成功を宣言した。総長は、

東京大学＝スタンフォード大学共催のアメリカ研究セミナー修了式にて修了証書を手渡す南原繁総長（東京大学アメリカ太平洋地域研究センター提供）

その成功の要因として、一つは、スタンフォード大学の教授陣の「素晴らしい人柄と献身的な努力」、二つは、彼らの日本人参加者に対する誠実さ、特に「学問に対する純粋な熱情、率直で胸襟を開いて接触する態度、それに参加者への温かい友情」、三つは、彼らの間の「見事な調和と協力」、それに四つは、日本人参加者の真剣な学習態度、「熱心さ、それに明るさ」を挙げた。その上で、南原総長は、スタンフォード大学の客員教授陣が、「感心するほどの真摯な態度と誠実さ」でもってセミナーを指導したとして彼らを褒め称え、感謝の意を表わした。そして、日本人参加者に賞賛の言葉を贈ることも忘れなかった。修了式には南原総長自らが、セミナー参加者の一人一人に修了証書を手渡した。

アメリカ研究セミナーの評価

南原総長は、一九五〇年度アメリカ研究セミナーを開催した経験から、その後の日米文化関係に影響を及ぼすことになるいくつかの結論を得た。

一つは、日本のアメリカ研究の促進が、日米間の友好関係の維持に寄与することであった。彼は、ファーズ宛ての書簡の中で、「私たちは、日米両国の国民に対して真に意義のある貢献をすることができるでしょう。その貢献とは、日本のアメリカ文化の理解を深めることであり、そして将来、米国においても、日本文化への理解を深めることであります」と述べた。二つは、南原総長は、「この種の企画を実行できる可能性がしっかりと確立された」ことと、東大＝スタンフォード大学アメリカ研究セミナーと同様のセミナーが、将来、東京以外の地で企画される際には、このセミナーがその雛型として大いに参考となることであった。三つは、アメリカ研究セミナーの開催により、日本の各地にアメリカ研究への興味と関心が広まっていることであった。

アメリカ研究の人気は、五〇年夏に一五〇件を越えるアメリカ研究セミナーへの参加申込書が東大に送られてきた事実が、それを裏付けていた。東大でアメリカ研究セミナーを開催することにより、その影響が日本社会の「広い範囲にかつ深く浸透」し、さらには、日本の大学でアメリカ研究講座の開設につながるものと期待されていた。南原総長は、同セミナーが、長い間孤立状態に置かれていた日本の研究者に、米国の客員教授から直に米国の文化について教わる稀な機会を提供しただけでなく、日本のアメリカ研究を振興する上でも貴重な経験であったと語った。というのは、同セミナーの参加者がそれぞれ各大学に帰るや、セミナーで身につけた米国についての知識を学生に伝え、その知識と情報がさらに日本の各地に広まっていったからである。換言すれば、東大主催のアメリカ研究セミナーは、アメリカ研究という新しい学問的な足場を日本の各大学に築く上で重要な貢献をしたということである。

また、南原総長は、アメリカ研究振興の時宜とその重要性をファーズに力説した。彼は、「日本におけるアメリカ研究の機が熟しているように思われます。米国およびアメリカ文化を学問として真摯に研究すること、そしてそのような研究を奨励することが、ますます重要であることが分かってきました」と述べた。さらに南原総長は、日本におけるアメリカ研究の将来について、「これからはアメリカ研究が、現在以上に基本となるでありましょうし、また、アメリカ研究が、一般国民の感傷的な感情によってたやすく左右されることもないでしょう」と述べた。この発言からして、南原総長が、日本のアメリカ研究の将来について楽観的に考えていたことは明らかであった。

ロックフェラー財団は、東大＝スタンフォード大学共催の第一回アメリカ研究セミナーに参加した教授ならびに南原総長からセミナーの報告を受け、満足していたに違いない。スタンフォード大学の教授陣は、「このセミナーを継続することから累積的な効果がきっと期待できるはずです」と述べ、アメリカ研究セミナーがあと三年から五年ほど継続されるべきであると、同セミナーの継続を強く推奨した。そして彼らは、「日米両国の長期的な知的協力関係を維持するため、そしてその幅広い基盤を築くために、東大やスタンフォード大学以外の大学にも私たちの考えや意見を広めることが重要であります」と提案した。

アメリカ研究セミナーの報告を受けたロックフェラー財団は、次の五年間に、一つは、日本人の教員に研修の機会を提供すること、二つは、東大で米国関連の蔵書を増やすこと、三つは、日本各地に米国の生活およびアメリカ文化への関心と興味が広まることを期待した。ロックフェラー財団は、もし上記の結果が得られれば、日本の高等教育制度においてアメリカ研究の位置が恒久的に築かれることになると考えた。そこで、同財団は、東大がスタンフォード大学から独立して企画の管轄権を掌握し、日本のアメリカ研究の進むべき方向を決めることができるように、今すぐに指導力を発揮することを東大に強く求めた。

しかしながら、南原総長をはじめ東大の教授は、ロックフェラー財団の要請にあまり乗り気ではなかった。むしろ彼らは、三年あるいはそれ以上継続的にスタンフォード大学から支援を受けることを希望していた。なぜなら南原総長は、東大には米国からもっと学ぶものがあると考えていたからである。彼は、東大には日本のアメリカ研究の「方向性を決める全責任を負う」だけの準備がまだ整っていない、と主張した。しかし、スタンフォード大学のスターリング総長によれば、南原の主張の理由は、あと一年で東大総長職を辞めることを意識し、「もし今、アメリカ研究プログラムが日本人の手に委ねられれば、同プログラムは失敗する」ことを恐れていたからだという。

一方、スタンフォード大学の教授陣は、南原総長と同じように、「東大が方向性をしっかりと掌握できるようになるには、もっと米国側からのアドバイスや支援が必要である」と考えており、南原総長の主張を支持する形で自分たちの所見をロックフェラー財団に伝えた。

ロックフェラー財団は、東大に指導権(リーダーシップ)を移すのは時期尚早であるという南原総長らの意見を受け入れざるを得なかった。そして、前年と同じ方式で、一九五一年から東大を支援することに決めた。ロックフェラー財団は、上記の結果が得られるのを期待しながら、さらに五年間、つまり一九五六年まで、財政支援を続ける旨をスタンフォード大学と東大の両大学に伝えた。ただし、申請が更新されるのは、その理由が正当なものに限ることを付け加えた。

ファーズは、南原総長とスタンフォード大学の教授陣の意見に沿った形で、日本でアメリカ研究セミナーが将来開催される際の指針を定めた。一つは、夏期セミナーが恒久的な企画ではなく、ちょうど「ポンプ」の呼び水のような働きをする一時的な措置であること。二つは、東大がアメリカ研究セミナーにおいて徐々により大きな責任を負っていくこと。その場合、東大とスタンフォード大学が「理事」の役割を担い、同セミナーは、日米両学界の全ての者に開かれたものとすること。三つは、いかなる委員会も組織も、他の研究組織の活動内容に立ち入って指図してはならないこと、以上の三点であった。ファーズが第三の原則を盛り込んだのは、アメリカ研究セミナーの刺激を受け、あるいはその支援の下に、今後、アメリカ研究の長期プロジェクトが、日本の各大学に生まれ育つことが想定されたのに加え、高等教育の分権化に対する同財団の立場を示そうとしたのかもしれない。いずれにせよ、第三の原則は、中央集権化が過度に進んでいる日本の高等教育制度の現実において極めて重要な意味をもっていた。

アメリカ研究と日本の高等教育の民主化

日本の民主化の鍵を握る問題の一つに、戦後日本の「高等教育のあり方」の問題があった。それは、主として、高等教育の「中央集権化か、それとも地方分権化か」をめぐって、政府官僚や知識人、それにジャーナリストらの間で様々な議論が戦わされた。ミクロのレベルにおいては、アメリカ研究者がアメリカ研究セミナーを将来どこで開催すべきかをめぐって話し合いを始めた時に、同じ性格の問題が集約的に明らかになった。

会議の冒頭、南原繁総長は、「アメリカ研究セミナーのようなプロジェクトは、全国的に実施されるべきであって、特定の狭い範囲の大学機関によって独占的に開催されるべきでない」と総論的な見解を述べ、会議全体の基本的な雰囲気づくりをした。しかし、その発言の後すぐに南原総長は、アメリカ研究セミナーは、当分の間、東大で開催されるべきであると付け加え、費用対効果の視点から自らの主張を正当づけようとした。

南原総長によれば、アメリカ研究セミナーは、「具体的に特定の研究機関が、実際に責任を負い、ダイナミックな推進力にならない限り、効率的に運営することはできない。したがって、日本において全国的な企画を実施する際に、東大がその世話役を引き受けても、それは不公平でも不適切でもない」ということであった。後に明らかになるように、その意味するところは、「東大がアメリカ研究セミナーの開催を独占したい」と主張しているのに等しかったが、南原の発言に異議を唱える者は、会議の出席者の中で誰一人としていなかった。それは、会議の出席者全員が、何らかの形で東大と結びつきのある人たちばかりであった事実を考慮に入れても、その発言に対して南原総長の動機と善意を疑う者は彼ら会議の出席者の中にいなかったからかもしれない。というのは、南原総長は非常に高潔な人として多くの人に尊敬されていたからであった。

東大アメリカ研究セミナー委員会は、南原総長の主張する費用対効果の議論を正当化できる理由を見つけようと努力した。その一つ目の理由は、セミナーの開催地を毎年移動するとなると、セミナー運営の責任を、東大のような経験が豊かで効率のよい組織からあまり実績のない実行委員会に移す必要があり、それには常にかなりの危険が伴うからであった。毎年、一〇〇名以上の研究者がセミナーに参加することを考慮に入れれば、この主張には人を納得させるだけのものがあると認めざるをえないであろう。

二つ目の理由は、大学附属図書館が、アメリカ研究セミナーの一部として重要な役割を果たすので、セミナーを効率よく運営し成功に導くためには、セミナー開催の近くに中央図書館のような大学附属図書館があることが必要不可欠であるということであった。というのは、セミナーの参加者は、米国の客員教授からあてがわれる参考図書に加え、期間中、しばしば大学図書館の図書を利用する必要があったからである。一九五〇年当時、東大附属図書館の蔵書は、かつて図書館長を務めた高木八尺教授の尽力もあって、アメリカ研究関係の選書約三〇〇〇冊を含め、かなりの数に達していた。さらに、東京ではインフォメーション・センターの図書も利用できた。というのは、そこには民間情報教育局が多数のアメリカ関係の図書を揃えていたからである。実際に、完備された図書館の有無が、将来のセミナー開催地を決める重要な要素の一つであることが分かった。加えて、セミナー参加者や日本の学生は、東大に対して一目を置いていたことも、アメリカ研究セミナーを東大で開催する大きな要素であった。

予想されたように、「東大がアメリカ研究セミナーを独占しようとしている」という非難に加え、セミナー参加者が東京の人たちばかりであるとの批判がどこからともなく聞こえてくるようになった。やがて批判は、実際に東大の研究者に浴びせられることになった。その批判の多くは、嫉妬心から発せられたものであったかもしれないが、セミナーに対する旧東京帝国大学の影響力があまりにも大きかったからでもあった。その影響力を示す一つの例は、東大の卒業生の多くが、日本各地の大学で教鞭をとり、全国に遍在していることに見られた。前述したように、五〇年度アメリカ研究セミナーの延長として、北海道でアメリカ研究会議や円卓会議が開かれたが、その準備に携わったのは、「南原総長がこれまで教えた中で最も優秀な学生は四人いたが、そのうちの一人と評されていた……とても活発で有能な」政治学の助教授であった、とバス教授は記している。そのような好ましくない批判に対して、東大アメリカ研究セミナー委員会はすぐさま対応した。同委員会は、セミナー参加者の地理的分布を意識して、セミナーの恩恵が東大以外の大学や東京以外の地域にも広がるように、参加者の選定には十分に配慮するようになった。

一方、ニュージェントやドナルド・ブラウンなどの民間情報教育局の役人は、セミナー委員会の議論に必ずしも納得したわけではなかった。戦後の日本に中央集権化の動きがすでに始まっていたので、米国人にはセミナー委員会の主張を額面どおりに受け入れることは難しかった。なぜならブラウンは、東大を「あまり革新的な大学ではない」と捉えており、アメリカ研究セミナーの分権化を望んでいたからであった。ニュージェントも、「計画は、セミナーの開催場所を一校に想定している。セミナーの開催場所を東大から移すべきでないという感情は私には理解できる。しかし、二カ所で同時に二つのセミナーが開催されるということは、全般的な目標にとってより大きな成果をもたらしてくれるものと、私は確信している」と述べ、中央集権化の動きに疑問を呈した。それから三年を経た五四年に、ロックフェラー財団のディーン・ラスク会長は、「私たちの教育制度の特筆すべき長所は、その制度の多様性と管理の分権にある。この多様性を否定して画一化することは、政府のためにも財団のためにも、そして他のどの団体のためにもならないと、私たちは信じている」と、米国議会特別委員会で証言した。

幾多の折衝がなされた末に、一つの妥協が成立した。それは、アメリカ研究セミナーの開催地は東大を中心とするが、セミナーの主要な会議が終了した後は、東京から離れた場所、たとえば京都で短期間の会議を開催するということであった。ファーズは、中央集権化の問題に関連して日本のアメリカ研究者に、東京および京都で開催されるアメリカ研究セミナーの研修生が、もっと全国的なアメリカ研究組織の組織化に取り組むといった可能性はないだろうか、と尋ねた。ファーズの発言は、全国的な研究組織の組織化が過度の中央集権化という厄介な問題の解決に少しは役立つであろうといった希望からなされたことは明らかである。しかし、ファーズが驚き愕然としたのは、東大の「野心」はアメリカ研究の分野だけに限られていなかったことである。それは、数年経った五八年に、東大の矢内原忠雄総長が提案していた国際関係研究所の設置の問題が取り上げられたときのことであった。ファーズは、東大の「野心」には際限がないように思われ、それに一定のブレーキをかけようとした。彼は、「東大は、あらゆる分野に手を出すべきではない」と示唆したうえで、地域研究において大学間の分業の可能性を検討するよう東大の教授に強く要請した。というのは、ファーズは、東大への過度の集中がもたらす弊害について確固たる意見を抱いており、近い将来にはインドネシア研究では早稲田大学を継続して支援し、また中近東（アラブ）研究では慶應義塾大学か中央大学を支援したほうが良いと考えていたからである。

しかしながら、アメリカ研究セミナーの開催地をめぐる五一年の妥協は、セミナーにまつわる問題のすべてを解決したことにはならなかった。アメリカ学会を全国規模の学会に拡大発展させてはというファーズの提案は、皮肉なことに、東京アメリカ研究セミナーと京都アメリカ研究セミナーの関係を一層悪くさせることになった。この問題は、「日本の高等教育の中央集権化」の問題よりも重要であり、かつ複雑であるとはいえないにせよ、それと同じくらい厄介な問題であった。それは、他でもない東大と京都大学(以後、京大と略記)の長年の対抗意識から生まれたものであった。アメリカ研究セミナーは、東大の「後援の下に」、東大が独占的に主催すべきであるという南原の主張は、多くの日本のアメリカ研究者、特に京都在住のアメリカ研究者の感情を逆なですることになった。それが契機となって、東大と京大の間の潜在的な対抗意識が表面化し、再燃することになった。その問題については次章で詳しく述べたい。

第10章　京都アメリカ研究セミナー

東京での六週間のセミナーが終わった後、デイヴィス、ゴヒーン、ノールズの二教授は、一九五〇年八月二三日から二五日にかけて関西に足を延ばした。その目的は、近い将来に関西で同様のセミナーを開催する可能性を探ることにあった。彼らは、開催校の候補として京大あるいは同志社大学(以後、同志社と略記)を視野に入れていた。京大は、東大に匹敵する西日本における学問研究の中心であり、一方、同志社は米国と深い繋がりのある日本で最古のキリスト教系の私立大学であった。

三名の米国人教授を京大と同志社の代表者に引き合わせたのは、スタンフォード大学の卒業生(一九一九年卒)で、同志社商業高校の岡本春海校長と京大の阿部統教授であった。京大からは、豊崎稔教授(経済政策)、原随園教授(古代西洋史)、阿部統教授(経済統計学)、それに横山春風事務局長が、同志社からは、大塚節治学長(神学)、松井七郎教授(経済学)が、出席した。その会合において、京大と同志社の教授陣は、五一年に東京とは別個のアメリカ研究セミナーを京都で開催することに強い意欲を示した。彼らの構想は、五一年の夏に少なくとも二週間、米国の教授陣を京都へ招待してアメリカ研究セミナーを開催し、そのホスト役を務めたいということであった。

デイヴィス教授ら三名の訪問者は、京大と同志社の教授から、両大学がその企画の実施において互いに協力するという、積極的な意向を聞いて強い感銘を受けた。米国の三教授は、京都グループの研究者が同様のセミナーを京都でも開催したいと希望するようになったのは、自分たちも東大と同じように評判と威信を高めたいと思ったからではないかと想像した。前述したように、東大はアメリカ研究セミナーの開催によって、世間一般やマスメディアから注目を浴び、威信がさらに高まったことは明らかであったからである。

加えて、スタンフォード大学、東大、それにロックフェラー財団の三団体は、一九五〇年度アメリカ研究セミナーをあくまでも試験的なものと捉えていた。したがって、東大とスタンフォード大学の共催によるセミナーという先例がある限り、京大あるいは同志社が、教授の交流またはセミナー企画について、他の米国の大学と取り決めをしてもいけないはずがない、と三教授は考えていた。しかし、アメリカ研究セミナーをめぐる問題が、後に、互いにライバル関係にあった東大と京大の間で表面化し、ロックフェラー財団を当惑させることになるとは、当時、誰にも想像できなかった。

京都アメリカ研究夏期セミナー

京都アメリカ研究夏期セミナー（以後、京都セミナーと略記）は、京都に在住のアメリカ研究者と京都の高等教育機関が長年抱いていたアメリカ研究セミナー開催の強い希望と真摯な願いに端を発している。しかしながら、京都セミナーを組織する道のりは、平坦ではなく、むしろ厳しい茨の道であった。

第一回目の京都セミナーは、一九五一年八月一五日から二四日まで京大で開催された。この短期間のアメリカ研究セミナーでは、八回のセッションで五部門のセミナーが開かれた。政治学部門

（特に、対外政策の実施について）は、ロイデン・デインジャーフィールド教授（イリノイ大学の政治学の教授で政治ならびにパブリック・アフェアーズ研究所所長）、経済学部門（特に、景気停滞理論とアメリカ経済について）はハワード・エリス教授（カリフォルニア大学の経済学の教授）、アメリカ文学部門はレオン・ハワード教授（カリフォルニア大学のアメリカ文学の教授）、哲学部門（特に、現代アメリカ哲学について）はジョン・ゴヒーン教授（スタンフォード大学の哲学の教授）、アメリカ史部門はジョージ・ノールズ教授（スタンフォード大学のアメリカ史の教授）によって担当された。そして、一〇六名の日本のアメリカ研究者が参加した。当時、同セミナーは、ロックフェラー財団からの財政支援の下、東大＝スタンフォード大学の共催で開催されたアメリカ研究セミナーの延長と位置づけられていた。しかし、京都の研究者は、自分たち自身のアメリカ研究セミナーを京都で開催することに熱い情熱を燃やしていた。

京都でのセミナーが成功裏に終わり、それに意を強くした京大と同志社のアメリカ研究者は、五二年には自分たちの手で夏期セミナーを京都で開催することに決めた。京大と同志社の教授からなる合同委員会が、セミナーを組織し準備するために設置された。京都グループの取った自主独立的な行動は、後に東京グループの研究者との間に不和の種を蒔くことになるが、その時、それを予測できた人は誰一人としていなかった。

京大の鳥養利三郎総長と同志社の大塚節治学長は、五一年八月二四日に翌年の京都セミナーの開催に必要な助成金を求めてロックフェラー財団に申請書を共同提出した。その申請内容は、一九五二年を皮切りに、西日本の研究者ならびに学生のために、毎年、京都セミナーを開催したいというものであった。また、京都のアメリカ研究者は、ロックフェラー財団に東京のアメリカ研究者と同等に扱ってもらいたいと強く願っていたので、京都セミナーが開催される期間も、東京セミナーと同等になることを強く希望していた。スタンフォード大学の教授陣は、東京の研究者への支援と同様に京都のアメリカ研究者も支援する心積もりであった。そして彼らは、京都のアメリカ研究者の助成金申請を全面的に支援した。

ロックフェラー財団からの素早い反応

ロックフェラー財団のスタッフも、京都セミナー開催の提案を「建設的なステップ」と見なしていた。なぜかと言えば同提案は、日本人の自主性とリーダーシップの下に、アメリカ研究を京都、大阪、神戸などの近隣都市において振興することになるからであった。関西地域はローカル色が強く、また東京への対抗意識も強かった。また、東京に次いで外国の影響を受けやすい地域でもあった。しかしながら、関西地域は伝統的に保守的な面が強く、一般に想像されているほど近代的な考えを受け入れているわけではなかった。そのような理由から、関西地域が米国と学術的な接触を持つことは、今後数年の間に、同地域が知的生活面で質の向上をはかるうえで極めて重要であると考えられていた。

ファーズもロックフェラー財団のロジャー・エヴァンズ社会科学部門長も、京大＝同志社共催のアメリカ研究セミナーを京都で開催することに心底から興味を抱いていた。しかし、ファーズは、京都セミナーが、東京セミナーと重複しないことが重要であると考えていた。というのは、彼は、日本におけるアメリカ研究の振興には地域的分業が重要であること、つまり各地域のセミナーが各々の特色をもっていることが極めて重要であると考えていたからである。

またファーズは、京都グループを支援する米国側の大学として、スタンフォード大学以外の大学がその役割を引き受けることにしてはどうかと提案した。そして、彼は、支援大学として次の三つの要件を挙げた。その一つ目は、支援大学には確立されたアメリカ研究プログラムが存在すること、二つ目は、支援大学がある程度日本へ関心を抱いていること、それに三つ目は、支援大学に、東京セミナーの時と同じような労力と責任を喜んで引き受ける心積もりがあることであった。そこでファーズは、その候補として、イリノイ大学、ハーヴァード大学、それにミネソタ大学の名前を挙げた。

それに対して、ゴヒーンは、ファーズと違った考えを抱いていた。それは彼が京都セミナーの支援大学としてイリノイ大学が最適であるとは考えていなかったからである。その代わりにゴヒーンは、スタンフォード大学には、当分の間京都グループを実の親のように世話をする「保護校（カストディアン）」の役割を引き受ける用意があるという内容の「丁寧な」申し出を行った。ゴヒーンが意識していたかどうかは分からないが、彼が使用した「未成年者の保護」を意味する「カストディアン」という言葉は、アメリカ研究セミナーをめぐる日米関係の「質」、つまり、教師と生徒、あるいは親と子の関係を象徴的に表わしているといえよう。

京都グループの教授は、ゴヒーンからアメリカ研究セミナーの主題とそのタイミングについていくつかの示唆を受けた。そして、彼らは申請書の原案を、ロックフェラー財団の求める詳細でかつ必要な諸条件に見合った形に修正し、最終案にまとめ上げた。エヴァンズは、一九五一年一二月三一日にアメリカ研究セミナーを東京以外の場所で開催することは、東京でのアメリカ研究セミナー・プログラムを補完する意味で価値があるとの最終判断を下した。

支援大学を求めて

京都在住のアメリカ研究者は、東京グループの例にならい、スタンフォード大学を支援大学として希望している旨を明らかにした。しかし、問題をさらに複雑にしたのは、その時にイリノイ大学が、京都セミナーの後押しをしたいと名乗りをあげたことであった。イリノイ大学のジョージ・ストッダード総長とロイデン・デインジャーフィールド教授は、「京都セミナー」案に対して熱のこもった支援を約束してきた。ところでストッダード総長は、四六年の米国教育使節団の日本への派遣の際に団長を務めた人物(第一章を参照)であり、デインジャーフィールド教授は、五一年度東大＝スタンフォード大学アメリカ研究セミナーの講師であった。加えて、イリノイ大学には、工学部、経済学部、農学部、教育学部、政治学部、それに他の分野の学部教員七〇名の会員からなる日本クラブがあった。同会員には、日本との繋がりがある教員もいたし、日本に滞在した経験のある教員もいた。ストッダード総長とデインジャーフィールド教授は共に、「京都セミナー」案とイリノイ大学の研究教育プログラムが、相互に補完し合うものである点を力説した。

しかし、スタンフォード大学のゴヒーン教授は諦めなかった。彼は、イリノイ大学とスタンフォード大学が、当分の間京都セミナーを共催するという代案を、ロックフェラー財団に提示した。

「京都セミナーが、その間に東京セミナーのように発展し、イリノイ大学が同セミナーを単独で後援する基盤も築かれることでしょう」と自信のほどを示した。その上でゴヒーン教授は、「少なくとも現在は、……京都セミナーが独り立ちできるように、スタンフォード大学アメリカ研究委員会ができる限りのことをするのが望ましい」とも提案した。

ロックフェラー財団のスタッフは、ゴヒーン教授の提案を真摯に受け止めた。そして、彼らが辿りついた結論は、一つは、京都セミナーは、イリノイ大学の支援を受けること、もう一つは、京都セミナーは、京大と同志社の共催とし、そのための助成金はロックフェラー財団の人文科学部門と社会科学部門がそれぞれ折半して受け持つことであった。ロックフェラー財団は、「緊張を孕んでいる現下の日米関係に鑑みれば」、京都セミナーは「大変望ましい」企画であると考えていた。ロックフェラー財団が言及した「緊張を孕んでいる現下の日米関係」とは、ほんの三カ月前に締結されたばかりの対日講和条約、それに日米安全保障条約に対する日本国民の不安と反米感情の高まりを指しており、民間の財団による援助が、米国の「寛大さ」の他に、アメリカ研究への支援という形で表わされた極めて政治的な意味も込められていたことも理解されよう。このような状況を意識してかどうかはわからないが、在日アメリカ大使館のサクストン・ブラッドフォード広報担当官は、「今、対日講和条約の権力的な側面と日米安全保障条約の重要性が強調されていることに鑑みれば、在日アメリカ大使館のこれからの活動が、（日米関係）全体のバランスを維持するものとしていっそう重要になってくる」と述べた。日米関係「全体のバランスを維持するもの」として期待されたのは、在日アメリカ大使館が管掌する文化交流プログラムであることは言うまでもない。

ロックフェラー財団実行委員会は、五二年一月一八日に同年の夏に開催予定の京都セミナーを支援するために、イリノイ大学に一万九五〇〇ドル、そして京都グループに三〇〇〇ドルをそれぞれ付与する決定を下した。但し、京都セミナーへの財政支援は単年度限りとし、それ以降の支援については、ロックフェラー財団は何の約束もしないということが確認された。加えて、同財団は、京都セミナーが、東京セミナーを補完する性格のものであることを強調するとともに、京都セミナーが、できるだけ早く大学の通年のアメリカ研究プログラムに発展し、昇格することを希望している旨も京大と同志社側に伝えた。

ロックフェラー財団のスタッフは、さらに続けて取り組まねばならない問題を二つ抱えていた。一つは、京都グループにイリノイ大学が京都セミナーを後援することを伝え、彼らを説得することであった。京都セミナーを開催するには、この問題は避けることはできなかった。というのは、京都地域のアメリカ研究者は、依然として支援大学にスタンフォード大学を希望していたからである。もう一つの問題は、京都グループの「面子」の問題であった。京都地域のアメリカ研究者は、ロックフェラー財団から京都グループへの助成金が、東京グループのそれとは異なり、単年度限りで更新の見込みがないことを同財団からそっけなく言い渡された。このような差別的な扱いに、彼らの自尊心はひどく傷つけられた。というのは、彼らは、自分たちがロックフェラー財団から東京の研究者と同じ扱いを受けるに値する研究者であると固く信じていたからである。そこで、ロックフェラー財団のロジャー・エヴァンズ社会科学部門長は、五二年の初頭に予定されている東アジアへの旅行の途中、東京と京都に立ち寄り、日本のアメリカ研究者と話し合うことにした。その目的は、アメリカ研究について、東京グループと京都グループの共通理解を深めることにあった。

ささいなもめごと——積年のライバル関係

南原総長と矢内原忠雄次期総長は、京都グループのアメリカ研究セミナーの企画を知って激怒した。特に、南原総長は、京都のアメリカ研究者の行動は、東京と京都のグループ間の信頼関係を損なう「特許の侵害行為」であるとして、彼らを非難した。同総長によれば京都グループのアメリカ研究者は、東京とは全く異なるアプローチでセミナーの企画を進めるべきであるというのであった。

一方、京都のアメリカ研究者は、東京のアメリカ研究者からのこの「いわれのない不当な」批判にかなり苛立っていた。なぜなら彼らは、関西地域においてセミナーの開催を実現するために、自分たち自身のセミナー計画を立案することにエネルギーを傾注してきたからである。京都のアメリカ研究者は、南原総長の発言を「東大のアメリカ研究セミナーに対する野心の表れ」と捉えていた。彼らによれば、東大はアメリカ研究セミナーを単独で主催して、セミナーを独り占めすることを企てているというのであった。京都のアメリカ研究者は、ロックフェラー財団は、東京地域だけに注意と関心を向けるべきではない、と力を込めて主張した。

日本に着くや、エヴァンズはすぐに東京グループと京都グループの仲裁に入った。彼が予想していたように、露骨なまでの対抗意識から東大と京大の間に緊張が極度に高まっていることが分かった。東京と京都のアメリカ研究者は、互いに口も利かず角を突き合わせている状態であった。

エヴァンズが日本を訪れていたちょうどその時、偶然にもスタンフォード大学のジョージ・カー教授は日本に滞在していた。東大と京大の間の不和を目の当たりにしたカー教授は、両大学の対立を「日本社会に古くから見られる大学の序列と、戦後、地位の確保をめざす大学のプライド」の表れであると捉えた。同時に彼は、東大の態度を「大人気ない」と批判した。カー教授にとって、高潔で偉大な南原総長のような人物がこのような態度と行動をとることは意外に違いなかった。カー教授の指摘は、ある意味で、米国人の日本の知識人観を表しているように思われる。というのは、カー教授のコメントは、一九五一年に米国議会上院の委員会を前にして、日本人は「一二歳の少年」のようだと表現したマッカーサーの発言を髣髴させるからである(第四章を参照)。東京グループの有力なリーダーの一人である岸本英夫教授は、南原総長の定年退職後にはアメリカ研究セミナーにおいて個人色がもっと薄まることを望んでいる、と米国人に自分の気持ちを伝えた。岸本教授の発言の趣旨は、アメリカ研究セミナーが、個人的な関心事というよりは大学全体の関心事となり、その結果、米国への関心が高まることが期待されるという点にあった。カー自身も、友人としてアメリカ研究セミナー全体の利益のために、京都グループに対する批判をやめるか、あるいは最小限に留めてはどうかと、友好的な口調で東京グループに提案した。

エヴァンズは、東京と京都の両グループのリーダーと直接話し合い、グループ間の誤解を解こうと努力した。彼は、ロックフェラー財団の「基本的な関心が、地域研究の指導者を日本で育成すること」、それに、「ロックフェラー財団は、人材育成と資料収集の準備段階において、東京のアメリカ研究プログラム以外に、いかなる計画も構想していないこと」を彼らに率直に伝えた。それは、ロックフェラー財団から付与される第二番目の助成金が、一年限りのものであることを意味していた。エヴァンズは、東京と京都の二つの研究グループが互いに「連絡を密にし、今年度のセミナーが、重複しないよう最大限の努力をすること」を希望し、その会議を閉じた。

ゴヒーン教授は、東京グループの排他的な権利の主張に対して、他大学のアメリカ研究者から異議が唱えられるのは明らかであり、また異議の申し立ては「望ましいこと」であると考えていた。一方ファーズは、東京と京都の両グループの争いは、百害あって一利なしと考えていた。エヴァンズもファーズと同意見であった。

ファーズは、五二年四月に京都へ出向き、そこで京大と同志社のアメリカ研究の専門家と話し合う機会を持った。その会合には、京大からは神学の有賀鉄太郎教授、経済学の谷口吉彦教授、同じく経済学の松井清助教授が、同志社からは経済学の松井七郎教授が出席した。有賀教授は、京都セミナー企画委員会の委員長であり、谷口教授は、ファーズがロックフェラー財団の研究員として京大で研究していた時の指導教授であった。また、松井助教授は、かつて谷口教授の下でファーズと一緒に学んだクラスメートであった。

話し合いの中でファーズは、ロックフェラー財団が、地域研究の領域で複数の大学間の協力あるいは分業が可能な長期計画に最大の関心を抱いていることを明らかにした。彼は、関西地域においてアメリカ研究を振興するために、特に広域の大学間協力の重要性を強調した。

京都の研究者の間では、アメリカ研究を京都で発展させたい気持ちが強かった。しかし、知名度の高い国立大学（京大）と私立大学（同志社）との間の協力のあり方をめぐって厄介な問題が発生し、それが後に京都のアメリカ研究者を大いに悩ませ、精神的に消耗させることになる。

表1　1952年の京都アメリカ研究セミナー

講師	講義題目	所属大学
ウィリアム・スタンリー	米国における教育哲学	イリノイ大学
クラレンス・グレアム	実験心理学	コロンビア大学
ジョン・フラナガン	現代アメリカ文学	イリノイ大学
ジョゼフ・スペングラー	米国における労使関係	デューク大学
ロイデン・デインジャーフィールド	米国における政党と世論	イリノイ大学

一九五二年度京都アメリカ研究夏期セミナー

紆余曲折の末、ロックフェラー財団からの二万二五〇〇万ドルの助成金を得て、第二回京都アメリカ研究夏期セミナーが一九五二年八月四日から二六日まで開催された。イリノイ大学、京大、同志社の三大学による共催のもとに、合計で一七のセミナー分科会が開かれた。京都セミナーへ米国から五名の教授が招聘された(表1を参照)。

デインジャーフィールド教授は、米国人講師陣を代表して、五二年度京都セミナーが大成功に終わったことをロックフェラー財団に報告した。また彼は、京都セミナーを継続することについて、米国の講師全員が賛成していることも報告した。

京都のアメリカ研究者は、五二年度セミナーの成功の美酒に酔っていた。彼らは、続いて長期プログラムを構想し、それに対するロックフェラー財団の支持を取りつけようとした。その長期プログラムとは、日本(京大)にアメリカ研究所を、米国(できることならば中西部の大学)には日本研究所をそれぞれ設置するという野心的な計画であった。

この提案の中には、二つの研究所の設置だけでなく、日本研究所を支援する米国の大学によって主催される日本研究ワークショップや、毎年夏に日本で開催されるアメリカ研究ワークショップも含まれていた。京都アメリカ研究委員会によれば、日米両国で開催される二つのワークショップを制度化することから、アメリカ研究ならびに日本研究の振興だけでなく、既存の教育課程への新しい教材の導入という大きな成果が期待されるという。この京都グループの文化交流構想こそ、ロックフェラー財団が実現をめざしていたものであり、真の意味での「双方向の」文化交流に他ならなかった。

デインジャーフィールド教授が京都セミナーおよび長期プログラムを高く評価していたのに対して、ロックフェラー財団のスタッフは、京都グループの長期プログラムにあまり乗り気ではなかった。というのは、ファーズは、企画案の実施の可能性、特に企画の規模について大きな疑問を抱いていたからであった。

一方、デインジャーフィールド教授がセミナーの「中心人物」と呼んだ武内（スターリング）辰治教授は、西日本でアメリカ研究を振興するには、あらゆる形のサポートを受けることが望ましいと考えていたので、京都グループの計画案を前向きに捉えていた。武内教授は、企画案について意見を求められた時、歯に衣を着せることなく率直に意見を述べる学者であったので、ファーズから信頼されていた。武内教授は、日米安全保障条約や、日米行政協定による米軍基地問題などで、近年、日本の知識人の間に反米感情が高まっていることに当惑していた。その意味で、同教授は、日米文化関係において京都セミナーのもつ重要性を十分に認識していた。しかし、武内教授は、京都グループの計画案を支持しつつも、京都セミナーの運営の仕方については批判的な意見を抱いていた。彼によれば、京都セミナーでは、資金がセミナーの運営に直接関係のある事柄に必ずしも有効に使われず、あまりにも多額の資金がむしろ不要と思われる接待費に使われているという。武内教授は、関西の人は東京の人よりも客を接待するのが好きらしいと自戒したのかも知れない。

表舞台から姿を消すイリノイ大学

京都グループの計画案が検討されていたその時に、懸案の「京都セミナーの支援大学」についてイリノイ大学のデインジャーフィールド教授から、イリノイ大学を支援大学の候補リストから取り下げて欲しいという爆弾宣言があった。理由は、イリノイ大学が日本研究の分野で提供できるものが余りにも少ないという点にあった。そして同教授は、ミシガン大学を京都セミナーの支援大学に推薦した。ファーズは、事態の展開に特に驚いている様子はなかった。彼は、イリノイ大学には日本よりもインドのプログラムに関わって欲しいと個人的に考えていたからである。

京都セミナーの支援に関するロックフェラー財団の最終決定は、デインジャーフィールド教授から届いたイリノイ大学の辞退の懇願もあり、ファーズが一九五三年四月に京都を訪れ、アメリカ研究者と直接腹を割って話し合いをするその時まで延期されることになった。武内教授は、ファーズに京都では京大の有賀鉄太郎教授に是非会うよう促した。なぜなら武内教授は、有賀教授を関西地域の大学の調整役として最適の人物と見なしていたからである。彼は、他大学の教授が、あまりにも官僚主義的で、打ち解けて話ができない研究者ばかりだと考えていたので、京大以外の教授をあまり高く評価していなかった。

ファーズは、秘書のフローラ・リンドを伴い、五三年四月一〇日に東京に着いた。彼は、矢内原総長や岸本教授を含め東京グループの研究者が、京都プログラムにあまり良い感情を抱いていないことを直ぐに感じ取った。また、東京グループの研究者が東京と京都の二つのプログラムの明確な棲み分けを望んでいることも分かった。

その後、ファーズは京大を表敬訪問し、京都プログラムは東京プログラムの模倣ではなく、京都の学者が智慧を出し合って、東京とは一味違ったプログラムを編み出すようにと再度ロックフェラー財団の希望を伝えた。ファーズはまた、アメリカ研究セミナーの開催は時間的に間に合わないという理由から、五三年度は同財団からの財政支援はないという財団の決定を伝えた。加えて彼は、今回の京都グループの申請内容が、ロックフェラー財団の条件を満たすものではないことも伝えた。ファーズは、京都アメリカ研究委員会には後援大学を探す手続きも残っていることも伝え、彼らの注意を喚起した。最後に彼は、真の効果が期待できるような具体案と予算案を、五四年度の財政支援の決定がなされる前に、ロックフェラー財団に提出するよう京都アメリカ研究委員会に伝えた。

関西に滞在中にファーズは、関西学院大学の数名の教授から話を持ちかけられた。中でも武内教授は、京都セミナーの運営のあり方について重要な提案を行った。その内容は、京都セミナーの実行委員、アメリカ研究セミナーの講師、あるいはその両方を、一つの大学(京大を指す)の教授だけが独占するのではなく、複数の大学の教授が務めるべきだというものであった。それに対し、ファーズは、関西地域の日本人研究者の才能が十分に活かされ、京都セミナーの質が保証できるよう、様々な可能性を検討することを約束した。

五四年度京都セミナー開催のための新提案

ファーズが一九五三年の初夏に日本からニューヨークに戻ると、京都アメリカ研究委員会から五四年度アメリカ研究セミナー案がロックフェラー財団に届いていた。京都セミナー案の斬新さは、米国から二名の客員教授が招聘されるという点にあった。その案によれば、二人の招聘教授のうち一人は、五四年の初春に日本に来て、夏の終わりまで滞在し、もう一人は初夏に日本に来て、冬の半ばまで滞在する。すなわち客員教授の来日および滞在の時期をおよそ半年ずらすことにより、客員教授の少なくとも一人が、学年歴の大半を日本で過ごすというのであった。また、二人の客員教授が同時に日本に滞在している夏期に、関西地域の大学から選び抜かれたアメリカ研究専門の三名の日本人教授と一緒に、アメリカ研究の共同ゼミを行うということであった。加えて、米国からの客員招聘教授は、通常の学期中に一般の学生や日本の教授と接触する機会が持てるように、京大と同志社の法学部と文学部で正規の授業を教えるという構想であった。イリノイ大学は、五二年度と同じように、セミナーの実施ならびに米国人講師の募集においても、京都グループに協力する意向を明らかにしていた。

京都グループからの申請書に目を通した時、エヴァンズは一つの奇妙な事実に気付いた。それは、京都グループ申請の助成金の額が、アメリカ研究セミナー経費として東京グループが受け取る額(三万二〇〇〇ドル)とほとんど同額であるという事実であった。東大と京大の積年のライバル関係を知っていたエヴァンズは、助成金額が同額であるのは、京都グループの威信を守るために、京都のアメリカ研究者も、東京グループと同額の助成金を受け取るべきだと思ったためではないかと想像した。エヴァンズだけでなくファーズも、東京グループの批判に対する京都グループの反論の中に、東京グループに対するある種の嫉妬を感じ取っていた。ファーズは、「ここには嫉妬心が働いていることは間違いない。しかし、そうすることで彼ら(京都のアメリカ研究者)は、東京プログラムを事実上褒め称えているのである」と、皮肉を込めて書き記した。京都のアメリカ研究者の行動が、京都グループの威信へのこだわりと東京グループに対するライバル意識に大きく影響されていたことは想像に難くない。それはともかく、ファーズは、京都グループの申請書に失望を隠し切れなかった。というのは、彼は、ロックフェラー財団から助成金を受けるその大前提として、京都グループが東京と同額の支援を地域社会から調達する必要があると考えており、京都グループの申請書には、セミナーに対する地域社会からの寄付について何の言及もなかったからである。

京都グループの提案にはいくつかの問題点があったが、ロックフェラー財団のスタッフは、同提案を好意的に受け止めた。なぜかと言えば、京都グループの提案は、日本人のリーダーシップの下に、京都、大阪、神戸などの近隣都市においてアメリカ研究の自立的な発展をはかる上で建設的な措置であると捉えていたからである。ロックフェラー財団は、過去二〇年間、米国で日本研究を振興するために支援し続けてきたが、関西地域でアメリカ研究を振興するための財政支援は、米国で日本研究を振興するための支援に匹敵するものと、同財団のスタッフは見なしていた。

このようにして一年間の空白の後、京都アメリカ研究夏期セミナーは、五四年七月一九日から八月一三日まで同志社で開催された(表2を参照)。同セミナーは、ロックフェラー財団から二年間の財政支援の下に、イリノイ大学、同志社、京大の三大学の共催で開かれた。申請書の中で示された

表2　1954年の京都アメリカ研究セミナー

講師	講義題目	所属大学
チャールズ・アレン	米国の教育実践に見られる現在の動向	イリノイ大学
スタンリー・バリンジャー	米国の教育理論をめぐる最近の論争	インディアナ州立大学
ロドニィ・モット	裁判所とアメリカ憲法	コルゲート大学
松井七郎	米国における労働運動と労使関係	同志社大学
ミヤガワ・テツオ	産業社会学の貢献	ボストン大学
小寺武四郎	米国における通貨理論	関西学院大学
青山秀夫	経済動態論――過去と現在	京都大学
市村眞一	経済理論における近年の主題	和歌山大学
R・ジェリフ	エドウィン・アーリンジャー・ロビンソンの詩について	神戸女学院大学
バートン・マーティン	ロバート・フロストの詩について	東北大学
ロバート・グラント	セオドア・ドライザーについて	同志社大学
リンドレー・ハベル	アメリカ演劇に見られる近年の傾向	同志社大学

ように、同夏期セミナーは、新しく開設された通年のアメリカ研究セミナーの一環として位置づけられた。

京都アメリカ研究セミナーは成功を収めた。しかし、セミナーの参加希望者は一〇〇名であったが、実際に参加したのは八一名であった。風評によると、「京都セミナーは、質、成熟度、均等性において、まずまずの平均点に達してはいたが、セミナーとしては、実際には点数は低かった」ということであった。ロックフェラー財団のスタッフは、京都セミナーの参加者の質は、東京の参加者の「質と同じ水準ではない」との印象を受けた。そして、彼らは、京都プログラムが東京プログラムと同じくらい「成功しているとはいい難い」と結論づけた。京都セミナーの実績は、「あまり芳しくはなかった」が、同セミナーは、翌年の五五年六月にさらに三年間の助成金をロックフェラー財団から付与されることになる。

支援大学に選ばれたミシガン大学

次に、京大＝同志社アメリカ研究セミナー委員会が取り組まねばならなかった課題は、米国の支援大学を探し出すことであった。その白羽の矢が立ったのがミシガン大学であった。ミシガン大学にはすでに日本研究センターが設置されており、米国における日本研究の拠点となっていた。同大学は、岡山にも研究センターを設置していた。

ファーズは、帰国した後、ミシガン大学のマーヴィン・ニーハス副学長と接触を持ち、同副学長が日本の大学と教育研究上の提携を結ぶことに強い関心を抱いていることを知った。そして、ミシガン大学は、京都アメリカ研究セミナーを支援することに同意した。同セミナーは、通年のセミナーとして一九五五年二月一日から翌年の五六年一月三一日まで一年間続くことになっていた。

京都グループのアメリカ研究者は、ミシガン大学が京都セミナーの支援大学の役割を引き受けたという知らせに大変喜んだ。同セミナー実行委員長代理の上野直蔵教授は、ロックフェラー財団の支援に謝意を表すとともに、日本の学問研究に対する米国の良い影響の一例として、関西地域の大学におけるアメリカ研究関連の授業科目数の増加を指摘した。また彼は、新設の授業科目の半数が米国の考えに基づいた科目であることに加え、カリキュラム、教育方法ならびに指導方法も、米国の考えに基づいたものであることに、ロックフェラー財団の特別の注意を喚起した。

ロックフェラー財団からの財政支援の下に、五五年度の京都アメリカ研究夏期セミナーが七月一八日から八月一二日まで京大で開催された。ミシガン大学、同志社、京大の三大学が共催したこのセミナーでは、教育学、アメリカ文学、法学と政治学、経済学、哲学、それに人類学の七つの専門分野が提供され、二〇のセミナー分科会が催された(表3を参照)。

京都グループのアメリカ研究者は、五四年から五五年の二年にわたって、五五年度の夏期セミナ

表3　1955年の京都アメリカ研究セミナー

講師	講義題目	所属大学
フリッツ・マークルップ	競争と独占の問題点 国際貿易理論の問題点	ジョンズ・ホプキンス大学
ヴァージル・オールドリッチ	認知と評価理論——伝統と言語学の観点から	ケニヨン大学
ゴードン・ヒューズ	米国の人類学に見られる最近の傾向	コロラド大学
エミリオ・ラニア	アメリカ文学における上流階級の伝統	フィスク大学
キャサリン・マルホランド	現代アメリカ演劇と詩のドラマチックな読み方	ブルックリン・カレッジ
ロバート・グラント	試験と測定	同志社大学
ロイ・ワンガー	AV教材を通してのカリキュラムの改善	ケント州立大学
メイヴィス・マン	州政府と地方政府	ウェストヴァージニア大学
高橋貞三	比較政治	同志社大学
須貝修一	米国行政法の原理	京都大学

ーを含め、通年の京都アメリカ研究セミナーを成功のうちに終えることができた。彼らは、その成功の証しとして、アメリカ研究セミナーの影響がよい形で京都地区に広がってきていると報告した。そして、ロックフェラー財団を説得し、現存の京都プログラムをさらに数年間継続する約束を取りつけるのに成功した。それは、さらに三年間の助成金を手に入れたことを意味していた。その助成金の期限は五九年三月三一日となっていた。ロックフェラー財団の決定は、京都グループに対する財団の期待がいかに大きかったかを物語っていた。助成金の期間を三年としたのは、日本人研究者に研修の機会を提供すること、図書を収集すること、それに大学のアメリカ研究プログラムを企画し、実施できる人材を育成するには数年の年月が必要であることを、同財団のスタッフが理解していたからである。ロックフェラー財団は、アメリカ研究を海外で振興するには、その国の人たちがイニシアティブをとり、アメリカ研究へ

の支持を引き出すことが重要であると考えていた。さらに同財団のスタッフは、京都プログラムを実施するには、京大と同志社の協力が不可欠であることも理解していた。というのは、両大学の協力があって初めて米国から派遣される客員教授の能力が最大限に発揮できるし、また関西地域のアメリカ研究者と米国人教授の間の学問上の接触を深めることもできるからである。京都セミナーの支援大学をミシガン大学に変更する手続きも終わり、京都地区のアメリカ研究は、大学の教育課程の正規授業の一環として発展することが大いに期待された。

京大と同志社の頑なな態度

ロックフェラー財団のスタッフを悩ませた問題は、東大・京大間の対抗意識とそれに起因するアメリカ研究セミナーをめぐる両グループ間の足並みの乱れだけではなかった。さらに、次の二つの問題が彼らを悩ませた。その一つが、京都在住の研究者の間に見られる、他者を受け入れようとしない頑なな態度であり、もう一つは、京大と同志社の間の協力関係の欠如であった。

前述したように、関西学院大学の武内辰治教授は、京大と同志社以外の教授も、京都アメリカ研究セミナーの実行委員か、あるいはセミナーの講師、またはその両方を務めるべきであると訴えていた。京都セミナーが関西地域の多くのアメリカ研究者に支持され発展するには、セミナー実行委員会の門戸を、京大と同志社以外の研究者にも開放することが必要であった。なぜなら当時、京大と同志社以外のアメリカ研究者の間には、「蚊帳の外に置かれている」とか、「自分の存在が無視されている」として憤慨し、京都セミナーに対して協力を拒む傾向が見受けられたからである。それにもかかわらず、京都セミナー実行委員会は、京大と同志社以外の教授には実行委員会の委員になる資格はないと考えていた。京都セミナー実行委員会の態度は、東京グループの研究者が京都グループの研究者に対して取った態度と性格上よく似たものであった。

次の挿話は、京都セミナー実行委員会の態度がいかに排他的であったかを物語っている。末川博教授は、法律の専門家で、当時、立命館大学(以後、立命館と略記)の総長であった。一九五四年から五五年前期までフルブライト客員教授として来日していたロドニィ・モット教授は、フルブライト委員会と五五年度京都夏期セミナーの協力関係を築くことに尽力していた。末川総長は、モット教授に立命館で授業を持ってくれないかと依頼した。末川総長の要請に対して彼は、立命館で三回講義をすることに同意した。モット教授がそのことを京都セミナー実行委員会に話したところ、彼の行動は、京大と同志社の間の京都セミナー実施に関する共通理解を反故にし、両大学の関係をひどく緊張させる可能性がある、と注意された。すなわち、京都セミナー実行委員会は、モット教授が立命館で講義するのを事実上禁じたのである。それに対して立命館は、実行委員会の決定を許し難い妨害と受け止めた。そのことが影響したためであろうか、その年に立命館からアメリカ研究夏期セミナーに参加した教授はわずかに四名に過ぎなかった。

この出来事を、米国広報・文化交流庁の職員グレゴリー・ヘンダーソンは大変遺憾に思った。少し大げさに聞こえるが、彼は、京都実行委員会の決定によって一万七〇〇〇人の立命館の学生が、米国について学ぶ絶好の機会を「台無しにされ」てしまったと感じた。ヘンダーソンは、将来(五六年を含めそれ以降)、京都セミナー実行委員会がロックフェラー財団から助成金を受ける際には、京都地区の他大学ともっと協力的であることをその条件とすべきではないか、とまで言い切った。上述の経験から、モット教授は、京都グループのアメリカ研究者は、視野と心が狭く、それに排他的で、根深い嫉妬心があるとの強い印象を受けた。

ヘンダーソンの提言がその後のロックフェラー財団の決定に何らかの影響を及ぼしたのかどうかは定かではない。しかし、五五年に米国の客員教授が、関西地域の他の大学や研究機関から依頼を受け、講義を行えるようになったことは興味深い事実である。たとえば、モット教授は、大学教授協会と京都アメリカ文化センターで講演を行ったし、マークルップ教授は、神戸大学、大阪大学、それに他の教育研究機関で講演した。これらの事実からして、ロックフェラー財団からの助成金が、京都地域の知識人の排他的な態度を打ち砕く上で強い影響を及ぼしたといっても過言ではないだろう。加えて、五五年には京都セミナー実行委員会の門戸も開放され、神戸女学院大学の難波紋吉学長がその委員となった。

ロックフェラー財団のスタッフを悩ませたもう一つの問題は、京大と同志社の間に協力関係が成り立っていないことであった。ロックフェラー財団は、アメリカ研究を海外で振興する革新的な方法として、複数の大学間の協力関係の構築と、その発展をめざしてきた。京大と同志社の協力関係は、その目標を達成する上で不可欠だと考えられていた。一般に、国立大学の知名度と威信は私立大学のそれよりも高く、教職員数においても恵まれていた。同志社の上野直蔵元学長は、後に聞き取り調査を受けた際に、「国立大学と私立大学とは、ものは一緒にやれんなどと、ひどいことを言われた」と回顧しながら、京大の教授と協働する際の難しさについて述べた。もちろん、必ずしも京大の全ての教授が、上野元学長の言うように横柄な人ばかりではなかったことは言うまでもない。しかし彼の発言から、国立大学教授の考え方の一面が、垣間見えるように思われる。

スムーズな協働関係が築けなかった背景には、米国からの助成金の配分方法および主導権をめぐる確執があった。それは、戦後日本のアメリカ研究セミナーが、全面的に米国に依存していたことに起因していた。

モット教授は、その理由に、「日本側が、経費をどうしてもドル建てで捻出できなかったために、ロックフェラー財団の財政支援にほぼ完全に依存している」事実を指摘した。彼は、「アメリカ研究セミナーが日本の大学に根づくのに必要な期間、たとえその期間が長くなろうとも、京都セミナーは、ロックフェラー財団から財政支援を受けるに値するものであり」、そうしないと、「京都での活動は、日の目を見ることなく終わることになる」と考えられたからである。五五年度京都セミナーの講師を務めたヴァージル・オールドリッチ教授もモット教授と同じような懸念を抱いていた。彼は、米国の影響は、「すでに東京ではほぼ飽和点にまで達している。日本人の心に感動を与え、彼らに影響を及ぼしたいと思うならば、京都こそがその最適の都市である筈だ。というのは、京都は、大阪・神戸と東京の中間点の戦略的な地点に位置しているからである」と語った。

このような状況の下で、京大と同志社の協力関係の欠如が問題となった。京大では、同志社の学生は言うに及ばず、京大以外のいかなる学生も授業に出席することを正式には認めていなかった。さらに、アメリカ研究は、京大と同志社の両大学の正規の授業科目として組み入れられているべきであったが、実態はそうではなかった。したがって京大の規定に従って、モット教授は、同じ内容の講義を、まず京大の学生、次に同志社の学生を対象に、二度行わざるを得なかった。

京都セミナーの図書館も、京大と同志社の協力関係の欠如により悪い影響を受けることになった。京都セミナーが今の形で存続するには、米国からの高額の助成金に頼るしか術がないようにオールドリッチ教授には思われた。というのは、同教授は、今の形の京都セミナーを継続することが難しくなれば、あるいは、京都セミナーの図書館が、将来、京大と同志社のどちらかの大学の附属図書館の一部になってしまえば、他大学のアメリカ研究者が、セミナーの図書館を利用できなくなってしまうことを恐れていたからである。

ファーズ人文科学部門長は、京大と同志社の協力関係が、過去数年間うまくいっていなかったことに強い不満を抱いていた。彼は、ロックフェラー財団には、五九年三月以降京都プログラムを支援する助成金を更新する意図が全くないことを知っていた。ファーズの考えでは、「もし日本人が、それ（京都プログラム）に価値を見出せないのであれば、……私たち（米国人）が京都プログラムを継続しなければならないという理由はない」ということであった。ファーズ自身は、今の形の京都セミナーが米国からの資金なしには継続できないという事実を認めたくはなかった。そこで彼は、日本政府からの資金でアメリカ研究所を設置する計画を練ってはどうかと、京都グループの研究者に示唆した。ファーズの示唆は、ちょうど東京グループの研究者が日本政府に提案している計画そのものであった。彼は、「今までのところ京都グループは、計画を練ることに関して、東京グループほど成果が上がっていないように、私には思われる」とオールドリッチ宛ての書簡に書き記した。

修復できない亀裂

一九五七年の春にミシガン大学のジョン・ホール日本研究センター長は、ファーズに爆弾発言を行った。それは、京大と同志社が、各々違ったアメリカ研究の道を歩む瀬戸際にあるという内容であった。ホール教授は、その火の粉がミシガン大学にも降りかかってくる可能性があったので、事態の展開に大変当惑していた。彼は、ミシガン大学が関係を持ち続けたいと希望しているのは、知名度の高い京大の方であることもファーズに伝えた。

そのような中で、京大の代表者は、五七年一〇月九日に会合を開いた。その会合に出席した代表者は、滝川幸辰総長、中西信太郎教授(英文学)、高坂正顕教育学部長、田杉競教授(経済学)、京大人文研究所の岩村忍教授(中国史ならびに近東史、考古学・人類学)であった。ファーズとエヴァンズもその会合に同席した。彼らは、アメリカ研究プログラムを発展させるのに独自の道を歩むべきか否かについて話し合った結果、同志社との現在の共同事業は、ロックフェラー財団の助成金が切れる五九年三月三一日までとし、京大に保管されているアメリカ研究関係の図書は、京大附属図書館の一部とすることとの結論に達した。ところで、アメリカ研究関係の図書は、日米の教授の共同作業によりかなりの数量に達していた。

その結論は、同志社には一方的で、公正さに欠けるように思われた。そして、同志社の研究者は、不快感を露わにした。彼らは、「自分たちには情報は与えられず、京大にうまく操作され、丸め込まれ、不利な立場に追いやられた」のだと訴えた。彼らは、京大の主導の下で半ば強制的にその取り決めを容認せざるをえないと感じていた。

京大のアメリカ研究関係の教授は、自分たちがアメリカ研究セミナーの停止を望んでいることも明らかにした。しかし、その当時、同志社の教務部長であった上野直蔵教授は、停止について全く考えていなかった。彼は、同志社は単独でも京都セミナーを継続すると主張した。京大の代表者は、上野の揺るぎない信念を知り、態度を変えた。そして、もしアメリカ研究セミナーが、何らかの形で継続されるならば、という条件付きで京大は、同志社に協力することに同意した。

大学間の協力の構想は、五七年暮れの頃には砂上の楼閣であることが公然の秘密となった。同志社の大下角一学長は、逆境を逆手にとって、状況を同志社に有利な方向に転換しようとした。彼は、京大と同志社の緊張した雰囲気をファーズに伝えた。さらに大下学長は、最大の難題は、京大がアメリカ研究セミナーの図書のいかなる部分も手放したがらないことである、とも伝えた。

大下学長は、自分自身が温めてきた新しい計画をファーズに明らかにした。その内容は、現在の助成金の期限である五九年三月の後も、同志社が京都セミナーの事業を続けられるように、同志社はアメリカ研究所の設置を構想しているということであった。そして、大下学長は、同研究所の設置に必要な八〇〇〇ドルの助成金を三年間付与するようロックフェラー財団に要請した。その構想では、同志社は、人材育成のために、渡航の経費も払い、アメリカ研究の若手研究者を米国へ留学させる予定であった。加えて、大下学長は、主にアメリカ研究関係の図書を購入する費用として、ロックフェラー財団が毎年一万二〇〇〇ドルの助成金を三年間同志社に付与するよう重ねて要請した。もしロックフェラー財団理事会から認可が得られれば、「もちろん、京大に自然な形で移管される筈の京都アメリカ研究関係の図書のいかなる部分に対しても、私たちは権利を主張するつもりは一切ありません」と、大下学長は約束した。

ロックフェラー財団のエヴァンズは、五八年五月に京大と同志社の協力関係に言及し、「これまでその運営において常にぎこちない部分があった」こと、それに今後の両大学間の協力は「事実上無理である」ことを正式に認めたうえで、京大と同志社の争いに直接巻き込まれないように慎重にかつ丁寧に振る舞った。ロックフェラー財団は、「中立の立場を保つとともに、行動を起こすとすれば、それは、彼ら（日本人）自身による決定……の場合に限る」という姿勢で臨んだ。そして、同財団は、京大と同志社の共同プログラムを継続するプラス面よりもマイナス面の方が大きいという最終結論に達した。ロックフェラー財団にとって極めて残念なことではあったが、西日本にアメリカ研究を振興する刷新的なアプローチとして期待された大学間の協力関係は、最終的に決裂した。

そこで、ロックフェラー財団は、アメリカ研究プログラムの充実をめざす同志社を支援することにした。同志社は、同財団の決定のおかげで、若手研究者を米国へ留学させるとともに、大学の附属図書館に備え付けの図書とアメリカ関係の基本図書を収集することができるようになった。このロックフェラー財団の決定によって西日本の多くのアメリカ専門家や大学院生も、同志社アメリカ研究所で約六〇〇〇冊ものアメリカ関連の図書と出版物を利用できるようになった。

アメリカ研究の舞台裏の米国人

ロックフェラー財団は、一九五九年に京大と同志社が互いに違った道を歩むことになった後も、関西地域のアメリカ研究の充実をめざして京大と同志社に個別の助成金を付与し続けた。京大は、五七年八月に独自のアメリカ研究プログラムを開発するために、学内にアメリカ研究委員会を立ち上げた。同委員会の下位組織にあたる調整・企画委員会は、文学部、教育学部の人文科学部門と法学部、経済学部の社会科学部門の計四学部の学部長からなっていた。ロックフェラー財団の念願の目標が京大で実現するように思われた。というのは、財団の助成金により京大の若手教員が二年半の間米国留学をすることができるようになったからである。そのために京大において、アメリカ研究への興味と関心が一層高まることになった。加えて、京大は、ロックフェラー財団からの助成金により、大学附属図書館をさらに拡充することができた。

しかし、事態は京大の望むような方向に必ずしも進まなかった。なぜなら政府の主たる関心は、社会科学や人文科学の進展よりも自然科学や技術の進展にあったからである。そして、京大は、政府の緊縮財政政策が、アメリカ研究プログラムの充実に大きな障害になっていることに気付いた。そこで京大は、概算要求で文部省や大蔵省と折衝する際に、ロックフェラー財団をその折衝の過程に関わらせ、それにより、同大学の「概算要求を政府に早く認めさせよう」とした。既述したように、ロックフェラー財団は、すでに多額の資金を京都地区のアメリカ研究を振興するために投入していた。前述のようにファーズ自身も、京都グループの研究者に、アメリカ研究所を政府の資金で設置する計画を練ってはどうかと示唆していた。そのような事情もあって、京大は、アメリカ研究講座の新設をめざして大蔵省を説得する際に、京大がロックフェラー財団の強い発言力を利用することに対して、同財団は「ノー」とは言わないであろうと考えた。

一方、ロックフェラー財団のスタッフは、京大が、広義のアメリカ研究プログラムの充実を目指していることを認識していた。そこで同財団は、京大を手助けする策として、巧妙にも「助成金交付の雛型」案を編み出した。その案によると、米国からの助成金は、「イースト菌」のような役割を果たすことが期待されていた。

その実例として、京大法学部の事例がある。同学部のK助教授は、前途有望な国際法の若手専門家で、当時、ロックフェラー財団から社会科学助成金を付与され、米国で研究していた。同財団のスタッフは、京大を訪れ、人事が未補充の状態にある法学講座とその教授のポストに米国から帰国後のK助教授にあてがう約束を取り付けた。その結果、同法学部に国際関係学と政治学の先駆的な講座が開設されることになった。また、京大法学部のD教授は、二年間のケイヴァーズ・フォード助成金を受け、ミシガン大学とハーヴァード大学での留学から帰国したばかりであった。そこで、イギリス講座の人事が未補充であることに着目した同財団のスタッフは、同講座をアメリカ法講座に転用して、そのポストにD教授をあてがうという合意も取り付けた。加えて、アメリカ海事法のK教授と、フルブライト助成金の受給者で行政法のS教授、それに、当時、米国で研修中の研究者(名前不明)の計三名が、それぞれの分野に配属された。その結果、京大では客員教授に米国人を任用する必要がなくなった。助成金と人事未補充の講座を利用したこれらの措置は、米国の助成金が、まるで「イースト菌」のように、日本のアメリカ研究を振興する上で、重要な役割を果たしたことを示している。

五八年五月に京大と同志社の協力関係が決裂した後も、京都アメリカ研究夏期セミナーは、同志社の主導の下に約三〇年間続いた。その後は、セミナーは別の形態をとり、開催場所も北海道大学、

1970年の京都アメリカ研究セミナー

立命館、それに南山大学へと移し、現在は再び同志社に戻っている。

京都アメリカ研究夏期セミナーの小括

京都アメリカ研究夏期セミナーは、その内容の濃さや学問的水準が極めて高かったことから、日本だけでなく米国や世界各地のアメリカ研究者に広く知られた。また、同セミナーが、一九五三年を除き、五一年から八七年までの三七年間、毎年開催されたことから、アメリカ研究セミナーの歴史の上で特異であった。

京都セミナーは、米国の専門家から直接講義を受ける機会のほとんどない一般のアメリカ研究者に公開講座の方式でセミナーに参加する機会を提供したという点で重要な役割を果たした。同セミナーは、前途有望な若手研究者を育成したという点で、「ある種の保育器（インキュベーター）」の役割も果たした。参加者は、セミナー期間中、米国人講師から新鮮でかつ学問的な刺激を受け、彼らのアメリカ研究への関心がさらに高まった。同志社アーモスト館の館長オーティス・ケーリ教授は、京都セミナーが、特に京阪神地区に住む「若手の研究者に大変有益な場所を提供した」ことを評価した。また、同教授は、京都セミナーが、「最近まで日本の学界で触れられることの全くなかった領域、すなわち米国社会の諸相について、研究者の関心を、徐々にではあるが盛り上げた。……私たちは、基本的には、呼び水的な作業ではあるが、アメリカ研究の振興のために補助的な作業をしている。京都セミナーが停止されることにより、京大だけでなく同志社においてもアメリカ研究所の仕事が葬り去られてしまうことになりはしないか、と心配している」と付け加えた。このケーリ教授の発言は決して誇張ではなかった。

京都セミナーは、全く新しい概念である地域研究プログラムを日本に紹介する働きをした。同セミナーでは、四週間にわたり六つの専門領域で二〇の授業が米国人講師によって行われるというパターンが定着した。京都セミナーは、米国人であれ、日本人であれ、また教師であれ学生であれ、参加者全員にとって啓発的な経験であった。ロックフェラー財団のスタッフも全く同感であった。

京大の滝川幸辰総長や、京都セミナー実行委員会の京大側の代表者である岩村忍教授などは、「私たちは、過去六年間のセミナーで湧きあがったアメリカ研究への興味と情熱を消し去ってはならない」と述べた。同志社の松井七郎教授は、京都アメリカ研究セミナーの貢献について、「過去とは違って、かなり多くの人が米国を研究し、米国についてより深い知識をもつようになったが、私はそれを非常に結構なことだと思う。もし戦前にこういう状態が実現しておったら戦争というようなことは起こらなかったんじゃないかと思うのです」と語った。

第11章　米国のソフト・パワーの光と翳

アメリカ研究セミナーのさまざまな影響

第一次アメリカ学会が東京を中心に一九四七年に設立されたことは、第八章で述べた。同学会の設立は、高木八尺、松本重治、藤原守胤、中屋健一、清水博教授らアメリカ研究者の涙ぐましい努力の結晶であった。一方、ロックフェラー財団も、日本にアメリカ研究を定着させるために、五〇年以来、東大にアメリカ研究夏期プログラムの科目を正規の授業カリキュラムに組み入れるよう強く求めていた。そして、ついに五七年に東大はその方向に進む決定を下した。

東大がその決定を下すのに七年もの年月を要したのは、アメリカ研究が日本の学界に総合的地域研究として認知されて日本に根付き発展していくためにいくつかのハードルがあったからである。まず、一つ目は、これまで述べてきたように、国民一般のアメリカ研究への関心の低さが挙げられる。二つ目は、日本の知識人の保守的な学問姿勢があった。アメリカ研究が、新しい学際的な学問であったこともあり、また、伝統的な専門分野（ディシプリン）をそれまで重視してきた保守的な日本の学界に「脅威」と受け止められたために、アメリカ研究が十分な市民権を得るのにそれだけの年月を要したのである。三つ目は、大学の限られた授業時間数において、アメリカ研究はセクショナリズムの強い他の専門分野とカリキュラムの空きをめぐって激しく競争しなければならなかった。そして四つ目は、一般的に教育・研究費の不足があった。前述したように、政府の緊縮財政政策により、文部省は、社会科学や人文科学よりも自然科学や技術の発展の方に財源を注いでいた。このような事情から、アメリカ研究の正規プログラムを学部と大学院の両レベルにおいて十分に提供するのが難しかった。

事実、南原、高木、岸本、中屋ら東大の教授は、京都のアメリカ研究者と同様に、あるいは彼ら以上に、日本のアメリカ研究の発展に貢献した。東大アメリカ研究セミナーの参加者は、研究者と大学院生を合わせて、七年間で総勢五九八名に達した。東京グループのリーダー格を務めた岸本教授は、七年間の東大アメリカ研究セミナーの成果を次のように要約した。

アメリカ史の分野では、一一の新しい講座が、アメリカ研究セミナーに参加した現職の教授によって開設された。哲学の分野では、新しい講座が早稲田大学、大阪市立大学、千葉大学で、同セミナーの元参加者によって開設された。加えて、新しい学会が、哲学の研究を振興するために、アメリカ様式に沿って同セミナーの元参加者によって設立された。経済学の分野では、かつてはマルクス主義に重心が置かれていたが、アメリカ研究セミナーの影響により、今では正統派理論に移った。また、政府や銀行では、同セミナーで議論された正統派の新しい理論が活用されるようになった。

長年にわたる東大の教授らの献身的な努力とアメリカ研究セミナーの累積的効果が文部省によって認められた結果、五七年にアメリカ研究センターが東大駒場キャンパスに設置された。新計画の下で、原則として毎年二名の米国人教授が東大に招聘され、セミナー、共同研究、講演など、六カ月間教鞭をとることになった。また、日本からも毎年二名の若手研究者を米国に留学させることが決まった。さらに、駒場キャンパスには公開された図書館があり、そこで東大以外の日本人研究者が一定の期間、研究することも認められた。

岸本教授と同じように、慶應義塾大学の沢田允茂教授もアメリカ研究セミナーについて高い評価を下した。沢田教授は、同セミナーが、「哲学の分野に重要な影響を及ぼした」こと、「日本の若い哲学研究者が論理と分析にますます大きな関心を抱くようになったこと、それにマルクス主義が徐々に後退していったこと」を挙げた。

ロックフェラー財団からの資金的な支援とスタンフォード大学の協力のおかげで、日本で地域研究が発展する明るい見通しがついたように思われた。南原総長は、アメリカ学会はまだ真の全国学会に成長してはいないが、アメリカ研究を振興する基盤はしっかりと定まったと考えていた。同総長は、日本におけるアメリカ研究の発展の可能性について楽観的な見通しを示したが、しかし、実際に地域研究としてアメリカ研究をめざす大学は、東大以外に、立教大学、京大、同志社、日本女子大学、早稲田大学、東北大学、神戸市外国語大学、神戸大学、一橋大学、名古屋大学、愛知大学、それに東京外国語大学を数えるにすぎなかった。

岸本、沢田両教授のアメリカ研究セミナーに対する評価は、立教大学アメリカ研究所およびアメリカ学会の調査によってその正しさが裏書きされた。四九年当時、日本の大学一四四校のうち、アメリカ関連の授業科目が提供されていた大学は三三校（二三パーセント弱）に過ぎなかった。ところが、二五年後の七四年の調査によって、アメリカ関連の授業科目が提供されている大学が、日本の大学二六三校のうち二〇八校(七九パーセント)で、その授業科目総数も一九一二に増加したことが明らかになった。また、アメリカ関連の授業科目を担当した教師の数は一二八〇名にのぼった。加えて、大学におけるアメリカ研究の正規プログラムが、六一年から六三年にかけて、徐々に拡大された。その好例が、日本女子大学、津田塾大学におけるアメリカ研究プログラムの開設であった。

日本の大学やアメリカ研究セミナーから大きな成果を得ることができた。米国の講師陣は、日本のアメリカ研究セミナーの参加者だけでなく、スタンフォード大学の教授もアメリカ研究セミナーから大きな成果を得ることができた。米国の講師陣は、日本のアメリカ研究者に会って、対話をすることができただけでなく、彼らから米国の伝統やアメリカ文化とその解釈についての質問に答える貴重な機会を得た。もっとも、米国の講師が日本人研究者の解釈に異論を唱えることもしばしばであったが。さらに、米国の講師は、自分たちがそれまで当然視し不問にしてきた前提や価値について、日本の参加者と議論し、それらを考え直す貴重な機会を得た。事実、アメリカ研究セミナーは、米国人講師にとっても大変貴重で知的な刺激を得る機会となった。スタンフォード大学の教授陣は、アメリカ史や思想それに時事問題などについて、日本人の意見や物の見方から洞察に満ちた知見を得ることができた。加えて、日本人研究者に対する米国人講師の影響は予想をはるかに越えたものであったと、彼らはロックフェラー財団に報告した。

すでに第六章で述べたように、国際文化会館が五五年に開館し、それにより日本のアメリカ研究はさらに発展することになった。というのは、国際文化会館が情報センターの役割を果たし、日本を訪れる米国からの研究者は、米国やその他の専門分野の知識や情報を日本の学者と分かち合うことができるようになったからである。このように国際文化会館とアメリカ研究セミナーは、互いに手を取り合いながら、日米文化交流を日本に根付かせる重要な貢献をしたといえよう。

五〇年代のアメリカ史研究

日本のアメリカ研究者が、東大と京都で開催されたアメリカ研究セミナーから強い刺激と大きな影響を受けたことはすでに述べた。では、日本のアメリカ研究は、同セミナーの開催を契機に、その後どのように発展し、展開していったのであろうか。紙幅の都合上、その研究成果のすべてを網羅することはできないが、アメリカ史研究者の問題意識を中心に、一九五〇年から七〇年までのアメリカ史研究の展開を概観するとともに、特に六〇年代はその前半と後半の二つに分けて検討してみたい。

四七年の第一次アメリカ学会の設立により、日本においてアメリカ研究が本格的に再スタートした。その当時および五〇年代のアメリカ研究者は、米国の歴史から学び、それを日本の民主化と国の再建に活かし役立てるという確固たる共通の目的意識を抱いていた。そして彼らは、研究面でも自分たちよりも一足先を行く他の西洋史研究者に追いつき追い越そうと懸命の努力をした。

そのような意味において、アメリカ研究者の主たる関心は、アメリカ民主主義の発達史の研究にあった。中でも彼らは、市民革命としてのアメリカ独立革命、ジェファソニアン・デモクラシー、ジャクソニアン・デモクラシーの研究にエネルギーを投入した。

その他に、社会経済史学や大塚史学の視点からアメリカ経済の生成・発展過程を研究する経済史研究者もいた。彼らの中には、前近代遺制ならびに民主主義の矛盾としての黒人奴隷制度や、南北戦争史、それに日本の被占領体験と重ね合わせる形で、南北戦争後の南部再建期の研究にエネルギーを傾注する者もいた。

またアメリカ資本主義を「純粋培養的資本主義」の理念型と措定し、その理論的作業仮説の下で、米国の産業資本の形成と発展過程を研究する経済史研究者もいた。その代表が鈴木圭介教授や中村勝己教授であった。彼らは、産業資本の形成を、農村工業を母体とした自生的展開によるものと捉えるとともに、アメリカ資本主義の発達史が民主化の過程でもあると捉えた。それに対して、小原敬士教授のように、アメリカ産業資本の形成過程を、近代的木綿工業を基礎とする商業資本が産業資本へと転じた、いわゆる「上からの」範疇的転化の視点から捉える研究者もいた。

アメリカ史研究の接近法には、大きく分けて二つある。それは、マルクス主義史観に立つものと、リベラル・非マルクス主義史観に立つものである。前者の主たる問題意識は、階級闘争・人民闘争史観から、南部プランテーション制度、南部黒人奴隷制度、南北戦争、それに再建期を中心に、社会構成史体系およびアメリカ資本主義の構造的矛盾を明らかにすることにあった。その代表的な研究業績が、菊池謙一教授による『アメリカの黒人奴隷制度と南北戦争』(未来社、一九五四年)、『アメリカにおける前資本制遺制』(未来社、一九五五年)などの一連の研究であった。

それに対して後者の問題意識と主な関心は、アメリカ独立革命史研究にあった。彼らの多くは、アメリカ史を社会改革とアメリカ民主主義の発展の歴史、すなわち進歩の記録として捉えた。そして彼らの中には、米国の「革新主義史学」の影響を強く受け、市民革命の視点から独立革命を民主化運動として研究する者がいた。その代表的な研究成果が、今津晃教授の『アメリカ革命史序説』(法律文化社、一九六〇年)や藤原守胤教授の『アメリカの民主政治』(慶應義塾大学法学研究会、一九六〇年)であった。

五〇年代のアメリカ研究者の問題意識と関心は、アメリカ関係の翻訳書にも窺える。そのいくつかを列記すれば、アメリカ史をアメリカ民主主義の発展の過程と捉える概説書として、チャールズ・ビアード『共和国(上)』(松本重治訳、社会思想研究会出版部、一九四九―五〇年)、チャールズ・ビアード、メアリ・ビアード共著『アメリカ合衆国史(上)』(松本重治・岸村金次郎・本間長世共訳、岩波書店、一九四九年)、アンドレ・モーロア『アメリカ史』(鈴木福一・杉浦正一・別枝達夫共訳、近代文化社、一九四九年)、ハロルド・ラスキ『アメリカ・デモクラシー』(東宮隆訳、みすず書房、一九五二―五五年)、ジャン・カニュ『アメリカ史』(中屋健一訳、白水社、一九五二年)、それにビアード夫妻共著『アメリカ精神の歴史』(高木八尺・松本重治共訳、岩波書店、一九五四年)がある。

マルクス主義の立場からは、アンナ・ロチェスター『アメリカの支配者――金融資本の研究』(立井海洋訳、三一書房、一九五三―五四年)、ウィリアム・フォスター『アメリカ政治史概説』(山辺健太郎訳、大月書店、一九五四―五五年)、W・フォスター『アメリカ合衆国共産党史』(合衆国共産党史刊行委員会訳、大月書店、一九五四年)、レオ・ヒューバーマン『アメリカ人民の歴史』(小林良正・雪山慶正共訳、岩波書店、一九五四年)がある。

アメリカ資本主義の発展過程についての歴史書としては、ヤングサン・ブラウン『アメリカ資本主義発達史』(渡辺誠毅訳、みすず書房、一九五二年)、労働調査協会『アメリカ資本主義の趨勢』(高橋正雄・松田銑共訳、有斐閣、一九五二年)がある。

その他に、外交史の概説書として、G・ケナン『アメリカ外交五〇年』(近藤晋一・飯田藤次共訳、岩波書店、一九五二年)、ガンサー・スタイン『ドルの打ち建てた世界』(茂木政訳、岩波書店、一九五四年)、ハーシェル・メイヤー『アメリカ現代史』(安田正美訳、三一書房、一九五四年)、アレーン・オースチン『アメリカ労働運動の歩み』(雪山慶正訳、青木書店、一九五四年)、アーサー・シュレンガー『アメリカの歩んできた道』(中屋健一・米田清貴共訳、巌松堂書店、一九五五年)、F・アレン『二十世紀アメリカ社会史』(佐藤亮一・平松幹夫共訳、角川書店、一九五五年)、W・フォスター『アメリカ政治史概説』(山辺健太郎訳、大月書店、一九五四—五五年)、ジェームス・アレン『原爆時代から原子力時代へ』(安田正美訳、理論社、一九五五年)、ソ同盟科学院経済研究所『アメリカ経済の軍事化と恐慌』(川内唯彦訳、大月書店、一九五五年)、D・マッコンキィ『独占資本の内幕』(柴田徳衛訳、岩波書店、一九五五年)、ジョージ・セルデス『一〇〇〇人のアメリカ人』(西田勲訳、有斐閣、一九五五年)がある。

五〇年代の研究成果を概観して称えられることは、アメリカ史研究の浅い歴史と、「恵まれた」とはとても言えない研究条件であっても、研究に励み、数々の成果をあげたことであろう。しかし、彼らの研究にはいくつかの問題点も散見された。その一つは、アメリカ独立革命の研究が、「内部革命」の面を強調する米国の「革新主義史学」の業績に大きく依拠していたことであり、その点が、後に他の研究者から批判を招くことになった。二つ目は、アメリカ資本主義発達史の研究の多くが大塚理論に依拠していたことであり、それに加えて、研究者の関心が社会経済史研究に専ら絞られ、経済史と政治史の架け橋を試みるような研究や新たな地平を拓く問題提起的な研究がほとんど見られなかったことである。三つ目は、イデオロギー対立の厳しい冷戦下で、マルクス主義史学と非マルクス主義のリベラル史学の間の対話が全くと言ってよいほど見られなかったことである。

「日米対話」時代のはじまり

米国は、覇権国として五〇年代末から六〇年代初頭にかけて絶頂期にあった。一般に一九六〇年代は、日米関係史において「日米対話」の時代と呼ばれている。その理由に、日米両国の国益がその時期に基本的に一致し、双方が互いに相手国に協力を求め合ったことが挙げられる。

米国にとって六〇年代は、第二次世界大戦後に築いた国際秩序を維持し、ソ連との冷戦を戦うのに必要な財政負担を軽くするために、日本の協力を積極的に求めた時期である。言い換えれば、米国は、西側陣営の一員として日本に分相応の負担(責任)を負わせるために、「日米対話」を通して日本国民を啓発し、国際情勢の変化に見合った国際感覚を植え付けて、日本から自発的な対米協力を引き出そうとした。

それに対して、日本にとって六〇年代は、終戦から一〇年以上の年月が経過し、国民も社会もようやく落ち着きを取り戻して、国家として自信を回復した時期であった。同時に、六〇年代は、米国をはじめ他の諸国から資本や最新技術を日本に導入したことに加え、国内の技術革新も手伝って、オートメーション生産方式が定着し、生産力が飛躍的に増大した一〇年でもあった。その結果、日本社会は大量生産・大量消費を特徴とする新しい産業社会へと大きく変わろうとしていた。

偶然にも一九六〇年は、日本では自民党の池田勇人内閣が七月一九日に成立する一方、米国では民主党のジョン・F・ケネディが一一月八日に第三五代米国大統領に選ばれ、日米両国において指導者が交代した年であった。その後、翌年の六月二〇日に日米首脳会談が行われ、「イコール・パートナーシップ」の掛け声の下に、三つの日米合同委員会が設立された。日米貿易経済合同委員会、日米科学協力委員会、それに日米文化教育交流会議（The U. S.-Japan Conference on Cultural and Educational Interchange. CULCON 以下、カルコンと略記）がそれである。

カルコンは、日米両国の政府機関、教育界、学界、政界、財界、マスメディア界、芸術界、および相手国研究の専門家（アメリカ研究者および日本研究者）など多くの分野の代表者によって構成される包括的な文化教育交流に関する協議体である。カルコンは、二年に一度、日本と米国で交互に開催される。同会議では、芸術交流、学術研究、相手国研究、ジャーナリズム交流、教育研究・教育交流、映画・TV交流、翻訳・通訳、シンポジウム開催など多岐にわたるテーマが取り上げられ、会議の後、文化交流に関する勧告が日米両政府になされる。カルコンは、六一年の設立から半世紀を経た現在もなお活動を続けている。

カルコンの生みの親は、一般にハーヴァード大学のエドウィン・ライシャワー教授といわれている。同教授は、日本研究者としてだけでなく、駐日アメリカ大使としても名が広く知れ渡っている人物である。前述のように、冷戦が五〇年代に世界各地で激しく戦われるに伴い、米国の世界戦略における日本本土および沖縄の米軍基地の重要性がますます高まっていった。その中で、ライシャワーの対日認識を揺るがす事件が起きた。それは、六〇年五月から六月までの日米安保条約改定をめぐる安保闘争であった。日本の政治を大きく揺るがした安保騒動は、アイゼンハウアー大統領の訪日中止を余儀なくさせただけでなく、岸信介内閣を退陣に追い込んだ。

ライシャワーは、六〇年の安保騒動を戦後日本史における重要な転換点と位置づける一方、この事件を「戦後日本の政治と日米関係にとって最大の危機」と捉えた。新しい時代感覚と世界認識のもとに、ライシャワーは日米両国の指導者ならびに文化人や知識人の関係の強化をはかるために、新しい「イコール・パートナーシップ」を経済、文化、科学の三分野において築くことを、米国政府に献言した。このライシャワーの献言は、上記のケネディ＝池田会談の内容に沿ったもので、日米新時代の到来を象徴するものであった。

ライシャワーは、米国の最重要課題が、日米新時代において日本から「自発的な対米協力」を引き出せるようにするための「長期にわたる恒久的な安全保障上の協定(a long-term durable security arrangement)」を結ぶことであるとの結論に達した。彼は、六〇年の安保騒動ですでに立証されたように、「(日米安保条約に対する日本)国民の支持が得られて当然と、軽く考えるわけにはいかない――(それは)努力して勝ち得なければならない」というのは、「(在日米軍基地の自由使用という)日米安保条約の有効性は、最終的には、日本国民の圧倒的過半数の支持を獲得し、それを維持することにかかっている」と考えていた。ライシャワーは、在日米国大使館の活動について、「おそらく一番大切なのは情報の面、文化交流……それに知識人との接触であろう。インテリという言葉はあまり喜ばれないが、一番大切なのはこの面であり、米国情報教育局とその活動一般であろう」と述べ、文化交流の重要性を強調した。ライシャワーによれば、上記の三合同委員会が設置された理由は、「日本人の神経を逆なでしかねない日米関係の軍事色を薄める」ことにあったという。

これまでカルコンは、多種多様の日米文化交流事業を支援してきた。筆者が、文化面から日米同盟関係を支えるカルコンの活動に注目するのは次の理由からである。一つは、カルコンの財源の性格にある。カルコンの主たる財源は、一九六二年にそれがスタートした初期の段階では、日本政府が米国に支払った占領期の対米債務の返還金を原資とするガリオア基金であった。しかし、七五年からは同年の一〇月の日米友好法に基づいて設立された日米友好基金になった。同友好基金は、沖縄が日本に返還される時に、日本政府が米軍施設等を買い上げるために米国に支払った返済金を原資としている。どちらの基金もその原資の出所は日本であり、これら両基金は日米同盟と密接な関係にある。言い換えれば、カルコンの活動が日米同盟関係に資金面で支えられる一方で、カルコンの活動は日米同盟関係を文化面で支えてきたという点で、両者は補完的な関係にあると考えるからである。

第二次世界大戦後にスタートした米国への留学制度に、ガリオア＝フルブライト奨学金制度（現在のフルブライト計画）がある。ガリオア基金は、同奨学金の名前が示すように、フルブライト計画も資金的に支えてきた。フルブライト計画は、二〇世紀初頭の義和団事件賠償金留学生派遣制度からヒントを得て、W・J・フルブライト上院議員のイニシアティブの下に実現したものである。

義和団事件賠償金留学生派遣制度とは、「中国の青年を教育することに成功する国は、将来その捧げた努力に対し、道徳的、知的、並びに経済的影響において最大の報酬を得る国となるだろう」と考えたセオドア・ローズヴェルト大統領の指導の下に、一九〇八年に義和団事件賠償金の一部を中国人学生の中国および米国における教育補助の基金として発足させた官費留学生派遣事業である。

しかし、今日、義和団事件賠償金米国留学制度は、米国の中国に対する慈悲を象徴的に表したものであるとか、教育・文化交流により親米的な中国人指導者を育成するという米国の長期的戦略の面ならびに米国人の先見性の面がしばしば強調されている。しかしながら、義和団事件賠償金の返還額が、義和団事件を引き起こしたとされる中国への処罰的な賠償額として取り立てられた中国のカネであったこと、それにその返還額が米国の損害賠償要求と費用を一切弁済した後の残額であったこと、これらの事実にこれまで十分な注意が払われてこなかった。筆者がガリオア基金や日米友好基金に注目するのは、両基金がその性格において義和団事件賠償金返還基金とあまり大差がないと考えるからである。

カルコンの活動に注目するもう一つの理由は、次のような奇妙な事実からである。上述のように、カルコンの文化事業が、対日占領および日米同盟と切っても切れない密接な関係にあったにもかかわらず、あるいはそれゆえに、さらには在日米軍基地および在沖縄米軍基地の問題が日米関係の「本質」であるにもかかわらず、カルコンでは「沖縄問題」が議題に取り上げられることはこれまで一度もなかった点にある。「沖縄問題」が教育文化交流と直接関連性がないとはいえ、筆者は、この不思議というよりも奇妙な事実がカルコンの活動の性格を理解する重要な手掛かりになると考えている。

六〇年代前半期のアメリカ史研究

日本のアメリカ史研究は、六〇年代に入って年を経るごとに盛んになり、その研究成果も量的に拡大していった。その牽引力となったのが前述のカルコンの開催とその制度化であり、日本のアメリカ研究の振興においてカルコンの果たした役割は大きかった。加えて、六二年六月には財団法人アメリカ研究振興会が、続いて六六年には第二次(現在の)アメリカ学会がそれぞれ設立された。次節では、六〇年代を前半期と後半期に分けて、アメリカ史研究を中心に日本におけるアメリカ研究を検討したい。

一九六〇年代前半期のアメリカ史研究は、五〇年代に指摘された問題点を中心に、中でもアメリカ独立革命史研究とアメリカ資本主義発達史研究への批判と反省からスタートした。

独立革命史研究への批判は、主に歴史研究者としての研究姿勢に集中した。五〇年代の米国におけるアメリカ史学界では、アメリカ史における社会的抗争の役割を強調する革新主義派史学に代わって、歴史の連続性および米国共通の価値や「意見の一致」を強調する保守的なコンセンサス史学が台頭した。米国でのこの新しい研究動向を受けて、あるアメリカ史研究者は、「最近一〇年ほどの米国の学界における(独立革命の)新しい実証研究の成果は、わが国の研究者を動揺させ、再検討をせまるもの」であると述べた。その上で、彼は、日本の独立革命史研究者の「内部革命を市民革命と等置した安易さ、米国における研究への追随性」を批判するとともに、米国における研究を主体的、批判的に摂取して捉え直す必要性を強調した。

一方、アメリカ資本主義発達史研究への批判は、いわゆる大塚理論に大きく依拠したアメリカ資本主義の生成・発展過程に関する諸論文に向けられた。その批判は、「大塚史学の理論によるアメリカ経済史の捉え方は、ゆきすぎた民主化論の誤りに陥る傾向がある」という小原敬士氏の主張に集約されていた。同氏の批判は、「上から」と「下から」の資本主義の生成・発展の二つの経路をめぐるそれまでの論争の延長でもあった。また、石崎昭彦氏の『アメリカ金融資本の成立』は、経済的側面からのアメリカ帝国主義の理解に重要な貢献をする優れた業績ではあった。しかし、同研究には、政治権力構造の分析や、経済構造と政治権力構造とを結びつけて捉える試みは見られず、アメリカ帝国主義の性格を知る上で不可欠な経済史と政治史をつなぐ作業は今後の課題として残った。

一方、六〇年代半ばから後半にかけて日本のアメリカ史研究を取り巻く政治・社会状況は大きく揺れ動いた。六四年八月のトンキン湾事件、それに続く米軍による北ヴェトナム爆撃の開始を境に、六〇年代半ばからヴェトナム戦争の激しさが一段と増していった。一方、米国内では、ヴェトナム戦争をめぐる国論の分裂と反戦・平和運動、それに公民権運動などによる人種間関係の緊張と暴動、それによる都市生活の荒廃と犯罪の増加、これら一連の出来事が引き金となり、米国の各地で「異議申し立て」運動が高まった。

米国史家の中でも比較的若い歴史家は、五〇年代の「豊か」で自己満足的なアメリカ社会のあり方に疑問を投げかけるとともに、激動する米国の社会状況に呼応する形で、米国においてもニューレフト史学が台頭した。米国のニューレフト史家は、五〇年代にアメリカ史学界をリードしてきたコンセンサス史学だけでなく、米国の伝統的な政治思想であるリベラリズムに対しても批判の矛を向けた。彼らは、自由主義的なアメリカ民主主義と、建国以来認められる収奪的で人種差別的なアメリカ膨張主義が補完関係にあることを明らかにした。

また一九六八年暮れから六九年にかけて、ハーヴァード大学を中心とする年若いアジア研究者の間から「憂慮するアジア学者委員会(Committee of Concerned Asian Scholars, CCAS)」が結成された。彼らは、真正面から「知識と権力との間の、また学者と政治家の間の複雑な諸問題」を取り上げ、米国のヴェトナム戦争介入に対し「異議申し立て」運動を開始した。

これらの一連の出来事は、日本の知識人にも大きな影響をもたらすことになった。たとえば、近代日本の政治および文化史を専門とする金原左門教授は、「CCASの存在は、……知的創造と社会変革の前衛として見直していかなければならない。私たちは……米国の良心的なリベラリストを含め、CCASと提携し交流を深める……必要がある」と述べたし、また、あるアメリカ史研究者は、「今日、アメリカ史研究者が置かれている条件は極めて厳しい。……米国のヴェトナム侵略、黒人差別問題、原潜寄港など、もろもろの「アメリカ」が私たちの日常生活に入りこんでいる現在、米国と離れて私たちのアメリカ史は存在しえない」と主張した。これらの発言は、日本を取り巻く国際情勢の変化の中で、「「アメリカ」をどう受け止めるか」の難題に真正面から取り組み、その問いへの答えとして、従来のアメリカ史像とは異なるアメリカ史の全体像を提示することが、歴史研究者一人一人に求められていることを意味していた。また、別のアメリカ史研究者は、「特に他の外国史研究者と異なって、アメリカ史研究者が外からのファンドを受けやすい条件にあることを考慮に入れるとき、……研究者の主体性の確立さらに広くは学問の自由そのものと密接に関連する重要な問題があると思われる。問題は、今日私たちが「アメリカ」のなにを最も重要とみなすかという……歴史学の存在理由そのものにかかっている」と述べた。このような中で、日本のアメリカ史研究は六〇年代後半期に大きな転換期を迎えた。

六〇年代後半期のアメリカ史研究

米国および海外における出来事は、日本のアメリカ史研究にもはっきりとその影響が読み取れるようになった。たとえば、清水知久教授は、著書『アメリカ帝国』(亜紀書房、一九六八年)の中で、「アメリカ史の全体像を「帝国の歴史」として構成することが現段階におけるもっとも重要な課題である」と主張した。また高橋章教授は、米国のニューレフト史家の研究の検討を通じて、アメリカ帝国主義の特質が非植民的膨張と経済的外交的手段による帝国主義の点にあること、そして、米国は建国当初より帝国であったと主張した。さらには、あるアメリカ史学史家から、アメリカ史研究者の義務や社会的責任について、六八年の状況は、「一人一人の研究者に対し「なぜアメリカ史を研究するのか」という根源的な問いかけを不断に提起しており、……アメリカ史の現段階に研究者がいかに対応するかは、まさに各研究者の主体性の問題である」点を強調する発言があった。

他方、米国の歴史を「帝国の歴史」と捉えるアメリカ史観に対して、アメリカ民主主義発展の歴史と捉えるリベラルなアメリカ研究者から手厳しい批判が浴びせられた。「帝国の歴史」家は、支配と収奪を強調するよりも、資本主義と国家権力の構造分析を行うべきではないか、加えて、「アメリカ帝国」史観が、黒人差別やインディアンの排除などアメリカ史の暗い面を強調するあまり、西洋近代の積極的な意義を評価することなく、むしろ人種闘争史観や自己絶対化の発想に陥る可能性があると批判した。米国やアメリカ的生活様式は、ある研究者には進歩と人類の希望の象徴に思われたし、また、別の研究者には支配と搾取、人類にとって恥や堕落の象徴のように思われた。

このように明るいオモテの米国と暗いウラの米国をめぐって、アメリカ史研究者の間で米国像は二分化し、共通の場でかみ合わなかった。両者の間で批判―反論―再批判―再反論のやり取りが繰り返される中で、議論は平行線をたどるばかりで、その溝は狭まるどころか、むしろ広く深くなったという印象さえ与えた。そのためにそれ以降は、両者とも相手側の主張を互いに無視するか、あるいは批判せずにただ沈黙する傾向が強くなったように思われた。

大学院生として東大のアメリカ研究セミナーに参加した経験のある有賀貞教授は、日本には「民主主義の歴史としてアメリカ史を見ることを否定する主張もあるが、否定されるべきものは、アメリカ史の多面性に目を閉じる一面的な歴史像の主張であろう。現在必要とされているのは、アメリカ史の多面的な現実にできる限り客観的に接近しようとする研究態度であろう」と主張した。有賀貞教授は、米国の自由主義の伝統と、人類の理想に少しでも近づこうと改革に改革を重ねる米国人の不断の努力を高く評価するリベラル派の歴史家である。有賀教授の言う「一面的な歴史像の主張」が、「アメリカ帝国」史の歴史家の主張を指していたことは明らかであった。六〇年代を締めくくる形でアメリカ史研究を総括した斎藤眞教授は、「日本におけるアメリカ研究の歴史は、意識するとしないとにかかわらず、……日米関係の文脈の中に置かれていることを自覚しなければならない。……自分の置かれている文脈を自覚し、醒めていなければならない」と述べた。斎藤教授のこの発言は、六四年に「私たちのアメリカ史研究それ自体が、私たちを取り巻く環境の中で一定の政治的役割を果たしている」と述べた富田虎男教授の発言を言い換えたものである。前述の「日本のアメリカ史研究は六〇年代後半期に大きな転換期を迎えた」とは、このようなアメリカ史研究の状態を指していた。

その他に、六〇年代のアメリカ史研究の特筆すべき成果として、日米の研究者による共同研究がある。日米共同研究は、「日本の近代化」を討議した六〇年の箱根会議、それに六二年の第一回日米文化教育交流会議以降、日米両国の多数の学者を動員して実施され、いくつかの素晴らしい成果を生んだ。その代表的な業績が、細谷千博、斎藤眞、今井清一、蠟山道雄共編の『日米関係史』全四巻（東京大学出版会、一九七一―七二年）であろう。同研究の成果は、七〇年代以降の日米文化交流事業の在るべき姿を示すものとして大きな意味をもっていた。また、リベラル派に属するアメリカ史研究者は、白人エリートを中心にアメリカ史を描いてきた従来の傾向を反省するとともに、フランスのアナール学派の影響もあって、女性や移民問題や、年々その深刻さが増している都市問題など、「新しい社会史」に注意と関心を向けるようになった。

六〇年代にアメリカ関係の翻訳書としてどのような書物が刊行されたか。まずマルクス主義の立場からは、ソヴィエット同盟科学アカデミー歴史研究所編『アメリカ史（第三・四）』（清川勇吉・相場正三久・久芳健夫共訳、東京図書、一九六二―六三年）、シドニー・レンズ『アメリカのラディカリズム』（陸井三郎・内山祐以智共訳、青木書店、一九六七年）と、バラン、スウィージー共著『独占資本』（小原敬士訳、岩波書店、一九六七年）がある。

非マルクス主義の立場からは、ルイス・ハーツ『アメリカ自由主義の伝統』（有賀貞・松平光央共訳、有信堂、一九六三年）、リチャード・ホーフスタッター『アメリカ現代史』（斎藤眞他訳、みすず書房、一九六七年)がある。

史料として有益な翻訳書として、ハリー・トルーマン『トルーマン回顧録』(堀江芳孝訳、恒文社、一九六六年)、ジョセフ・スティルウェル『中国日記』(石堂清倫訳、みすず書房、一九六六年)、ウィリアム・シーボルト『日本占領外交の回想』(野末賢三訳、朝日新聞社、一九六六年)、F・グリーン『ベトナム戦争――歴史の告発』(仲晃訳、河出書房新社、一九六六年)があり、アメリカ外交史の翻訳書としては、デイヴィッド・コンデ『絶望のアメリカ』(陸井三郎・田中勇訳、徳間書店、一九六七年)、『アメリカは何をしたか』(岡倉古志郎・陸井三郎・内山敏監訳、太平出版社、一九六七―六八年)、タン・ツォウ『アメリカの失敗』(太田一郎訳、毎日新聞社、一九六七年)がある。

前述したように、アメリカ研究は、学際的な研究を特徴とし、総合的地域研究の一角を占めている。それは、隣接科学の最新の研究成果に常に目を配り、そこから学んで広い視野と幅広い教養を身につけることがアメリカ研究者に要求されていることを意味している。しかし、近年、他の学問分野と同様にアメリカ研究においても、新しい研究方法が開発されて研究が発展していけばいくほど、研究者の関心や研究領域は極度に細分化し、知識も細密化し、専門化していった。その結果、皮肉なことに、米国の知識は断片化し、その全体像はますますぼやけていくことになった。

そのような学問的閉塞状況をもたらした要因としてここでは二点だけ指摘するに留めたい。一つは、冷戦後の世界経済の景気後退とそれに伴う先行きの不透明な世界状況と全般的な閉塞感が、歴史家をして新しい地平を拓く仮説を大胆に提示したり、将来の展望を明確に描いたりすることを極めて困難にしていることである。もう一つは、研究者に過度に業績を求め強要する近年の新自由主義思想の傾向である。自由競争による発展と進歩という大義名分の下に「外部資金の獲得・昇進」あるいは「窓際・左遷」という「アメとムチ」でもって必要以上に研究者に圧力をかけ、論文の量産を求める近年の傾向は、多くの研究者を技術専門としての知識を集積した知識専門家に向かわせることになった。加えて、米国についての知識を切り売りする近年の商業主義が、さらにそれらの傾向に拍車をかけることになった。その結果、最近のアメリカ像は、本来追求すべき全体像というより、自分の専門の枠に閉じこもった超詳細なものか、それともこれまでの常識の域を出ない単純な紋切り型のものになっていった。

米国のソフト・パワーの光と翳――見えにくいその落とし穴

日本のアメリカ研究の実態を一九五〇年から七〇年までのアメリカ史研究の研究成果を中心に検討を試みた。研究者のたゆまぬ努力によって、アメリカ史研究に他の西洋史研究の領域に勝るとも劣らないほどの研究成果がもたらされたことは言うまでもない。それに加え、日本におけるアメリカ研究の振興に大きく寄与したのは、研究者の研究体制を資金面や組織面で支えた財団法人アメリカ研究振興会の支援や第二次日本アメリカ学会（六六年一月に設立）の会員およびスタッフの努力があったからである。さらに忘れてならないのは、当時、教育・研究資金が乏しく、また海外留学や在外研究の機会に恵まれなかった時代に、アメリカ研究者を資金的に支えたロックフェラー財団、フォード財団、アジア財団など、いわゆる米国のソフト・パワーからの支援があったからでもある。

そのソフト・パワーとは、圧倒的な力（軍事力や経済力）を背景にその国の意思を相手国民に押し付けるのではなく、国の魅力（普遍的な理想や文化など）により彼らを惹きつけ、自国にとって望ましいと思われる結果を手に入れる力のことを言う。

米国は、第二次世界大戦後、世界戦略を展開する際に、対外政策の第四の柱である「教育・文化」、すなわちソフト・パワーのもつ効用に着目し、それをハード・パワーと組み合わせながら外交を積極的に展開した。その主たる目的は、「外国人の心を捉えて」米国の味方にし、彼らから対米協力を引き出すことにあった。ダレスや在日アメリカ大使館の文化担当広報官、それにロックフェラー三世やファーズらは、戦後、世界の多くの国々から米国がヘゲモニー国家の役割を果たすよう期待されていることをはっきりと認識していた。また彼らは、米国がヘゲモニー国家の役割を果たす際にハード・パワーとソフト・パワーのもつ利点と限界についてもしっかりと理解していた。

対日政策において、彼らは米国の長期的な国益を視野に入れながら、友好的な日米関係の維持に努めた。中でも長期的な米国の国益の一つに、日本の人的資源を開発し、それを米国のために活用することであった。そのために米国は、日本の指導者の中から、米国の目標や目的に理解を示す親米的指導者の育成をめざし、ソフト・パワーをフルに活用した。米国は、日本の穏健的保守派と手を結び、協力して日米間の懸案を処理しようとした。日本の指導者に期待されたのは、日本が米国と協力できるように、教育機関やマスメディアなどを通して国民を啓発し、彼らの米国理解を深めることであった。

五〇年代から六〇年代半ばにかけての米国は、経済的に豊かで活気があり、国民も自国の文化に対する誇りと自信にあふれていた。当時の米国社会全般、特に学界、教育界は、寛容で開放的で、世界の国々から多くの研究者や留学生を受け入れた。この時期に日本からも多くの前途有望な若い研究者や学生が米国に渡り、大学や研究所などで学んだ。その中に、日本へ帰国後、六〇年代に論壇をにぎわし大活躍する京大の高坂正堯教授、国際政治の専門家で東京工業大学の永井陽之助教授、アメリカ研究者で東大の本間長世教授らがいた。

日本の大学のヒエラルヒーの強化に一役買った米国のソフト・パワー

第一章で述べたように、教育制度の民主化が、日本の民主化政策の一環として占領統治下で実施された。しかしながら、国際基督教大学の日高第四郎副学長は、教育制度の民主化改革の底の浅さに失望していた。彼は、一九四六年から四九年まで文部省学校教育局長を務めた後、天野貞祐文部大臣の下で五一年三月から翌年八月まで文部事務次官を務めた人物であった。日高副学長は、日本の教育制度を真に民主化するには、大学の「インブリーディング」の問題を解決する必要があると考えていた。「インブリーディング」とは、同窓の学閥や大学内の閉鎖的閥人事のことを指していう。すなわち大学の「インブリーディング（同系交配）」は、事実上の「徒弟制度」を頑なに守り、師匠から弟子へとポストを世襲していく日本の学界の閉鎖的な慣習のことである。

日高副学長は、その旧弊の原因が大学の講座制にあると考えていた。高等教育における当時の教授と学生の関係は、強固な家父長制によく似ていた。学生に期待されたのは、教授に従順であることであった。日高副学長によれば、学生は歩く際にも師の影を踏むのを恐れたという。終身雇用が約束された教授は、講座制を通して自分の学生を管理し、支配することができた。大学の講座制は、教授によって私物化されているように思われた。もっとも、教授はそれを公には認めはしなかったのだが。

　学生は、定評のある教授の下で研究することを望んだ。しかし大抵の場合、そのような学生は、師が歩んだ道をほぼそのまま受け継ぐ形で歩むのが常であった。このことは、学生の研究領域が、ほとんどの場合、自分の師の専門領域に限られ、自分の研究領域を広げる可能性は皆無に等しいことを意味していた。多くの場合、日本の文化的・学問的遺産がこのような手続きを踏んで師から弟子へと伝承されていった。この奇妙な「世襲制度」が、高齢の教授が定年退職した後に、同教授の業績を引き継いでくれる弟子を訓練する役割を果たしたのである。また、大学の講座制は、党派根性やOBの集まる同窓会などの派閥主義（ファクショナリズム）、それにエリート主義を生む温床にもなった。

　また、前述したように、日本の大学教員採用制度は、大学が物理的にも精神的にも世間から孤立している状況を作り出す要因にもなった。同採用制度は、研究者にしばしば見られる、大学以外の出来事に無関心あるいは無頓着な傾向を強めた。たとえば、ある大学が空席のポストを埋めるために他大学にその人材を求めた場合、通常その行為は、大学の面子を失わせる行為と見なされることが多かった。そのために、補充人事は、学内の閉鎖的閥人事になる傾向が強かった。このような大学教員採用制度により、各大学には特有の文化が生まれ、維持されることになった。戦後日本の高等教育を視察した米国の教授は、日本の大学では大学教員の間で互いに接触を持ったり、横のつながりを保ったりする試みはほとんど見られないと報告した。実際に、大学は互いに独立していることに大きな誇りを感じていた。

アメリカ研究は、学際的な総合的地域研究であることから、日本の学界の伝統的なセクショナリズムの弊害を打破する役割を果たすものと期待されていた。しかし、アメリカ研究セミナーをめぐる東大と京大の激しい対抗意識が示しているように、日本の教育制度の民主化を手助けするはずの米国のソフト・パワーは、文部省の官僚主義も手伝って、戦前の日本に見られたのとよく似たピラミッド型の序列化された秩序を戦後日本の学界に復活するのを助けることになった。それは、米国のソフト・パワーが東大を再び日本の高等教育制度の頂点に居座らせる手助けをしたことを意味していた。さらに米国のソフト・パワーは伝統的な講座制を維持する手助けをしただけでなく、それをさらに強固にすることにもなった。換言すれば、日本の高等教育制度をさらに強固にし、学閥と学内閥人事の制度を強化する手助けをしたということである。

日本の大学の権威主義とセクショナリズムは、学閥と学内閥人事の悪弊と不離の関係にあった。必ずしも意図的ではなかったにせよ、米国のソフト・パワーが、日本の高等教育制度を序列化し、そして中央集権化する役割を果たしたことは、大きな皮肉といわざるを得ない。ロックフェラー財団のファーズ人文科学部門長は、「理想としては、私たちは日本における学問研究に何ら援助する必要がないというのがいいのです。ところが日本に学問を支援する財団がまるでないので、やむを得ず私たちが動かなければならないのです」と、日本人の反省を促した。

日米関係が緊密になっていくにつれ、日本の高等教育機関の中で、特にアメリカ研究プログラムを提供している多くの大学では、カリキュラムの見直しと再編成が始められた。そして、米国のパワーと影響力に近づける立場にある日本人エリートを大学教員として雇用し、配置する大学が次第に多くなった。

アメリカ研究者には、米国での留学生活から帰国するや、日本には権威ある大学の教職やポストが自分の帰りを待ち受けているかのように思われた。というのは、彼らは、帰国後、日本の社会で建設的でかつ重要な貢献をするものと期待されていたからである。また、米国での経験は、自分の研究業績を権威づけ、研究者としての地位を確かなものにするのに役立つだけでなく、人生設計においてもキャリアを築く上でも大きな助けになるものと考えられた。

しかしながら、米国から帰国した研究者が日本で直ちに仕事にありつくことができれば、それはまさに幸運に他ならなかった。なぜなら、彼らには日本での就職口がかぎられていたからである。また、仕事に就いた研究者であっても、帰国後は希望を挫かれ、むなしい思いをすることが多かった。というのは米国での滞在期間中に学んだものが何であれ、それに対して冷淡な態度をとる上司や同僚の教員など、保守的な人たちに再び取り囲まれたからである。たとえば、フルブライト奨学金を受けチューレイン大学とカリフォルニア大学ロサンゼルス校で留学生活を過ごしたある研究者は、帰国後、自分を迎えてくれた際に上司が示した冷淡さに不平と不満を露わにした。「米国から帰って来たとき、私は自分の教授法を、討論を中心としたものに変え、そして学生に短いレポートの提出を義務づけることを始めた」。しかし、彼が教授法を討論に変えたとき、「君がしていることは、ただべらべらと話すだけだ」と同僚がよく口にするのを耳にした。フルブライト留学経験者が教授法を刷新したことに対して上司が評価しなかったことは明らかである。同じように、アメリカ的教授法を身につけて米国留学から帰国した同志社の若手助教授は、もっとがっかりさせられる経験をした。彼が米国人に語ったところによると、ある種の懲罰的な措置として、英作文の授業を担当する部署に「放逐された」ということである。

このような不幸な出来事は、頻繁には起こらなかったかもしれない。しかし、それは、日本の保守的な高等教育制度を内部から変革することがいかに難しいかを示していると言えるかもしれない。また、そのような不幸な出来事が自分の身に起こる可能性に気付いている日本人研究者の多くは、米国へ留学・研究を経て、帰国する際には、米国のやり方を日本に持って帰るべきではなく、持ち帰るとかえってマイナスになることを認識していたように思われる。というのは、日本の知識人は、実際の海外での研究生活から得られた経験知は、どのように貴重な知識であり思想であろうと、それが誰か権威者の手によって、それも西洋の権威者によって書かれたものにならない限り、日本では問題にされることはほとんどないことを知っているからである。したがって、日本へ持ち帰る米国での学習内容はいきおい薄っぺらいものになる可能性が大であった。

その上、日本から派遣された在外研究者の多くは、言葉の壁の問題も手伝って、日本で身につけたアメリカ理解や、自分の議論が依拠している前提について、現地の研究者ととことんまで議論したり、問題の本質を直接問い質したりせずして自己流に解釈することが多かった。そして、彼らは、主に大学附属図書館で仕入れた、米国の現実から離れた古い知識をもって帰国するケースが多かった。言い換えれば、彼らの在外研究生活は、いきおい研究者というよりも訪問者あるいはお客様としての面がつよくなり、本来の目的である研究のためというより、箔づけのための在外研究という面が強くなっていった。

そのような事情から、在外研究の機会に恵まれた日本の研究者は、西洋文化に対して日本人特有のアンビヴァレントな態度をとってきた。たとえば、八〇年代は、経済摩擦により日米間に緊張が高まり、日米二国関係は危機的な状況にあった。その中で日本社会では、米国に関する情報が大いに求められていた。にもかかわらず、判断力よりも知識の集積を重視する傾向の強いアメリカ研究の専門家は口を閉ざし、社会のニーズに十分に応えられなかった。恐らく上に述べたこの文化的障壁の問題は、なぜアメリカ専門家が社会的ニーズに十分に応えなかったかという理由をある程度説明してくれるように思われる。

アメリカ研究者の米国のソフト・パワーへの依存性

米国のソフト・パワーは、日本の研究者にさらに米国に依存する習慣を植え付ける働きをした。戦後日本のアメリカ研究が米国の資金に大きく依存していたことは既に述べた。戦後、向上心に燃える多くの若手研究者が、長期の海外留学、特に米国への研究留学をめざしていた。しかし、当時の日本は貧困の極みにあり、海外渡航費を含め、留学に必要な費用を日本で調達するのは難しかった。米国に興味を抱いた年若い研究者は、ロックフェラー財団やフォード財団のような米国の財団を、気前よく助成金を支給してくれる寛大な資金提供者と思っていた。東大アメリカ研究セミナーや京都アメリカ研究セミナーを検討して明らかになったように、彼らは、米国の財団の善意と寛大さをありがたく思うとともに、結果的にそれに依存するようになった。言うまでもないが、すべてのアメリカ研究者が、物乞いのように米国の善意にすがり、米国のソフト・パワーに全面的に依存したわけではなかった。数は少なかったが、清水知久教授のように、米国のソフト・パワーに依存せずあるいは米国のソフト・パワーへの依存から抜け出してアメリカ研究を続けた研究者もいたのも事実であった。

一九五四年にロックフェラー財団のディーン・ラスク会長は、「依存性」の問題に関連して、米国議会の公聴会において、「政府からの温情主義的な援助が、その人の不撓不屈の精神を蝕み、弱々しい人間にしてしまうかもしれない」と証言した。米国の財団は、日本を自由世界の一員に留めておくには日本の研究者に援助の手を差し伸べ続け、ある意味で米国に依存させる必要があると思っていたのであろう。一方、依存心理と依存度の強い研究者は、米国についての知的好奇心と向上心から、米国の資金を求め続けた。この日米の依存の鎖は、ラスクが強調したロックフェラー財団の原則に逆行しているように思われる。このようなアメリカ資金への過度の依存性は、やがては日本のアメリカ研究の成果にも不可避的に影響を及ぼさざるを得なかった。事実、アメリカ史研究者で、五五年度のロックフェラー財団助成金の受給者でもあった有賀貞教授は、八〇年に「活力に欠ける研究手法を用い、輝きのない」アメリカ研究者の業績の中にその影響をするどく感じ取り、「日本の研究者は自らを戒めねばならない。概念化が不明確で研究に対する惰性感が……アメリカ学会に見受けられる」と指摘し、学会の会員に警鐘を鳴らした。米国の「行き過ぎた」寛大さは、学問としての日本のアメリカ研究にマイナスの影響だけでなく、日本の研究者の学問的主体性を徐々に蝕んでいくことになった。

占領初期の日本のリベラルな知識人は、米国から民主主義を学ぶという強烈な問題意識と意思を抱いていた。占領が終わってから六〇年以上が経過した今、日本の知識人は、米国から何を学ぼうとしているのか、何を学びたいと思っているのか。本当に米国から学びたいと思っているのか。アメリカ研究のすべてがそうではないにせよ、その多くは惰性ではないのか。占領初期のリベラルな知識人のように、「アメリカ」を自分の内部に取り入れたいという集団意思のようなものがあるのか。それをはっきりさせる必要があろう。「アメリカ」を、「日米関係」を、「沖縄問題」を、あたかも他人事のように「日米関係の外側」から観念的に語ってはいないだろうか。今、日本の知識人に求められていることは、米国の直面している諸問題を当事者意識でもって日米両国の研究者が一緒に考え、住みよい社会をつくるための代案を提示することであろう。そうすることが、真の意味での「日米関係の深化」につながる、と筆者は考える。米国を本当に理解しようとするならば、米国をいわば「自分のもの」として捉えない限り、それは極めて難しいであろう。米国の喜びを共に喜び、米国の苦悩を自分のものとして共に悩んで初めて、真の意味において私たちは米国を理解することが可能となると考えている。

戦後日本人の民主主義観――米国のもう一つの影響

総司令部の占領当局の指導の下にさまざまな改革が実施された。既に述べたように、日本の民主化は、対日占領の諸改革の中で最も重要と見なされていた。米国民の大多数は、日本の民主的諸改革を積極的に評価した。彼らは、東アジア地域における同盟国として日本をある種の「資産」と見なすとともに、日米関係の将来について極めて楽観的に捉えていた。

一方、戦後日本の多くの指導者の主な関心は、米国から民主主義やアメリカ文化を学び、それをいかに日本の近代化に役立てるかにあった。戦後日本の民主主義について、大阪の経済人で、倉敷紡績の大原総一郎社長は、日本の民主主義は表層的で底が浅く、商業主義と消費主義に堕することになった、と悲観的に捉えていた。というのは、日本人には内発性や主体性が欠如しており、自分の力で民主主義を育て、機能させることができないからだという。大原によれば、「戦後、日本人はアメリカ人が日本へやってきたことを救世主の到来と見なした。……その救世主は日本人に民主主義をもたらし、日本人はそれを受け入れた。(民主主義は)人々によって育まれることはなかった。そのために、(日本人は)民主主義の中身ではなく、むしろその形態を理解したのであった」という。

東大の斎藤眞教授は、ハーヴァード大学での研究生活の後、一九五三年に日本に帰国し、高木八尺教授の後を引き継いでヘボン講座の教授となった。在日アメリカ大使館の文化担当官から、日本の民主主義はなぜ貧弱かと問われ、斎藤教授は、民主的国家になりたいという日本人の気持ちは純粋であるが、日本社会には、「日本に染み込んだ伝統」があって、民主主義が日本に深く根づく前に解決しなければならない課題が非常に多くあるからだ、と答えた。彼は、日本に民主主義を浸透させるには、新憲法の採択や新しい法律の制定といった形式的なことよりもはるかに難しい変化を日本人は経験する必要がある、と説明した。なぜなら日本人が責任ある行動をしたり道徳的な意思決定をしたりする場合は、上司への義務感からか、あるいは、そうすることが目上の意見に従うことになると考えられる場合のみであるからだ、と説明した。

斎藤教授の説明は、自分の立場を明確にしない、あるいは、自分の意見を主張しない大多数の日本人の傾向、すなわち、自分の意見に対して権威ある立場の人からの公的なお墨付きがあるまで、周囲の様子をうかがいながら問題への関与を避け、自主的な態度をとることをためらう大多数の日本人の傾向について言及していたことは明らかである。かつて社会学者マックス・ウェーバーは、ドイツ国民の行動様式について「権威によって与えられた外国の文化を、ただ受動的に受け入れるやり方で外国の文化に対応してきた場合は、外国の文化を主体的に自国の文化に同化させる国民の力は弱いままである」と述べたことがある。逆に言えば、ドイツ国民が外国の文化に著しく「適応」しやすいのは、権威によって与えられた外国文化をただ受動的に受け入れてきたからである、ということである。この命題は、日本についてもある程度当てはまるように思われる。日本の国民は、「寄らば大樹の陰」の処世訓を、幼少の時から肝に銘じて育っており、その処世訓の正しさは、さまざまな時と場の試練を通して証明されていると捉えられていた。

同じように、太平洋問題調査会日本支部の浦松佐美太郎元理事長も、占領改革は日本に変化をほとんどもたらさなかったと捉えていた。戦後、「朝日新聞」の記者となった浦松は、アメリカ占領下の日本社会では総司令部の宣伝内容とは異なり、表層的な変化しか起こっていない。その表層をめくれば、その下には古い封建主義が依然として染み込んでいると考えていた。彼は、国民は、一七世紀頃に体系化された「義理」という名の行動規範に沿って依然として行動していると指摘した。共同通信社の松方三郎専務取締役も同じ意見であった。松方によると、総司令部の努力にもかかわらず、日本には変化がほとんど起きなかったという。松方は、「日本人は、家に洋室を造るのと同じように、心の中にも外国スタイルの部屋を造り、そこへ外国の思想を隔離し、無菌状態で維持しているのだ」と語った。彼の発言の意味するところは、日本人は理念を外国から輸入するが、しかし、その輸入した理念を必ずしも実践しているわけではないと、日本人の言動を批判する点にあった。

伝統的に日本人は、国内問題を解決するためにしばしば「外圧」を利用してきた。その意味において、戦後、一部の国民は、「アメリカ占領軍」という名の外部の権力と権威をうまく利用することにより日本の民主化を目指そうとしたといえよう。政治学と日本思想史の碩学の丸山真男教授は、戦後日本人の民主主義の受け入れ方について、「戦後日本の民主化は高々、国家機構の制度的＝法的な変革にとどまっていて、民主化が社会構造や国民の生活様式にまで浸透せず、いわんや国民の精神構造の内面的変革には至っていない」と指摘した。そして、「『デモクラシー』が高尚な理論や有難い説教である間は、それは依然として舶来品」に過ぎないと述べた。

しかし、日本人の中には日本の民主主義の将来について基本的に楽観的な人もいた。たとえば、参議院外交委員会顧問の坂西志保氏は、日本人が米国の占領者から多くを学んだ点を評価した。占領諸改革の中には、その成果が一掃されて、元の木阿弥に戻ってしまうものもあるかもしれない。しかし、占領改革後の日本の政治体制が、再び戦前の状態に戻るその前に、この反動を食い止めるだけの分別が国民にあるように、坂西氏には思われた。坂西氏は、四一年まで米国議会図書館日本部門の司書を務めた経歴の持ち主であった。同氏は、時おり米国の占領政策に辛辣な批判を浴びせることがあったが、基本的には米国に友好的であった。

同志社の松井七郎教授も、日本の民主主義の将来について、慎重ながらも楽観的な意見を抱いていた。松井教授は、男女共学制度の導入と労働組織の興隆は、長期的に見て日本に重要な影響をもたらすであろうと考えていた。しかし、同教授は、（民主主義が日本に根づくまで）さらに長い期間を必要とするだろうと考えていた。松井教授は、「そうであるがために、私たちの中に、占領がもっと長く続くことを望んでいる者もいる」と語った。同教授は戦前に米国で数年間生活をし、二七年にウィスコンシン大学から博士号を取得した経済学者であった。そして戦後は、総司令部経済科学局の労働課の顧問として一年半ほど勤務した。東京第一弁護士会の近藤綸二副会長も、松井教授の意見に賛成であった。近藤副会長は、占領の長期化は政治的および文化的に見ればむしろ望ましいと考えていた。

後世の学者の評価がどのようなものであれ、大多数の国民が、占領下において強力に導入された民主主義制度を歓迎し、それを受け入れたことは動かし難い事実である。そして、民主化の過程が確実に進行し、米国の影響が日本社会のあらゆるレベルにおいて着実に浸透していたことも否定し難い。四七年から四八年にかけて国民は、アメリカ文化にはっきりと反応し始めた。国民の中心課題は、過渡的な社会状況において、米国から輸入された文化の中から、何を、どの程度、どのようにして選び取り、消化するかという点にあった。異文化受容に対する日本人の対応は、これまで考えられてきたよりもずっと洗練されたものであり、その時に示された国民の適応力は、目を見張るほど弾力性に富んでいた。

当時の日本には、追求すべき目標が二つあった。一つは「進歩」であり、もう一つは「法と秩序」であった。戦後日本は「進歩」を国家目標に掲げ、ピラミッド型の構造をした世界秩序において、「日本に相応しい」名誉ある地位をめざしてがむしゃらに働く一方、国内においては学歴や年功などに基づいた地位に国民を配置し、社会秩序の維持に努めたのである。これら二つの目標は、一見矛盾するようだが、それでも戦後の日本は、これら二つの目標を同時に実現すべく邁進したのである。日本の指導者は、日本の家族制度等に見られる伝統的な価値をフルに活用しながら、米国から導入した技術「刷新」や「進歩」という名の社会変化がもたらす破壊的な影響を封じ込めるか、またはそれが難しい場合は、時間をかけてその影響を緩和ないし中和しようとした。彼らは、変化のプロセスを円滑にするために、あるいは、そのマイナスの影響を最小限に留めるために、日本の伝統的価値のうち、上述した「進歩」と「法と秩序」の維持の二つの目標の達成に役立つと思われる部分だけを選び活用した。この日本の行動様式は、外界の人にとっては理解しがたく、特異なものに映った。

それに対して、総司令部の占領当局は自分たちが行った諸改革の結果に楽観的で、何事にも前向きに取り組んだ米国の文化および価値体系に強い自信と誇りを抱いていた。彼らは、米国にとって良いものは日本にとっても良いはずであるという前提に立ってしばしば行動した。総司令部で働くほとんどすべての米国人の職員は、日本の言葉や伝統、日本人の心理、国内事情に不案内であったため、彼らには日本の伝統主義を時代遅れと見なしたり、また、日本人に対して保護者のような態度を示したり、米国人の主張を正当なものとして日本に押しつけたりする傾向があった。そのために、日本国民の言動や総司令部への反応の中に見られる微妙なニュアンスや意味を見過ごしてしまうか、あるいはそれらを識別することが極めて難しかった。そればかりか彼らには、日本の民主化改革を、アメリカ民主主義という絶対的な尺度に照らして評価する傾向があった。七年というほんの短い占領期に、あらゆる分野においてかくも多種多様の改革が実施されたことからして、日本に導入された民主的諸制度がどの程度日本社会に根付くのか、その展望をはっきりと描くことは極めて難しい問題であった。外交問題評議会の場で、アルフレッド・クノップ出版社のハロルド・ストラウス支配人は、「私たちは、あまりにも早急にあまりにも多くの成果を期待しすぎているのかもしれない」と穏やかに注意を促した。

戦後の日本人は、米国政府や総司令部にはっきりと物を言ったり、明確な態度をとったりすることはめったになかった。言い換えれば、日本人は、時おり米国からの強引な対日圧力に心中苦々しく思いながらも「東洋的沈黙」を守り、服従するか、あるいは、「仕方がない」と権威をおとなしく受動的に受け入れ、その権威に依存する甘えを身に付けることになった。事実、「アメリカ的なものは何でも受け入れる」日本人の姿勢は、占領当局という「権威」の下で導入されたアメリカ文化をただ受動的に受け入れる態度の焼き直しのように思われた。彼らは、価値体系や行動様式を自らの手で主体的に構築し、アメリカ文化を日本文化にほとんど同化することなく、ただ所与の生活環境に適応することに大半の精力を注いだ。そのような状況の下では、主体性や権威に対する批判精神は育まれるどころか、ますます弱まるのが常である。まさにそれに似たような現象が対日占領期に見られたのである。戦後日本の国民に見られる権威に弱い甘えの態度は、米国の対日占領にその原点があるように思われる。

戦後日本における「民主主義」と大衆消費主義

第二次世界大戦後、米国の圧倒的な軍事的優位は、広島と長崎に投下された二発の原子爆弾の破壊力に象徴的に表れており、日本の国民はその恐るべき兵器を製造した米国の科学技術の威力をいやというほど思い知らされた。また、戦後の占領経験を通して、国民は米国の物質文明を実際に自分の目で見、肌で感じ取り、米国の産業と科学に対して純粋な賞賛の念を抱いていた。

人間は偉大な文明に接すると、心の中で文明と民族を結び付け、その偉大な文明を築いた民族の優秀性をイメージすることが多い。それは、文明的・文化的属性が民族の上に添加されることを意味している。実際に、文化から民族への転移が、戦後の日本人の米国観に認められた。その観念は、多くの日本人の心の中で、アメリカ文明――技術的水準の高さと物質的豊かさ――の強力なイメージと結びつき、米国人に対する敬意ある賞賛の念を抱かせた。しかし、その米国に対する肯定的な感情は、日本人の心の奥にある米国への劣等感(占領コンプレックスともいわれる)と表裏の関係にあった。

実際に、国民の大半は、兵器製造力で優位性を証明した戦勝国の米国が、敗戦国の日本よりも優れた文化を持っているに違いないと単純に推論した。そして彼らは、日本に米国の物質文明ないし文化を導入すれば、日本の再建が大いに促進されるであろうと考えた。そして、国民は、アメリカ的なものは何でも受け入れるという普段では考えられないような生活態度や姿勢を身に付けることになった。

国民の多くは、新しい社会状況に驚くべき適応力を発揮した。ナショナリズムに裏打ちされた日本国民の変容ぶりは、大半の日本人が根っからの親米派になることに少なからず寄与することになった。国民は、アメリカ製品を熱心に求めて、購入した。彼らがそうしたのは、一般に考えられているように、親米感情からでもアメリカ民主主義への理解や敬意からでもなかった。鋭敏な眼識力をもつ日本専門家のウィリアム・ジョーデンによると、日本人がアメリカ製品を熱心に求めた主な理由は、品質においてアメリカ製品が日本製品よりも優れているという彼らの功利的で現実的な判断からであるという。そのことは、日本国民の間には、米国を人権や平等の普遍的な理念、それにアメリカ民主制度に具現化された普遍的な価値と結びつけて捉えるというよりも、アメリカ商品と結びつけて捉える傾向があることを意味していた。日本国民のそのような傾向を鋭く読み取ったロックフェラー三世は、「日本人にはアメリカ文化の物質的な特徴を過度に強調する」傾向があると皮肉たっぷりに語った。

加えて、戦後日本の国民は、戦前および戦時中の反米的な態度をすばやく一八〇度転換し、見事に米国のよき生徒の役割を演じた。そのことは、米国人には、日本人が素晴らしい融通性に富む国民であるかのように思われた。米国人の目には、日本人がおとなしくて従順な親米派になったように映った。同時に、この日本人の態度の変貌ぶりが、あまりにも短時間になされたことから、最近まで日本人を恐るべき敵とみなしてきた米国人には大きな驚きであっただけでなく、不可解で不安を抱かせる材料にもなった。その意味において、日本人の行動様式は、文化人類学者ルース・ベネディクトを魅了し、彼女の心を捉えて離さなかった。ベネディクトは、彼女を一躍有名にした『菊と刀』の中で、伝統的に西洋人はいわゆる普遍的な価値に従って行動するのに対して、日本人の場合は状況的な倫理や特殊な倫理に従って行動すると論じた。

大多数の日本人は、米国を「進歩」の国と結びつけて捉えており、米国に大きな関心を抱いていた。米国の実業家には、この日本人の急ごしらえの親米的な態度を利用しない手はないように思われた。事実、米国の実業家は、米国の「進歩」をその消費者である日本人に売ることに注意とエネルギーを傾注し、日本人の購買欲をそそるために、宣伝活動に熱心に取り組んだ。彼らは、日本人の「欲望」を掻き立てるのに長けていた。米国の実業家は、日本人が外国製品好きであることを知っており、それをうまく利用した。コカ・コーラ社、ニューヨーク・ナショナル銀行、アメリカ銀行、ノースウエスト航空会社、アメリカン海運会社などの米国企業やその日本支社は、強引とも思える販売術を使ってアメリカ商品やサービス、特に映画や『タイム』誌、『ニューズウィーク』誌、『リーダーズ・ダイジェスト』誌などの雑誌やその他のマスコミ媒体での販売促進に努めた。アメリカ文化の物質面は、占領期に日本に紹介されたアメリカ商品や、サービスの販売契約の形で、最もはっきりと表れていた。日本市場は米国からの輸入品で溢れ、国民生活は以後、圧倒的にアメリカ色の濃い、規格化された大衆消費主義の圧力の下に晒されることになった。

米国人の宣伝活動と販売促進の努力は、十分に報われたように思われた。日本人は、男女共学制度や民主主義など、進歩的な理念や諸制度をはじめ、化粧品や台所用品に至るまで、米国からの輸入品なら何でも所有し、消費したい欲望を強く抱くようになった。その対象が米国産のタバコであれ、新しい理論であれ、日本人は米国から来たものなら何でも受け入れてよいような錯覚に陥った。

というのは、そのような商品は、日本にないか、たとえ日本にあったとしても日本製品は質が極めて劣っていると思われたからである。

前述したように、米国の実業家による過度の宣伝や押し付けがましい販売法は、米国の物資やアメリカ的文化生活を取り入れたいという日本人の強い欲望をさらに刺激することになった。その現象は、五〇年代、特に朝鮮戦争の特需によるに日本経済のにわか景気の後によく見られた。コロンビア大学のC・ウィルバー教授は、日本人が、口紅や衣服などの広告の中に描かれている、「米国のイメージ」にあこがれを抱いていることに気付いた。さらに同大学のドナルド・キーン教授は、日本で最も人気のあるタバコやその他の製品には英語によるラベル表記がなされていると指摘した。キーン教授は、日本人の少なくとも大都市住民の生活嗜好が外国製品好みであることに気付いていた。日本人の外国嗜好ぶりは何かに取り付かれているのではないかと思わせるほど異常である、と教授は述べた。さらに米国の日本専門家の報告によれば、イデオロギーの面では米国に異議を唱える左翼の日本人さえアメリカ式建築様式の家に住んでいたという。

東京で取材するあるロシア人の記者によれば、戦後、先ず外国人観光客の注意を引いたのは銀座のアメリカ「文明」であったという。銀座の「アメリカ文明」は外国人観光客の目を眩ませ、耳をつんざいた。ロシア人の目には銀座があまりにもアメリカ化しており、かつての銀座の趣がまったく痕跡を残していないように映った。アメリカ文化に批判的なこのロシア人によると、「アメリカ文明」を代表していたものは、コカ・コーラ、ハリウッド映画の派手で俗っぽい宣伝、探偵小説や卑猥な本のけばけばしい表紙、酔っ払った米国兵のけんか騒ぎなどであったという。ロシア人には、あたかも日本の各地が米国のブルジョア「文明」を受け入れたかのように思われたに違いない。しかし、銀座が東京全体を代表していたわけでもないし、また一般国民の生活を代表していたわけでもないことは言うまでもない。さらに銀座は、第二次世界大戦後に突如アメリカ化したわけでもなかった。というのは、銀座では、一九二〇年代から三〇年代にかけてすでにアメリカ化が進行していたからである。

しかし、日本在住のすべての米国人、それにすべての日本人が、米国製の消費財を日本へ導入することを歓迎し、それに対して快く思っていたわけではなかった。彼らの中には、米国の実業家の押し付けがましい販売方法に極めて批判的な人もいた。たとえば、総司令部のウルフ・ラデジンスキー農地改革首席顧問がその一人であった。彼は、米国政府の広報宣伝政策は米国を売り込むことに重きを置き過ぎ、そのために米国があまり地域の人々の助けになっていないと指摘するとともに、東アジア地域における米国政府の広報宣伝政策を手厳しく批判した。

それから一年が経過した五二年に大原総一郎社長も、日本における商業主義と消費主義の興隆について手厳しい論評を行った。彼は、民主主義と消費主義があたかも同義であるかのように米国人によって宣伝されていることを残念に思っていた。たとえば大原氏は、自動車や冷蔵庫に代表される米国商品を消費することが民主主義であるといった考えを日本に広めていることを遺憾に思っていた。大原氏の意見では、日本が必要としているのは生産の促進であり、消費主義を煽ることではないというのであった。そして彼は、米国人の消費パターンを模倣することの潜在的な危険性について国民に警告を発した。大原氏は、日本の国民生活において、関西地域が自主性と個人主義的な面を多く残していると思っていたので、どちらかといえば消費主義の中心地の東京に対して、生産の中心地としての大阪の重要性を強調した。

消費主義に対する大原氏の批判的な論評は、抽象論でも現実の国民生活から遊離した単なる観念論でもなかった。五〇年代に入ると、日本人の生活パターンに重要な変化が起こりつつあることが次第に明らかになってきた。特に、朝鮮戦争とそれに続くにわか景気の後、日本の経済状況は著しく回復していった。前回の訪日から二年後の五〇年四月に再び日本を訪れたチャールズ・ファーズは、日本経済の急速な回復ぶりに深い感銘を受けた。彼は、建設中の新しい建物はもちろんのこと、「以前と比べて改修された高速道路、日本製の新型バスや自動三輪車を含む自動車台数の増加、品質の良くなった衣服など」を目の当たりにした。総司令部経済科学局のセオドア・コーヘン顧問も、日本経済の全般的な発展に気付いた。彼は、日本の対外貿易の拡張について論評し、その中で特に日本の輸出額が五〇年には七億ドルに達した事実を取り上げた。

進行中の消費者革命

日本経済は、一九五五年の鳩山一郎内閣による「経済自立五カ年計画」、それに続く五七年の岸信介内閣による「新長期経済計画」など、政府の経済政策に刺激され、着実に成長の道を歩みだしていた。たとえば、五五年の経済成長率は、名目で一二・七パーセント、実質で六・三パーセントであったが、五七年のそれは名目で一四・〇パーセント、実質で七・五パーセントとそれぞれ増加した。五〇年代以降、日本社会に消費者革命が起こりつつあった。もっとも、実際には、消費者革命はその「途上にあった」のであるが。消費者革命の展開は、絶え間なくダイナミックに変化し成長する戦後の日本経済を象徴していた。それは、複数の要因によってもたらされた。その要因として、マスコミの拡大、知識、情報、それに技術の普及、(宣伝による)消費に対する日本人の態度の変化が挙げられるが、中でも最新のアメリカ文化の影響が大であった。大衆音楽、ファッション、それに家庭用品を含む幅広い領域に見られたさまざまな変化は、米国からやってきたものばかりであった。消費者革命は、戦後の日本人の誰もが大いに望んでいたものであった。国民一人一人の胸は消費物資に対する大きな期待とあこがれで膨れ上がっていた。

六〇年代半ばになると、日本の消費主義の風潮はもはや誰の目にも明らかになっていた。それは、池田勇人首相が「国民所得倍増計画」を唱えた六〇年から徐々に顕著になっていった。国民は、日本の生き残りをかけて経済をできるだけ早く立て直そうと、愛国心を燃やしながら、がむしゃらに長時間働いた。彼らが懸命に働けば働くほど、米国からの援助も手伝って日本経済はそれだけ発展していった。

国民は、自分たちの労働に対して正当な報酬を受けるべきだと考えるようになった。国民は毎日の長時間労働に見合うような報酬を要求し、五五年から毎年春に行われる春季賃上げ闘争を通してゆっくりとしたペースであるが着実に手にしていった。たとえば、六〇年の現金給与総額指数を一〇〇とすれば、五五年の製造業の名目給与総額指数は七四・四、実質は八〇・四、五七年の現金給与総額指数は名目で八四・一、実質で八七・八、そして六二年には給与総額指数は名目では一二二・〇、実質では一〇八・五と着実に増えていった。国民は米国から輸入されるさまざまな新製品や新しいサービスを購入することにより、必要なものやほしいと思うものが次第に手に入るようになった。このようにして、日本人の大量消費文化が、日本の対米輸出・輸入貿易と結びつけて捉えられるようになった。高度経済成長期を迎えた日本は、文字通り大衆消費時代に突入したのであった。「近代化理論」の普及や高度経済成長、それにマイホーム主義の影響もあって、国民は、私生活を最優先する自由で豊かな米国を憧憬した。

このような消費主義の展開は、日本人の消費、貯蓄、それに投資のパターンにも変化をもたらすことになった。たとえば、米国から「新経済学」が日本に紹介された後、国民は分割払い制度を生活の中に取り入れ、その制度にすんなりと適応していった。「新経済学」は、「さあ今、買いましょう、そうすれば節約することになりますよ。買うことは美徳です！」と、潜在的な購買者の頭に消費を叩き込むとともに、消費することの「美徳」や即時に欲望を満たすことの「利点」を推奨した。そうすることで、「新経済学」は消費者の使い過ぎに対する警戒心を和らげる手助けをし、それまで消費者が抱いてきた消費に対する「罪の意識」を感じさせないようにしたのである。五九年に政府は、貿易と為替の自由化の方針を決定し、以後、日本に巨額の余剰ドルが蓄積されるようになった。日本が外貨の自由化に踏み切ると、国民は競うようにクレジットカードを使い始め、それによって、さらに多くのアメリカ製品や他の外国製品を購入するようになった。そのことは、六〇年代から七〇年代にかけて日本が米国から輸入した多種多様のアメリカ製消費財やサービスの一覧表を一瞥すれば明らかである。このような米国の新しい消費制度や新製品の日本への強力な導入により、米国の物質的な影響は大都市を中心に日本各地に広がっていった。

日本の政界および経済界の指導者は、日本の早期再建に全身全霊で打ち込んだ。なぜなら彼らは、日本経済の早期回復を実現することにより、貧困にあえぐ多くの国民に安定した暮らしを提供し、日本社会に安定をもたらすことができると信じていたからである。そして国民は、自国の経済を再建するためにがむしゃらに働いてきた。彼らの大半は、商業主義と消費主義の興隆を、自分たちの努力が実ったことを証明する目に見える証拠として誇りに思っていた。しかし、経済発展は日本社会に良いことばかりをもたらしたわけではなかった。というのは、指導者は自分たちがジレンマに陥っていることに気づいたからである。

指導者は、モダニズム、それに生産第一主義と大衆消費主義が様々な形で国民の思考や行動様式に及ぼすマイナスの影響に懸念を抱くようになった。伝統的な日本の美徳、勤労倫理、肌と肌が触れ合うほどの緊密な人間関係が、享楽的な快楽主義や物質主義によって根底から徐々に切り崩され、その結果、日本の伝統的な価値が外国の諸価値によって取って代わられるのではないかと懸念した。同時に、国民は、消費を推奨する消費至上主義を民主的でかつ一種の平等主義の表れと捉えるようになり、それにより民主主義や平等主義の概念が物質的平等主義によって取って代わられる一方で、政府も国民も消費主義の洪水にのまれ、物質第一主義に象徴されるアメリカ文化の「とりこ」になっているように思われた。

大衆消費主義では、少なくとも理論のレベルにおいて、個人の平等、個人の権利が重視され、称えられているように思われた。しかし同時に、共同社会への義務意識、序列社会や秩序への尊敬の念など、日本の伝統的価値がないがしろにされているのではないかとも心配された。特に保守主義者は、消費主義によって日本社会の階級制度、家族制度、それに伝統的な生活様式に重大な変更が加えられるのではないかと懸念した。そこで彼らは、消費主義のもたらす様々な問題に正面から取り組む必要性を徐々に感じた。その問題の第一は、日本社会にとって必ずしも有益とはいえないような、むしろ有害に見えるアメリカ文化の影響をどの程度まで許容できるか、第二は、消費主義がもたらす有害な影響をどのように制御して、抑制することができるか、第三は、どうすれば消費主義の影響を日本にとって有利な方向に導くことができるか、であった。このように、政府および政府に奉仕する一部の知識人は、米国の権力と権威の下に占領当局によって実施された占領諸改革や輸入されたアメリカ文化と、今後いかに付き合っていくかという核心的な問題に取り組まざるを得なくなった。

ソフト・パワーと戦後日本における米国の「寛大さ」

米国の日本専門家ロバート・シュワンテスは、総司令部の対日占領プログラムには至らぬところや不手際があったことを認めつつも、同プログラムが賞賛に値する理想に基づいて計画されたものであると信じて疑わなかった。二〇一五年の現在、米国による日本占領をより広い視野から眺めると、異民族統治がもたらす数多くの不都合があったにせよ、日本占領が、大多数の日本国民にとって建設的で啓発的な経験であったとの印象を強く与える。事実、国民の大半は、初期の総司令部の民主改革に前向きに対応した。というのは、全般的に米国の日本占領政策には米国人の明るさ、気前のよさ、寛大なところが多々見受けられるように思われたからである。特に、戦前の軍国主義日本の圧政に苦しめられた多くのリベラル派知識人にとっては、総司令部が示した米国の寛大さや善意は、そのことを納得させるものであった。実際に、占領期の米国人が抱いた理想、それに米国人の情熱と誠意を疑う日本人も少ないように思われる。そのような米国人の善意に対して、日本人の側も米国人に勝るとも劣らないほどの善意と誠意で対応したであろう。もちろん、問題の種類と性格によって、国民は積極的に対応し、総司令部に協力した場合もあるし、一方否定的に対応し、総司令部に抵抗した場合もあった。しかしながら、その結果、対日占領の経験からさまざまな形の友情関係が日米両国民の間に生まれたことも事実である。

しかし、対日占領の「成功」のイメージに関する重要な点は、このような対日占領観は、日本四島に限られた狭い視野から作られたものであること、そして「成功だった」対日占領というイメージには、米国のソフト・パワーに絡む深刻な問題も横たわっていることを忘れてはならない。それは、対日占領下において多くの日本国民が感じた米国の「寛大さ」は、東アジア地域の他の二つの占領地、つまり、沖縄や朝鮮には及ばなかったという事実である。言い換えれば、沖縄の置かれた位置とその厳しい現実と、日本本土における米国の「寛大さ」とは表裏一体の関係を意味していたという点である。それは、米国人の善意は結局のところ何なのか、という問いにつながる。本書で明らかにしたように、共産主義に対する恐れによって形作られた米国人の善意が、基本的に米国の「寛大さ」の中身であった。それを典型的に示したものが、反共主義の「逆コース」や「真実のキャンペーン」であった。また、検閲制度もこの種の問題の反民主的な側面を表現していたといえよう。

要するに、占領期間中およびそれ以後も、米国の「寛大な」ソフト・パワーは、その民主化の意図に反して、日本の高等教育制度の序列化ならびに中央集権化に、直接にとまで言わずともきわめて重大な役割を果たしたし、また戦後日本のエリート知識人を精神的にアメリカに依存する「弱々しい人間」にしてしまったように思われる。そして、総司令部の占領当局の指令と指導の下に民主的な占領諸改革が実施されたにもかかわらず、多くの日本人は米国のソフト・パワーに対する甘えの態度と依存度を強め、民主主義を自分のものとして主体的に育てるどころか、むしろ民主主義は商業主義と消費主義に堕することになったと言えよう。

おわりに

口を閉じるアメリカ専門家

戦後日本の知識人は、米国政府や米国の民間組織からの多額の資金や物資の援助を受け、時にはその返礼として在日アメリカ大使館や日本各地のアメリカ文化センター（後のアメリカンセンター）など、アメリカ文化関係の諸機関が主催する行事に積極的に参加したり、米国政府の在外機関に協力したりした。またある時には、彼らの中には、米国政府の対外政策に必ずしも賛同できない場合でも、米国政府への批判を差し控え、口をつぐむこともあった。また時おり、在日アメリカ大使館の行為が政治的な思惑からなされたものではないかと思われる時でも、彼らは、その行為を米国の善意と捉えることもあった。日米関係が緊張度を高め、危機的な状態になり、社会から両国間の緊張を和らげるための打開策について、アメリカ専門家としての意見を求められていた時でさえ、彼らの多くは自分の専門性を活かして意見を述べるのではなく、むしろ沈黙してしまうことさえあった。もっとも、伝統的に日本の知識人の間には、現代の政治・社会問題や経済問題には関わりたくない、あるいは敬遠したいという傾向が見られるし、それに彼らの中には日米関係を所与のものと捉えたり、現在進行中の日米間の時事問題は客観的な分析の対象になりにくいと考える傾向も見受けられるのであるが。

たとえば、一九七〇年代から八〇年代にかけて日米両国は、貿易摩擦に端を発した経済問題をめぐって互いに角を突き合わせていた。七〇年代まで日米間の経済摩擦は、繊維、鉄鋼、家電製品(テレビ)など、主として日本の対米輸出をめぐる摩擦であった。ところが八〇年代に入ると、経済摩擦は対米輸出だけでなく、農産物問題、特に牛肉、オレンジ問題など、日本の輸入障壁(日本市場の閉鎖性)・貿易慣行全般に対する批判へと新しい段階へ進んでいった。この頃、米国の経済は、国内産業の地盤沈下と国際競争力の低下が進み、国民の間に危機感が強まった。そのような中で、八一年にロナルド・レーガン共和党政権が誕生した。レーガン大統領は、対ソ強硬路線を採用し、軍事予算を大幅に拡大するとともに、レーガノミックスによって大幅減税を行った。その結果、八五年には米国の貿易赤字は一〇〇〇億ドルを越え、米国は財政赤字と並んで未曽有の「双子の赤字」を抱えて巨大な債務国となった。

連邦政府の経済政策に対する不満が国民の間に高まり、数多くの利益集団やそれらを代弁する議員が、八五年の春から秋にかけて連邦議会に三〇〇以上にものぼる保護法案を提出した。八〇年代後半には日米間の経済摩擦は、マクロ・ミクロ経済問題や、通信機器の政府調達問題、独占禁止法の運用、流通制度、知的所有権、土地問題など、制度上の諸問題へと発展し、これらは構造問題協議(Structural Impediments Initiative, SII)で取り上げられ、一層表面化した。

さらに、半導体、工作機械をめぐる交渉、それに次期支援戦闘機(FSX)の日米共同開発問題などで日米関係は政治問題化するとともに、緊張度をさらに高めた。連邦議会では、七四年通商法三〇一条の強化(スーパー三〇一条)を求める声が高まり、八八年に包括通商・競争力法が制定された。

そのような緊張した日米関係の雰囲気の中、日本を米国の「脅威」と捉える「修正主義」者が台頭し、激しい対日批判、いわゆる「ジャパン・バッシング」事件が続出した。たとえば、米国において、東芝の子会社である東芝機械がココム違反をしたという理由で対日批判が高まり、八七年七月一日、米国議会の議員は、米国議事堂前で東芝製のラジオをハンマーで壊して米国民の対日不満を態度で表わした。一方、米国の週刊誌『ニューズウィーク』の八九年一〇月九日号は、表紙に芸者姿の「自由の女神」を登場させ、ソニーによるコロンビア映画買収を米国のハートを買収したと皮肉った。

このように米国民の苛立ちの感情を露わにした保護主義的で米国の国益を最優先にと叫ぶナショナリスティックな出来事が次から次へと米国内において発生した。そのために目まぐるしく変化する米国内の情勢に、日本国民のアメリカ理解がついていけなくなった。そして国民は、なぜ米国議会は日本に対してかくも厳しい姿勢をとり続けるのか、なぜ米国議会は利益集団の圧力に弱いのか、なぜ米国大統領は米国議会の保護主義を抑制できないのかといった、一連の厳しい問いを発し続けた。そのような中で、政府や実業界などさまざまな社会集団は、ジャーナリストや国際関係論者、政治研究者など、非アメリカ専門家の意見の他に、アメリカ専門家からも意見やコメントを強く求めているように思われた。しかしながら、それに対してアメリカ専門家の大半は沈黙を守るか、あるいは公開討論の場から身を引いた。口を閉ざすアメリカ研究者に対して、実業家やマスメディア関係者から痛烈な批判が浴びせられた。社会から米国についての正確な情報が求められているにもかかわらず、アメリカ専門家は、社会の声に耳を傾けようとはせず、「口を閉ざした共犯者（the complicity of silence)」であり、研究者としての批判的機能を果たしていない、と批判者たちはアメリカ専門家を非難した。これらの批判者は、アメリカ専門家には「学問領域において自己の研究に没頭し成果を上げる以外に、社会のニーズに応えていくという責任もある」と指摘し、アメリカ研究者に注意と社会的責任を喚起したのである。

米国人も、日本のアメリカ研究者に対して同じような内容の批判を浴びせた。彼らは、日本のアメリカ研究が文学や歴史に片寄っていると指摘する一方、現在起こりつつある問題や公共政策に十分な関心がこれまで払われてきたとは言い難いと批判した。ワシントンに事務局のある日米友好基金のエリック・ギャングロフ元事務局長は、「確かに、日本においてアメリカ研究の活動が盛んに行われるようになってきている」と一定の評価を下したが、しかし、日本の「アメリカ研究がこれらの出来事(日米経済摩擦——筆者注)やその出来事が提起している諸問題に直接取り組んでいるとは必ずしも言えない」と批判的なコメントをした。また、別の米国人の批判者は、米国を専門とする日本の教授は、「専門家ではあるが米国を十分に理解しているとは言い難いし、また彼らの学問的姿勢は、島国根性と傲慢さがますます顕著になっている」と述べた。さらにこの批判者は、日本のアメリカ研究者が「アメリカ研究の裾野をもっと広げ、今日の重要な問題に真正面から取り組むよう強く望み、自分の専門領域以外の研究者やジャーナリストともっと広く対話やコミュニケーションを持つよう促した。沖縄返還を契機に七五年にスタートした日米友好基金は、日本のアメリカ研究に対する米国の主要な資金提供者であった。ギャングロフ氏の日本のアメリカ研究に対する批評から想像されるように、同基金は、八六年に日本のアメリカ研究への資金的な支援を打ち切る旨を日本アメリカ学会に通告した。その理由は、日本のアメリカ研究がもはや日本人のアメリカ理解に貢献する手助けとなっていない点にあったという。

もしこれらの批判がある程度当たっているとするならば、日本のアメリカ専門家は社会的責任を十分に果たしているとは言い難いとの印象を日米両国民が抱いたとしても何ら不思議ではないかもしれない。その印象とは、日本のアメリカ専門家は自分の研究室に籠って米国に関する知識を蓄積することに専念するだけで、米国について学習したことを実践しようとはしない、つまり、"Public Intellectual"（社会に広く働きかける知識人）としての責任を回避しているというイメージである。アメリカ研究者への批判の高まりは、職業としてアメリカ研究を続けるのに必要な国民の支持が得にくくなるだけでなく、学問としてのアメリカ研究の正統性をも危うくすることになった。

学問研究は不朽不変ではない。近年、接近手法などにおいて進歩の著しいアメリカ研究においてもそうである。アメリカ研究は、時代とともに日米関係の変化をも少なからず反映しつつ変化してきた。特に、その研究が、政治問題や経済問題のように、今日の関心事に直結した問題を扱う場合は、研究者の神経は敏感になりやすく、時には研究を続けることさえ難しく感じるようになる。したがってその場合、研究者の社会的責任感もおのずと鈍ってこざるをえなくなるかもしれない。そうであるにせよ、研究者個人が、社会の利益にとって自分の研究の価値がどこにあるのか、常に尋ね続けることを忘れないことが重要である。もしアメリカ研究者についての上述の批判が基本的に正しいとすれば、日本のアメリカ専門家は、自らの社会的・道義的責任を回避していることになりはしないだろうか。それが意図的・意識的ではないにしても。というのは、彼らには専門家として日米関係をめぐる諸問題について別の違った観点から考え、代案を提示することが社会から求められているからである。

『知性の運命』の著者ジャック・バルザンによると、研究助成は知的創造性の妨げになるという。「研究助成とは、巧みな操作である。……(研究者は)どうにかしてうまく企画案を練り上げようとあれこれ工夫を凝らし、認可を求めて、精神状態は戦々恐々となり、それゆえに好意と知名度を求めるのである」と。既述のように、五四年にロックフェラー財団のディーン・ラスク会長は、「温情主義的な政府からの援助が、不撓不屈の精神を蝕んで弱々しい人間を生み出すことになるかもしれない」と述べ、「ソフト・パワー」のもつ潜在的な危険性に言及した。それは、ロックフェラー財団の設立精神が、他人に依存する甘えの心を退ける一方、自助の精神と倹約の美徳を高く評価する点にあることを、別の表現で示したものである。

国際文化会館の加藤幹雄常務理事は、「日本におけるアメリカ研究の現状およびその諸問題」について感想を述べ、日本の「アメリカ研究者の養成は、ほとんど米国側の財源に依存してきた」こと、それに、日本のアメリカ研究者は、「共同研究を自主的に計画し、その実施に必要な資金調達に意欲的に動き回ることは少なく、米国の日本研究者と比べて、"Intellectual Entrepreneurship"(知識人としての企業家精神)が希薄である」ことを指摘した。日本のエリート知識人、特に日本におけるアメリカ研究の発展をめざしてきたエリート知識人の心に、米国の「寛大さ」への謝意と同時に、寛大な米国への依存心が芽生え、次第にそれが大きく強まることになったことは皮肉としか言いようがない。言い換えれば、もし現在、「権威」への従順と依存の体質が、無意識のうちに日本のアメリカ研究者の批判精神を蝕み、その主たる原因の一つが、「カネ」にあるとするならば、それはロックフェラー財団にとって実に残念な現象と言わざるを得ないであろう。というのは、同財団の創設者の「創造的な慈善活動」に対する強い信念とその基礎となっているバプティストの信条が、「道徳的に優れた事業を行う」という哲学であるからである。

日米関係の将来？

日本人は、基本的には中庸を尊ぶ保守的な国民である。国民の反軍国主義や平和主義の感情は、第二次世界大戦の苦い経験と過去への反省に根差しており、世界平和を心から願う国民の純粋な気持ちを表したものである。同時に、米国の指導者は、その日本国民の平和主義の感情は初期の対日占領政策によって助長されたという。

米国の指導者によれば、独立達成後の日本には次の三つの選択肢が考えられたという。一つは、米国に協力し、自由世界の一員として生き延びること、二つは、自由主義世界と共産主義世界を互いに競争させ、競争する両陣営から漁夫の利を得つつ生き延びをはかる日和見主義、三つは、ソ連や中国などの共産主義諸国と政治的、経済的に協力することであった。しかし、彼らは、日本にとって現実的で理にかなった選択肢は第一の選択肢、すなわち米国との同盟関係しかないと信じて疑わなかった。

加えて、米国の指導者は、根っからの反共産主義者であった。ピューリタニズム（清教徒主義）の影響もあり、彼らの中には、国際問題に対処する際に、敵か味方か、自由陣営か共産陣営かと、二者択一的に二分法で捉える者も少なからずいた。そのことは、数多くの米国民について言えることであった。マニ教に似た世界観を抱く彼らには、米国の敵を海外に探し出すか、あるいは自ら敵を作り出す傾向があった。彼らは、複雑な国際問題を単純な二分法でもって国民に解説した。その手法は、米国の対外政策を国民に分かりやすく説明できるだけでなく、それにより国民の支持を取り付け世論を動員して対外政策の実施に必要な予算の獲得を容易にしてくれる説得法であった。根っからの反共主義者であった彼らは、同時に米国の価値や信条の絶対的な信奉者でもあった。ゆえに彼らには米国の提案に対して発せられる、中立国や共産主義国からの意見や代案を真剣に取り上げるだけの心のゆとりがなく、目も耳も心も頑なに閉ざしてしまう傾向が強かった。というのは、米国の指導者は、中立主義を共産主義の隠れ蓑かあるいは共産主義化への一歩手前の段階と信じきっていたからであった。

さらに米国の指導者は、在日米軍基地の問題、軍備増強を求める米国からの圧力、（地下実験を含む）核実験問題などに対して日本人は感情的になり、過剰に反応する傾向が強いと捉えていた。日本の国民は、権力に批判的な一部のマスメディアや、親ソ的・親共産主義的な、いわゆる「進歩的知識人」の強い影響下にあるとされ、そのことが、日本の国民が冷戦下の国際政治を「正しく」理解し、「現実的な」行動をとることを難しくしていると考えられていた。米国の指導者は、特に、一九四八年の「逆コース」の後、日本国民の反戦・平和主義、中立主義の感情、それに反政府的なマスメディアや親ソ的な「進歩的知識人」の言動が米国の対日政策の「手かせ・足かせ」になっていると捉えていた。

同時に、米国の指導者は、日本政府にあまりにも強い圧力をかけ続けると、日米地位協定および在日米軍基地などの問題が引き金となって日本の世論が騒ぎ出す(日米関係が政治問題化する)ことになりかねず、それによって米国の協力者である日本の保守・穏健派の統治基盤が揺らぐことを恐れていた。そのために、彼らは、日本政府に対する言動にある程度慎重にならざるを得ず、強い圧力をかけ過ぎないよう神経を使い、自己抑制せざるを得ないとも考えていた。

日米両国民は、相互に依存の関係にある。そうであるがゆえに、互いに相手国に期待し要求しすぎる傾向がある。そして、その要求や期待が思うような形で満たされない場合、マスコミも含め国民は事あるたびに感情的になり、相手国に対して強い不信と不満を抱くことになる。このような二国間関係は、しばしば日本に対する米国の不満の一因となった。力でもって日本との外交交渉を押し切ろうとする保守的な米国の指導者や、日米安保条約が一方的に日本に有利な条約であると捉える一部の米国市民については、特にそうであった。

ほぼ四〇年にわたるアメリカ研究から――その間に、研究したり教えたりするために何年かは米国に滞在することもあったが――筆者は、一般の人たちが米国民に対して抱いている紋切型のイメージとは異なり、米国民の大半が基本的に他の人たちの意見や見解に積極的に耳を傾ける国民であることが分かった。同時に彼らは、胸を開いて外国の人たちと誠実に意見を交換したいと思っている。「はじめに」で述べたように、歴史家ウィリアム・A・ウィリアムズは、「私たち米国民が必要としているのは、私たちに過去あるいは現在の行為を改めることができると忠告してくれる外国の友人であります」と述べた。米国人は、自分たちの意見の前提に疑問を投げかけてくれたり、米国が現在直面しているさまざまな問題に別の観点から取り組む方法を提示してくれたりする海外の真の友達の意見を聞きたいと願っている。私は、米国人であれ、日本人であれ、いずれも創造的な構想力や建設的な批判力に欠けているとは思わない。人は胸襟を開いて真の話し合いや討論をする必要がある。それは、日本人の場合、米国市民と同じ立場に立ち、米国の事柄について彼らと共に考え、意見を交わすことを意味している。すなわち、内田樹氏の言葉を借りれば、「アメリカ市民以上に当事者責任を感じ」ながら、考え行動するということである。そうして初めて人は互いに尊敬の念を抱くようになるというのが私のゆるぎない信念である。ところが、太平洋の両岸に見受けられる度を越したプライド、近視眼的な権力欲、相互不信、それに真正面から真の問題に取り組まず易きにつこうとする気持ちや臆病さなどによって、これまで日米両国民の間の真の意見やアイディアの交流、つまり、胸襟を開いて率直に討論しあうことが妨げられてきたことは残念である。

米国の指導者の間には、自国の歴史的体験により米国の社会発展方式の妥当性は証明済みと捉える傾向が見受けられるが、彼らは、アメリカ文明――「アメリカ的生活様式」と呼んでもよいかもしれない――に対するゆるぎない自信と誇りから、米国の発展方式が自国以外の国民や民族にとっても有効でかつ望ましいと信じがちであった。寛大で人道主義的な理想主義と道徳主義、同時に実利に目ざとく計算にも長けた現実主義を併せ持った米国政府は、世界各地において政治、経済、文化の三部門からなる国家目標を、つまり、アメリカ的民主主義、自由企業資本主義経済、それにアメリカ的生活様式を三位一体のものとして追求してきた。その過程において、圧倒的な力を背景とするこれまでの米国の外交は、米国以外の国々を常に米国に依存させ、それらの国々とその国民に強い影響を及ぼし続けてきた。しかしながら、米国の外交スタイルが他国を米国に依存させせようとするものである限り、米国とその相手国のどちらにとっても満足の行くような結果を期待することは難しい。たとえ、米国人がどれほど寛大な国民であるかを米国が主張しようとも、あるいは米国の意図が善意に基づいているといかに強く主張しようとも。というのは、そのような関係においては、米国の外交スタイルは、相手国の国民に自分たちが米国よりも劣っているか、米国に従属しているといった感情を抱かせるからである。一方、米国の指導者は、軍事と経済の両面で常に強い立場にあるために、意識するしないにかかわらず、外国との外交交渉のたびに相手国に対して優越感と居心地よさを抱くのである。

このような米国政府の外交スタイルによって、過去六〇年余りの日米関係は色濃く彩られ、条件づけられてきた。実際に、筆者がこれまで目を通してきた過去半世紀余りの米国の外交文書は、日米関係が真に友好的なものでも健全なものでもなかったことを明らかにしている。そのような日米外交スタイルを示す一例として、たとえば次の実話を紹介したい。それは一九六四年のことであった。米国の指導者は、五月五日に開かれた国務長官主催の政策企画会議に出席し、その席上、日本と日本国民に対する彼らの本音を明らかにした。「占領が本当に終わったという事実を、日本の国民が十分に認識しているかどうかは疑わしい。日本の国民は、米国の反応にあまりにも気を取られ過ぎ、日本自身の国益を十分に定義しようとはしない。私たちは、日本が自国の問題を日本の見地から考察するように日本に促す必要がある。……日米両国の利益が何であるかを見極め、それをはっきりと認識することが、私たちの関係に一層強固な基礎をもたらすことになるであろう」と。この外交文書は、日本のエリートがいかに米国を気にし、そして恐れているかを明らかにするとともに、日本のエリートが、自分のとる行動に対して米国の側がいかに反応するかということに気をもんでいるかを正確に伝えているといえよう。

一方、日本の外交スタイルといえば、複数の解釈を許すような発言の不明確さ、公約を避けたがる態度、アンビヴァレントな思考回路などがその特徴として挙げられよう。米国は、ソフト・パワー外交を通して将来日本のエリート指導者に成長すると思われる若者を米国への甘えと依存体質を身につけた人間に造りあげてきた。そのために日米関係は著しくいびつな形になってしまったように思われる。一方、日本のエリート側も、米国のソフト・パワーと「権威」をむしろ進んで受け入れ、米国の外交スタイルを半ば「仕方がない」ものとして、米国に協力してきたのである。そうであったために、たとえば、六〇年代には、米国は日本の国益を無視しても大過なくやっていけるといった印象をしばしば米国政府側に与えることになった。その結果、「米国は日本を対等で重要なパートナーと見なしている」といった、よく引用される米国政府高官の発言にもかかわらず、実際には日本は米国から何度も不意に失望感を味わわさせられることになった。それを裏づけるかのように、六三年には、「しかしながら、財務省、国防総省、商務省、農務省、それに他の省庁における明らかな前提とは、……安全保障と経済の両面で、その(日本の)米国に対する依存度が非常に高いし、またその(日本の)経済が非常に強いので、私たちは日本の利益を無視しても何ともないのだ」と国務省の役人が考えていたことが明らかになったのである。

日本の側だけでなく米国の側にも、日本人とよく似た奇妙な行動パターンが見られた。それは、米国と外国の間にパワーや影響力においてあまり差がないと思われた時や、米国よりも外国の方が有利な立場にあると米国民の目に映った場合、彼らは不安になり、それまでの自信や忍耐を失い、耐え難くなる。そして、不安感と脅迫感に苛まれる米国人は、苛立ちを隠せず攻撃的になっていく。このような米国人の行動は、ぎこちなく、高圧的である。また、両国間の争点が、人種的にも文化的にも自分たちよりも下位にあると思いこんでいる国民や民族が関わっている場合は、米国の態度や対外行動はさらに混乱と困惑の度を増していくのである。そのような米国民の行動パターンを示す例として八〇年代の「日本たたき（ジャパン・バッシング）」を挙げることができよう。日本たたきに関して、米国政府の高官は、米国民は「経済成長の面で外国（特にアジアの国）が、私たちよりも能率的に経済運営ができるという事実に面と向き合うだけの心の準備ができていない。ぼんやりとではあるが、現在、私たちは脅迫感を抱き、恐らく憤りも感じている。そしてどのように対処してよいのかわからないのだ」と認めたのである。

日米関係は将来どのように展開するのだろうか。日米関係はさまざまな人間と要因が同時に重なり絡み合って創り出されるが、それがその時どきの国際情勢や歴史的情況によって決まるのは確かなように思われる。その答えを見つけ出す一助として、人類学者で歴史家の故ウィリアム・ローズベリーの言葉を引用したい。ローズベリーいわく、「支配的な秩序から除外され、疎外された諸関係や意味が常に存在する。そして支配的な秩序に代わる別の意味、別の価値、人生と歴史に関する別の解釈が必ずやその姿を現わしてくる」と。再び、日米関係は将来どのように展開するのだろうか。その点については、多くのことが不明であり、明確なことは言えない。ただ現時点で言えることは、私たちは、「必ずやその姿を現わしてくる、支配的な秩序に代わる別の意味、別の価値、人生と歴史に関する別の解釈」を注意して見守り、場合によっては提案していく必要があるということであろう。

＊本書の内容は、『戦後日本におけるアメリカのソフト・パワー——半永久的依存の起源』を紙幅の都合により再編集し、主に「はじめに」と第一一章を加筆・増補したものである。

文献一覧

アイザックス、ハロルド(一九七〇)『中国のイメージ』小浪充・国弘正雄訳、サイマル出版会
アチソン、ディーン(一九七九)『アチソン回顧録』吉沢清次郎訳、恒文社
五十嵐武士(一九八六)『対日講和と冷戦――戦後日米関係の形成』東京大学出版会
池井優(二〇〇一)『駐日アメリカ大使』文藝春秋
石田雄(一九九五)『社会科学再考』東京大学出版会
入江昭・ワンプラー、ロバート編(二〇〇一)『日米戦後関係史　一九五一―二〇〇一』細谷千博・有賀貞監訳、講談社インターナショナル
ウィリアムズ、ウィリアム(一九八六)『アメリカ外交の悲劇』高橋章・松田武・有賀貞訳、御茶の水書房
上杉忍・巽孝之編著(二〇〇六)『アメリカの文明と自画像』ミネルヴァ書房
ウォーラーステイン、イマニュエル(一九九三)『脱＝社会科学』本多健吉・高橋章監訳、藤原書店
A五〇日米戦後史編集委員会編(二〇〇一)『日本とアメリカ――パートナーシップの五〇年』細谷千博監修、ジャパンタイムズ
エマソン、ジョン(一九七二)『日本のジレンマ』岩崎俊夫・佐藤紀久夫訳、時事通信社
小田実(一九六一)『何でも見てやろう』河出書房新社
――(一九六九)『日本の知識人』筑摩書房
加藤節(一九九七)『南原繁』岩波書店
加藤幹雄編著(二〇〇三)『国際文化会館五〇年の歩み(増補改訂版)』国際文化会館
金子将史・北野充編著(二〇〇七)『パブリック・ディプロマシー』ＰＨＰ研究所

ゲイン、マーク(一九五一)『ニッポン日記(上・下)』井本威夫訳、筑摩書房
古関彰一(二〇〇二)『「平和国家」日本の再検討』岩波書店
近藤健(一九九二)『もうひとつの日米関係――フルブライト教育交流の四十年』ジャパンタイムズ
ザンズ、オリヴィエ(二〇〇五)『アメリカの世紀』有賀貞・西崎文子訳、刀水書房
清水克雄(一九八七)『文化の変容――脅かされる知と人間』人文書院
シュワンテス、ロバート(一九五七)『日本人とアメリカ人――日米文化交流百年史』石川欣一訳、東京創元社
ジョンソン、チャルマーズ(二〇〇四)『アメリカ帝国の悲劇』村上和久訳、文藝春秋
ショーンバーガー、ハワード(一九九四)『占領 一九四五―一九五二』宮崎章訳、時事通信社
竹内洋(二〇〇五)『丸山眞男の時代』中央公論新社
――(二〇一一)『革新幻想の戦後史』中央公論新社
竹前栄治(一九八三)『GHQ』岩波書店
ダワー、ジョン(二〇〇一)『容赦なき戦争――太平洋戦争における人種差別』猿谷要監修・斎藤元一訳、平凡社
――(二〇〇四)『敗北を抱きしめて(上・下 増補版)』三浦陽一・高杉忠明・田代泰子訳、岩波書店
都築勉(一九九五)『戦後日本の知識人――丸山眞男とその時代』世織書房
鶴見俊輔(一九八四)『戦後日本の大衆文化史』岩波書店
遠山茂樹(一九六八)『戦後の歴史学と歴史意識』岩波書店
トムリンソン、ジョン(一九九三)『文化帝国主義』片岡信訳、青土社
ナイ、ジョセフ(二〇〇四)『ソフト・パワー』山岡洋一訳、日本経済新聞社
永井陽之助(二〇一二)『平和の代償』中央公論新社
中島琢磨(二〇一二)『現代日本政治史三 高度成長と沖縄返還一九六〇―一九七二』吉川弘文館
日米協会編(二〇一二)『もう一つの日米交流史――日米協会資料で読む二〇世紀』中央公論新社
ハイン、ローラ(二〇〇七)『理性ある人びと 力ある言葉――大内兵衛グループの思想と行動』大島かおり訳、岩波書店

パッカード、ジョージ(二〇〇九)『ライシャワーの昭和史』森山尚美訳、講談社
ビッソン、トーマス(一九八三)『ビッソン 日本占領回想記』中村政則・三浦陽一訳、三省堂
細谷千博・有賀貞・石井修・佐々木卓也編(一九九九)『日米関係資料集一九四五―九七』東京大学出版会
ポラニー、カール(一九七五)『大転換』吉沢英成・野口建彦・長尾史郎・杉村芳美訳、東洋経済新報社
ホール、アイヴァン(一九九八)『知の鎖国』鈴木主税訳、毎日新聞社
孫崎享(二〇〇九)『日米同盟の正体』講談社
――(二〇一二)『戦後史の正体一九四五―二〇一二』創元社
マコーミック、トマス(一九九二)『新版 パクス・アメリカーナの五十年』松田武・高橋章・杉田米行訳、東京創元社
マッカーサー、ダグラス(一九六四)『マッカーサー回想記』津島一夫訳、朝日新聞社
松田武(二〇〇八)『戦後日本におけるアメリカのソフト・パワー』岩波書店
松本重治(一九九二)『聞書・わが心の自叙伝』講談社
――(二〇〇一)『昭和史への一証言』たちばな出版
丸山真男(一九六四)『現代政治の思想と行動(増補版)』未来社
丸山真男・福田歓一編(一九七五)『回想の南原繁』岩波書店
宮里政玄(二〇〇〇)『日米関係と沖縄 一九四五―一九七二』岩波書店
ミヨシ、マサオ・吉本光宏(二〇〇七)『抵抗の場へ』洛北出版
山本正編著(二〇〇八)『戦後日米関係とフィランソロピー』ミネルヴァ書房
油井大三郎・遠藤泰生編(二〇〇三)『浸透するアメリカ、拒まれるアメリカ』東京大学出版会
ライシャワー、エドウィン(一九五七)『転機にたつアジア政策』アジア協会訳、一橋書房
渡辺靖(二〇〇八)『アメリカン・センター――アメリカの国際文化戦略』岩波書店

邦語論文

ヴェント、インゲボルク「進歩的知識人」『中央公論』一九五七年四月号

辛島理人「戦後日本の社会科学とアメリカのフィランソロピー——一九五〇〜一九六〇年代における日米反共リベラルの交流とロックフェラー財団」『日本研究』第四五号、二〇一二年三月
菅英輝「米国にとっての日米安保」初瀬龍平編『内なる国際化』三嶺書房、一九八五年
——「ベトナム戦争と日米安保体制」『国際政治』一一五号、一九九七年
古城佳子「日米安保体制とドル防衛政策——防衛費分担要求の歴史的構図」『国際政治』一一五号、一九九七年
酒井哲哉「「九条＝安保体制」の終焉——戦後日本外交と政党政治」『国際問題』三七二号、一九九一年三月号
清水幾太郎「外から見た日本」『中央公論』一九五四年一二月号
高坂正堯「海洋国家日本の構想」『中央公論』一九六四年九月号
高橋義孝「進歩的文化人諸君」『文藝春秋』一九五四年二月号
玉置敦彦「ジャパン・ハンズ——変容する日米関係と米政権日本専門家の視線、一九六五—六八年」『思想』二〇〇九年一月号
橋川文三「昭和超国家主義の諸相」橋川文三編集『現代日本思想大系三一　超国家主義』一九六四年
平野義太郎「福田恆存氏の疑問に答える」『中央公論』一九五五年一月号
福田恆存「進歩的知識人」『福田恆存全集』第六巻、文藝春秋
本間長世他「座談会・高木八尺先生の足跡」『東京大学アメリカ研究資料センター年報』第七号、一九八五年
吉見俊哉「「アメリカ」という誘惑」（討論：吉見俊哉・多木浩二・内田隆三・大澤真幸「「アメリカ」——文化の地政学」）『思想』一九九八年一二月号
吉本隆明「戦後世代の政治思想」『中央公論』一九六〇年一月号

松田 武

1945年生まれ．1979年，ウィスコンシン大学大学院歴史学研究科修了(Ph.D.)．現在，京都外国語大学・京都外国語短期大学学長．専攻はアメリカ史，アメリカ対外関係史，日米関係史．主な著書に『地球人として誇れる日本をめざして――日米関係からの洞察と提言』(大阪大学出版会，2010年)，『戦後日本におけるアメリカのソフト・パワー――半永久的依存の起源』(岩波書店，2008年)などがある．

岩波現代全書 056
対米依存の起源―アメリカのソフト・パワー戦略

2015年2月18日 第1刷発行

著 者 松《まつ》田《だ》 武《たけし》

発行者 岡本 厚

発行所 株式会社 岩波書店
〒101-8002 東京都千代田区一ツ橋 2-5-5
電話案内 03-5210-4000
http://www.iwanami.co.jp/

印刷・三陽社 カバー・半七印刷 製本・三水舎

ISBN 978-4-00-029156-9 Printed in Japan

岩波現代全書発刊に際して

いまここに到来しつつあるのはいかなる時代なのか。新しい世界への転換が実感されながらも、情況は錯綜し多様化している。先人たちは、山積する同時代の難題に直面しつつ、解を求めて学術を頼りに知的格闘を続けてきた。その学術は、いま既存の制度や細分化した学界に安住し、社会との接点を見失ってはいないだろうか。メディアは、事実を探求し真実を伝えることよりも、時流にとらわれ通念に迎合する傾向を強めてはいないだろうか。

現在に立ち向かい、未来を生きぬくために、求められる学術の条件が三つある。第一に、現代社会の裾野と標高を見極めようとする真摯な探究心である。第二に、今日的課題に向き合い、人類が営々と蓄積してきた知的公共財を汲みとる構想力である。第三に、学術とメディアと社会の間を往還するしなやかな感性である。様々な分野で研究の最前線を行く知性を見出し、諸科学の構造解析力を出版活動に活かしていくことは、必ずや「知」の基盤強化に寄与することだろう。

岩波書店創業者の岩波茂雄は、創業二〇年目の一九三三年、「現代学術の普及」を旨に「岩波全書」を発刊した。学術は同時代の人々が投げかける生々しい問題群に向き合い、公論を交わし、積極的な提言をおこなうという任務を負っていた。人々もまた学術の成果を思考と行動の糧としていた。「岩波全書」の理念を継承し、学術の初志に立ちかえり、現代の諸問題を受けとめ、全分野の最新最良の成果を、好学の読書子に送り続けていきたい。その願いを込めて、創業百年の今年、ここに「岩波現代全書」を創刊する。

（二〇一三年六月）